工作任务逻辑观下
职业教育课程开发与实施

▲ 龚凌云　陈泽宇　编著

中国铁道出版社有限公司
CHINA RAILWAY PUBLISHING HOUSE CO., LTD.

图书在版编目（CIP）数据

工作任务逻辑观下职业教育课程开发与实施 / 龚凌云，
陈泽宇编著 . —北京：中国铁道出版社有限公司，2024.2
ISBN 978-7-113-28101-4

Ⅰ . ①工… Ⅱ . ①龚… ②陈… Ⅲ . ①职业教育－产学
合作－研究－中国 Ⅳ . ① G719.2

中国版本图书馆 CIP 数据核字（2021）第 263972 号

书　　名：**工作任务逻辑观下职业教育课程开发与实施**
　　　　　GONGZUO RENWU LUOJIGUAN XIA ZHIYE JIAOYU KECHENG KAIFA YU SHISHI
作　　者：龚凌云　陈泽宇

责任编辑：杨　旭　　　　　　　编辑部电话：(010) 63583183
封面设计：李　飞
责任校对：刘　畅
责任印制：赵星辰

出版发行：中国铁道出版社有限公司（100054，北京市西城区右安门西街 8 号）
印　　刷：北京铭成印刷有限公司
版　　次：2024 年 2 月第 1 版　2024 年 2 月第 1 次印刷
开　　本：710 mm×1 000 mm　1/16　印张：14.5　字数：400 千
书　　号：ISBN 978-7-113-28101-4
定　　价：55.00 元

◆ 前 言 ◆

　　本书是在广州铁路职业技术学院 2023 年度广东省教育规划课题（高等教育专项）"制造业技术技能人才'精懂会善能'五维一体职业能力培养途径研究"（课题编号 2023GXJK865）成果的基础上编写而成的，共 17 章，具体内容如下：

　　第 1 章"工业网络组态构建与运行"，课程按照生产要求，进行工业控制网络及组态控制系统配置，以及电气原理图的分析、设计；按照原理图连接控制系统电路，并按照生产工艺流程和控制要求，科学合理地配线；正确使用工具和设备对工业控制网络及组态设备进行安装调试；能够按照生产工艺要求及安全需要，进行工业控制网络及组态设备的参数设置及程序编写；查阅、使用、管理相关的技术资料。

　　第 2 章"过程控制工程"，过程控制以流量、温度、压力和物位的自动控制为基本目标，因此，以四大参数控制组织课程内容，能很好地与实际控制四大参数任务相匹配，使学生尽快熟悉岗位任务。据此，设计课程内容围绕着四大参数的控制问题，同时融合简单控制及典型复杂控制技术。

　　第 3 章"机电设备自动化改造"，以企业发展需要和岗位核心能力培养需要为依据，以企业典型工作任务为载体，精选教学内容，突出实践性与职业性，兼顾先进性，根据机电设备自动化改造典型工作步骤架构教学内容体系，以序化设备自动化改造岗位（群）所需的知识与技能点，将学习方法、职业标准、职业素养等知识融入教学内容体系当中，凸显高职特色的课程内容体系。

第 4 章 "PLC 应用"，在教学内容设计中以培养电气自动化设备运行与维护岗位职业能力为目标，以电气自动化设备运行与维护职业岗位工作过程为导向，保持 PLC 应用技术教学内容与实际 PLC 控制系统设计、制作、安装、调试、运行、维护工作的一致性。

第 5 章 "变频器应用"，考虑到变频器选用、安装、面板操作是本课程最基础又是最常用的基本技能，所以将 "变频器选型与安装" 放在第一个学习项目，学生完成该学习项目后，不仅可以初步掌握变频器选用、安装、面板操作等基本技能，还能为后续两个项目的学习打下基础。根据学习项目载体（企业典型产品）实际情况及学习内容的难易程度，将具有点动连续运行、工频 / 变频切换、模拟量变频调速等基本调速方式安排在第二个学习项目。将具有正反转运行、多段调速、通信方式调速等相对复杂的调速方式安排在第三个学习项目。另外在第二、三个学习项目中还分别增加了中央空调变频调速综合应用、起重机变频调速综合应用两个学习情境。

第 6 章 "单片机技术应用"，以产品 "智能寻迹车" 的开发作为教学的载体。"智能寻迹车" 设计有运动系统、传感系统、显示系统、通信系统四大系统，具备自动驾驶、自动识别、自动避障、数据处理和传输、液晶显示等功能，涵盖了单片机技术在工程中的常见应用。本章的学习可以培养学生的电路焊接与电子产品装配能力、电子线路的检测与调试能力、单片机硬件电路的设计与程序开发能力及单片机系统综合开发与创新能力。

第 7 章 "低压电器控制"，重点培养电气自动化技术专业学生的职业道德、典型设备控制线路设计装调与检修、工艺规范及技术文件编制、安全文明生产和环境保护、质量管理知识等专业能力，本章内容重点针对电气自动化技术专业而开发，是该专业的一门核心实践技能课程。

第 8 章 "自动检测技术"，为电力生产培养了大批从事热工仪表及控制装置试验、安装、热工仪表检修、热工自动装置检修、热工程控保护等工作的高素质技能型人才。换言之，生产过程自动化专业所对应的岗位群是热工仪表及控制装置试验工、热工仪表及控制装置安装工、热工仪表检修工、热工自动装置检修工及热工程控保护工等工种。

第9章"机械设备修理"，专业毕业生主要在企业从事机电设备的规划、选型、安装、调试、故障诊断、维修、管理及售后服务，常用机电设备操作，传统设备的机电一体化改造，车间设备管理及现场生产技术的组织与管理等工作。

第10章"机械组件的装配"，本章内容基于机电设备和自动化生产设备中机械零部件的装配与调试工作过程，以来自企业的典型组件为载体，目的是培养学生的机械装配工艺编制、组织实施、装配与调试操作等岗位职业能力。

第11章"检测技术及仪表"，是完成专业培养目标必修的专业课之一，是该专业学生接触的第一门核心专业技能课程。在自动化技术专业的知识、能力和素质结构中，本章内容占有重要地位。一方面要通过对该内容的学习和技能训练，了解检测技术及仪表的应用和发展概况，掌握仪表的选型、安装、调试、应用等技能；另一方面，为学生进一步掌握自动控制系统的设计、安装、调试、操作、维护等技能奠定基础。

第12章"数控机床故障诊断与维修"，在对地区产业结构和毕业生就业情况广泛调研的基础上，结合以发展国家装备制造业产业特点和结构调整的需要，论证企业所需本专业毕业生的工作岗位及职业标准，确定专业培养目标与人才培养方案。数控设备应用与维护专业面向数控机床生产和应用企业的生产、管理、服务一线，培养从事数控机床装调和维修工作、德、智、体、美全面发展，具有职业岗位（群）基础知识及专业技能与职业生涯发展基础的高技能应用型人才。

第13章"矿山机械设备电气控制系统运行、维护与检修"，是矿山机电专业必修的一门专业核心课程，也是培养学生面向矿山通风、压气、排水、提升、运输等设备的电气操作、运行、维修维护等机电岗位服务的专业课程，具有很强的知识性、技能性和实践性。学生通过对本章内容的学习，可以掌握煤矿大型设备的运行管理、维护检修的理论知识与专业技能，为毕业后从事煤矿企业的维修电工、机电区队技术员等岗位工作打下良好的基础。

第14章"零件的计算机辅助编程与调试"，主要面向数控加工程序编制（CAD/CAM）、数控加工工艺编制、数控设备操作、产品质量控制、数控设备调试维护等岗位的高素质技能型专门人才。

第 15 章 "零件的普通车削加工"，依据数控技术专业人才培养目标，重点培养和训练学生运用普通车床进行零件加工、制定机械加工工艺方案及解决现场常见的工艺问题的能力，同时对培养学生数控加工工艺的实施与设计能力起到重要的支撑作用。数控加工的核心是工艺问题，而本章正是采用循序渐进、手脑并用的方式，按照学生职业能力成长规律和学生认知规律，使学生通过亲身体验和感悟，理解和掌握工艺的内涵，为学习数控加工和今后从事数控加工奠定必要而坚实的基础。

第 16 章 "轻工自动机电气系统的调试与维护"，通过对市场调研、企业专家访谈，以及对本专业就业岗位（群）所需人才素质、知识与能力的分析，笔者了解到制造业有大批企业使用自动控制设备，急需从事自动设备和电气产品的操作安装、调试维护、技术管理、销售服务与技术改造等应用性人才。

第 17 章 "热工控制系统组态与维护"，检测技术及应用专业人才培养目标是以热力发电生产过程及其控制为载体，以热工检测技术、热工控制装置的安装与检修、PLC 应用技术、热工控制系统组态与维护、DCS 系统应用等核心模块为教学内容，培养具有较强专业能力、方法能力、社会能力，在生产第一线从事热工仪表和控制装置、热工控制系统安装、检修、组态、调校、运行维护和管理等方面工作的高素质、高技能应用型人才。

本书是在国内外已有的职业教育课程开发与实施的研究成果基础上，对基本理论进行了深入研究，对职业教育产教融合课程进行了尝试性的开发和分析，将职业教育课程开发的理论和实践融为一体，既立足于我国职业教育课程改革发展的伟大实践，又反映现代企业的最新成果和发展趋势，为推进职业教育课程的理论研究、学科发展、实践探索和校企融合，建立具有中国特色的职业教育课程理论体系略尽绵薄之力。

龚凌云
2023 年 10 月 10 日

目 录

第1章 工业网络组态构建与运行

一、培养目标及岗位分析

企业调研显示，制造业中有 80% 以上的设备广泛使用可编程控制器（PLC）、变频器、伺服系统、工业控制计算机、人机界面、现场总线、自动检测等先进的自动化技术，多数企业随着技术发展的需要不断改造或革新自动化设备，特别是优先发展运输设备产业、电子信息产业、机电工程产业、轻工纺织服装产业和食品医药产业这五大主体产业群，大力推进现代制造业、旅游度假、农副产品出口加工"三大基地"建设，走制造业强市之路的发展目标。这对各类高技术人才，特别是对自动化技术类人才形成了强烈的需求，对人才培养水平提出更高的要求，这也为电气自动化技术专业的建设和发展提供了良好机遇。

（一）岗位群工作任务分析（图1-1）

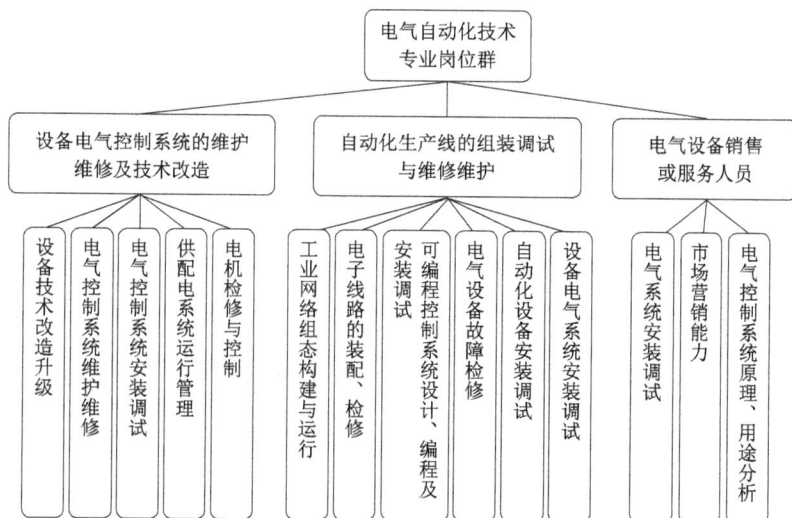

图 1-1　岗位群工作任务分析

（二）岗位群职业能力分析（表1-1）

表1-1　电气自动化领域岗位群的职业能力分析

岗位群	职业能力	
设备电气控制系统的维护维修及技术改造	1. 使用常用工具、仪器、仪表的能力 2. 识别、测量和选用合适的电气元件的能力 3. 查询并利用中英文资料的能力	1. 设备电气控制系统的安装调试、检测和维护维修的能力 2. 变频调速系统应用能力 3. 电机检修与控制能力 4. 工业 PC 机的选型、程序编制和运行维护能力 5. 工厂变配电系统的设计安装与维护维修能力 6. 供配电系统的运行与管理能力 7. 继电保护系统的运行与维护能力
自动化生产线的组装调试与维修维护	4. 单元电路分析设计能力 5. 熟练运用办公软件制作图表、文档、报告的能力 6. 安全生产、环境保护、遵纪守法、与员工有效沟通能力 7. 做事认真、诚实守信、坚持原则、保守企业秘密等职业道德 8. 正确的工作方法，高效的执行力	1. 可编程控制器 PLC 程序编制、调试及系统运行维护能力 2. 自动化生产线的安装调试与维护维修能力 3. 工业以太网的构建与维护能力 4. 现场总线的组网、运行维护能力 5. 电路分析设计与维护维修的能力 6. 电子装配、焊接、调试、制作的能力 7. 电力电子系统的调试与维修能力 8. 综合应用机电装配技术及运动控制技术的能力
电气设备销售或服务人员		1. 电气控制系统原理、用途分析能力 2. 社会活动能力 3. 人际交往能力 4. 方法能力

二、培养目标

（一）人才培养目标

培养出能够从事设备电气控制系统的维护维修及技术改造、自动化生产线的组装调试与维护维修等岗位工作的高技能专门人才。

（二）人才培养规格

1. 专业能力

（1）具有设备电气控制系统的安装调试、检测和维护维修的能力。

（2）具有工厂供配电系统的设计安装与维护维修能力。

（3）具有电机故障检修与转速控制能力。

（4）具有自动化生产线的安装调试与维护维修能力。

（5）具有可编程控制器程序编制、调试及系统运行维护能力。

（6）具有工业控制网络组态（工业以太网、现场总线等网络）的构建与运行维护能力。

（7）具有电子产品的设计、装配、维修能力。

2．社会能力

（1）具有良好的思想政治素质、社会公德和职业道德。

（2）能自觉遵守行业法规和职业规范。

（3）具有开拓创新、团结合作和严谨务实的工作作风。

（4）具有较强的口头表达能力和人际沟通能力。

（5）具有企业管理的基本知识和质量意识。

（6）具有良好的环保意识。

3．方法能力

（1）具有自主学习和拓展能力。

（2）具备获取分析使用信息的能力。

（3）具备对知识的抽象、概括及判断能力。

（4）具有科学分析和解决问题的能力。

三、基于工作过程的课程体系构建

组织校企双方专家剖析电气自动化行业岗位，确定具有代表性的典型工作任务，并对典型工作任务进行整合、序化并转化为基于工作过程的课程教学任务，形成工学结合的新课程体系，具体的体系时序如图 1-2 所示。

（一）本课程在课程体系的地位

近年来，随着高新技术的引进与开发，特别是网络技术的发展，工业网络在现代的工业自动化领域已经成为不可或缺的部分，基于工业网络实现现场级控制系统已成为当今工业自动化控制领域主流及必然趋势。据此，本课程紧贴企业需求、专业人才培养目标及与专业相关技术领域职业岗位（群）的任职要求，通过企业岗位认知及工业网络组态的构建到工业网络的调试与运行等系列仿真任务的训练，使学生在任务实施中学习，掌握以西门子 S7 系列 PLC 为控制器的工业以

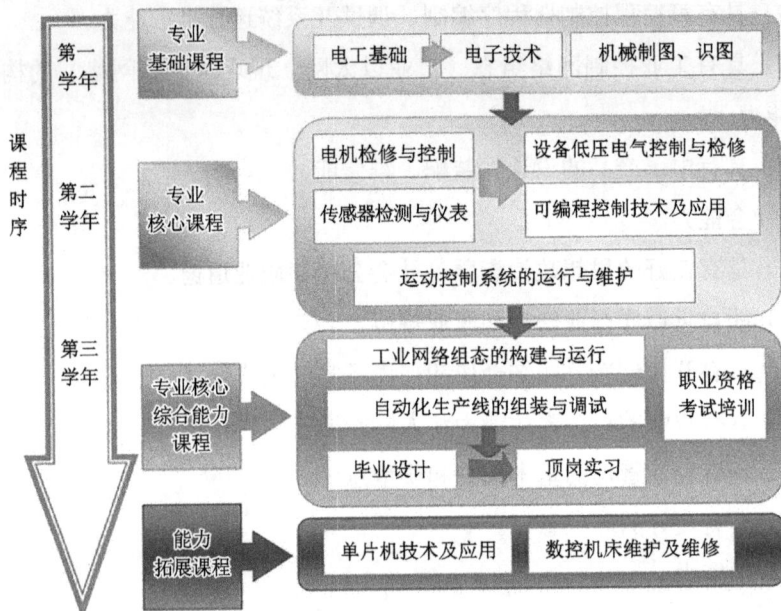

图 1-2　课程体系时序

太网、现场总线控制网络、执行器 / 传感器网络的硬件选型及安装、网络组态、软件设计等相关知识及技能，以培养其综合职业能力和职业素养，适应区域经济发展对自动化类高技能应用型人才需求。

前续课程：设备低压电气控制与检修、可编程控制技术与应用、机械基础等，是这些专业课程知识和能力的综合应用。

后续课程：顶岗实践和毕业设计。

本课程在课程体系中处于主干地位，是一门职业性和实用性很强的专业课程，是培养学生综合职业能力和职业素养的重要支撑课程，具体的课程体系如图 1-3 所示。

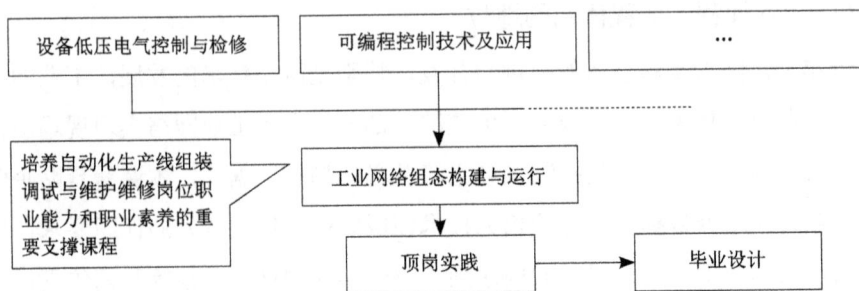

图 1-3　课程体系中的地位

（二）课程培养目标

1．专业能力

（1）按照生产要求，进行工业控制网络及组态控制系统配置，以及电气原理图的分析、设计。

（2）按照原理图连接控制系统电路，并按照生产工艺流程和控制要求，科学合理地配线。

（3）正确使用工具和设备对工业控制网络及组态设备进行安装及调试。

（4）能够按照生产工艺要求及安全需要，进行工业控制网络及组态设备的参数设置及程序编写。

（5）查阅、使用、管理相关的技术资料。

2．方法能力

（1）使用网络、图书等各种媒介主动获取知识信息和处理信息能力。

（2）在小组分工完成任务的过程中，通过独立完成自己角色内的任务，培养学生分析问题、解决问题的能力。

（3）通过小组讨论，共同制定实施方案，使学生具备制订工作计划的能力。

（4）在任务导入之后，通过自主查询技术手册，获得完成任务所需要的知识，使学生具备终身学习的能力。

3. 社会能力

（1）在任务的组织实施环节，通过规范操作，使学生具备符合电气自动化技术行业的基本职业道德和职业素质。

（2）具备质量意识、环境保护意识、节约意识，并能言行一致。

（3）在小组团队的学习过程中，通过头脑风暴等教学方法运用，使学生善于观察、发现和学习，能与团队成员共同协作、沟通、协商完成相关工作。

（4）诚实守信、明辨是非、积极进取并快乐工作与生活。

四、课程内容

为了提高生产力、降低成本，制造商需要依靠先进的工业网络技术迅速有效地收集、传送生产和管理数据，因此，网络在自动化系统集成工程中的重要性越来越显著，甚至有人提出"网络就是控制器"的说法。如今，多数企业以高速现场总线采集远程 I/O 信号、传输控制信号，并将现场级的 PROFIBUS 网络无缝集成到工业以太网内，以访问因特网，实现对车间、现场设备进行数据分析、实时监控与调度等。掌握西门子 PLC 系统设计和工业网络技术，是本专业学生职业生涯可持续发展的基本能力。

本课程以高职学生就业岗位与本课程相关的工作过程为依据，以岗位过程性知识为主线，围绕全集成自动化系统中三层工业网络构建的岗位能力要求，设置了工业以太网的构建与运行、现场总线网络的构建与运行、执行器 / 传感器网络的构建与运行、工业网络组态案例四个模块，其中包含十二个任务及两项综合项目，着重培养学生具备工业网络安装调试和维修维护等技能型人才所必需的职业能力，提高学生的职业素质，培养学生的创新意识。教学过程重视理论知识与实践技能融合，突出应用能力的培养，采取贯穿"任务训练"与"案例教学"相结合的方法，其中"任务""案例"均采取课程组与行业企业合作开发，围绕"任务""案例"，重构课程知识与技能体系，将知识与技能有机融入"任务""案例"中，开展行动导向的教学活动，从而提升教学效果，课程内容的设置见表 1-2。

表 1-2 课程内容设置

模块	任务设置	
企业岗位认识	工业网络设备认知，了解岗位工作流程及工作任务	
模块一　工业以太网的构建与运行	任务一	基于多个 S7-200 PLC 的工业以太网络构建与运行
	任务二	基于 S7-300/S7-200 PLC 的工业以太网络构建与运行
	任务三	基于多个 S7-300 P LC 的工业以太网络构建与运行
	任务四	基于 S7-300/S7-200 PLC 与 WinCC 的工业以太网络构建与运行
模块二　现场总线网络的构建与运行	任务一	基于 S7-300/S7-200 与 HMI 的 DP 网络构建与运行
	任务二	基于多个 S7-300 与 WinCC 的 DP 网络构建与运行
	任务三	基于 S7-300 与 MM440 的 DP 网络构建与运行
	任务四	基于 S7-300 与 ET200S 的 DP 网络构建与运行
	任务五	基于 S7-300/S7-200 的 MPI 网络构建与运行
	任务六	基于多个 S7-200 的 PPI 网络构建与运行
模块三　执行器 / 传感器网络的构建与运行	任务一	PA/DP 网络的构建与运行
	任务二	AS-I 网络的构建与运行
模块四　工业网络组态案例	项目一	基于现场总线的物料加工分拣生产线
	项目二	基于三层网络的物料加工分拣生产线

（一）基于职业成长规律，改革教学模式

根据职业成长规律，设计可视化、交互性的教学资源，"讲练结合"，引导学生掌握自主学习的方法及能力，在培养学生的网络硬件安装、软件的设计及网络运行调试等核心能力的同时，兼顾学生对企业工业网络构建与运行维护等技能的再学习能力培养，为学生职业能力的可持续发展奠定良好的基础。

以学生为主体，基于工作过程，实施"教、学、做"一体化教学，按照任务导入、知识学习、方案制定、组织实施、交流评估的五个步骤设计任务驱动、项目导向的教学过程，具体内容如图 1-4 所示。

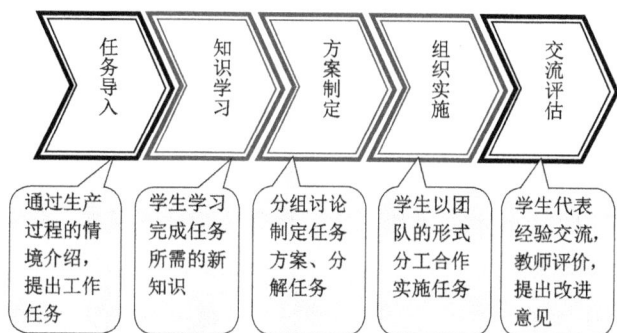

图 1-4　任务驱动的教学过程

如今，多数企业以高速现场总线采集远程信号，并将 PROFIBUS 网络无缝集成到工业以太网内，实现实时监控与调度。因此，掌握 PLC 系统设计和工业网络技术，是本专业学生职业生涯可持续发展的基本能力。基于与企业紧密合作，深入分析相关岗位工作任务及职业能力需求，围绕全集成自动化系统中三层工业网络构建的岗位能力要求，根据课程内容源于企业、高于企业、用于企业的内容选取依据，以及学生认知规律设置工业以太网的构建与运行、现场总线网络构建与运行、执行器 / 传感器网络的构建与运行、工业网络组态案例四个模块。

（二）内容选取依据

内容选取以专业核心能力需求为目标，以区域职业岗位（群）需求为导向，以企业典型工作任务为载体，精选教学内容，突出实践性与应用性，兼顾先进性，并根据企业工业网络组态构建与运行典型工作步骤架构教学内容体系，将学习方法、职业标准、职业素养等内容内含于教学内容体系，形成别具特色的教学体系，具体内容如图 1-5 所示。

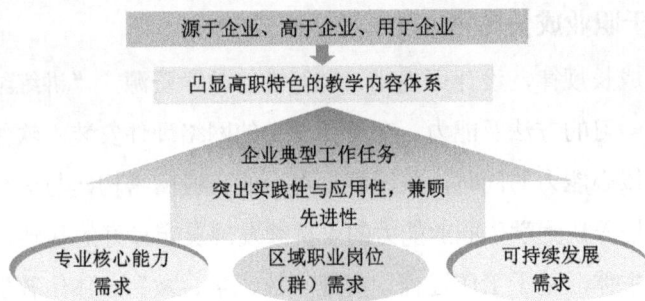

图 1-5　内容选取依据

（三）教学内容选取

基于与部分企业紧密合作，围绕电气自动化技术岗位能力要求，深入分析工业网络组态构建与运行等相关岗位工作任务及职业能力需求，以岗位过程性知识为主线，围绕全集成自动化系统中三层工业网络构建的岗位能力要求，细化典型工作任务所需的知识、技能及素质要求，根据认知规律设置工业以太网的构建与运行、现场总线网络构建与运行、执行器 / 传感器网络的构建与运行、工业网络组态案例四个模块，十二个任务，两个项目，具体内容如图 1-6 所示。

（四）教学内容的组织与安排

基于全自动集成系统的三层网络内在联系及教学与认知的规律，构建了与 TIA 网络架构一致的工业以太网的构建与运行、现场总线网络的构建与运行、执行器 / 传感器网络的构建与运行三个模块，最后汇总于两个综合案例。结合企业实际工作过程在每个模块中所设置的若干仿真学习性工作任务及项目（十二个任务，两个项目），并依据任务的难易程度，合理安排课时及授课地点，力图使各个任务目标有效完成。遵循从网络硬件连接、硬件组态、软件配置的真实工作过程，序化工作任务的内容，使学生在"真实"的工作过程中感受企业氛围、学习知识并提升职业能力。

（五）基于教育与认知规律架构内容体系

基于全自动集成系统的三层网络，根据三层网络之间的内在联系及教学与认知的规律，构建了与实际工作过程一致的四个模块，即工业以太网的构建与运行、现场总线网络的构建与运行、执行器 / 传感器网络的构建与运行、工业网络组态案例。模块安排顺序依照由简单到复杂，由复杂到综合的原则予以组织，即

企业真实工作任务

按照生产要求,进行工业控制网络组态配置,以及电气原理图的分析、设计	按照原理图连接控制系统电路,并按照生产工艺流程和控制要求,科学合理地配线	正确使用工具和设备对工业控制网络及组态设备进行安装调试	能够按照生产工艺要求及安全需要,进行工业控制网络组态的参数设置及程序编写	查阅、使用、管理相关的技术资料

知识、能力、素质要求

掌握仪表总线的组网、运行、维护;现场总线的组网、运行、维护;工业以太网的组网、运行、维护的知识及能力	能够使用 HMI 软件进行界面设计,掌握 HMI 与可编程控制设备的连接及控制方法,具备设计控制系统的界面的能力	具备使用仪表总线、现场总线、工业以太网等构建小型企业工控网络的能力,掌握多层工控网络的构建、运行与维护知识和技能	具备查阅、使用、管理相关的技术资料的能力;具备诚实守信、团队协作、积极进取的职业素养,具备质量意识、环保意识和节约意识

内容选取

模块	学习性工作任务		载体
企业岗位认知	工业网络设备认知,了解岗位工作流程及工作任务		
模块一　工业以太网的构建与运行	任务一	基于多个 S7-200PLC 的工业以太网络构建与运行	加工站的控制
	任务二	基于 S7-300/S7-200PLC 的工业以太网络构建与运行	加工站的控制
	任务三	基于多个 S7-300PLC 的工业以太网络构建与运行	机械手的控制
	任务四	基于 S7-300/S7-200 PLC 与 WinCC 的工业以太网络构建与运行	机械手与加工站的控制
模块二　现场总线网络的构建与运行	任务一	基于 S7-300/S7-200 与 HMI 的 DP 网络构建与运行	供料站的控制
	任务二	基于多个 S7-300 与 WinCC 的 DP 网络构建与运行	机械手的控制
	任务三	基于 S7-300 与 MM440 的 DP 网络构建与运行	分拣站的控制
	任务四	基于 S7-300 与 ET200S 的 DP 网络构建与运行	分拣站的控制
	任务五	基于 S7-300/S7-200 的 MPI 网络构建与运行	搬运站的控制
	任务六	基于多个 S7-200 的 PPI 网络构建与运行	多工作台的协调控制
模块三　执行器/传感器网络的构建与运行	任务一	PA/DP 网络的构建与运行	恒压供水控制
	任务二	AS-I 网络的构建与运行	分拣站的控制
模块四　组态案例	项目一	基于现场总线的物料加工分拣生产线	物料加工分拣生产线
	项目二	基于三层网络的物料加工分拣生产线	物料加工分拣生产线

图 1-6　企业真实工作任务

遵照自上而下的工业网络构建流程,安排三个具有相对独立性的网络构建(子)模块,学生在系统掌握工业网络构建与运行的基本知识与技能之后,再通过真实的企业综合案例,加深理解、掌握相关技术,使学生由技能型人才成长为技术型人才,具体的内容体系如图 1-7 所示。

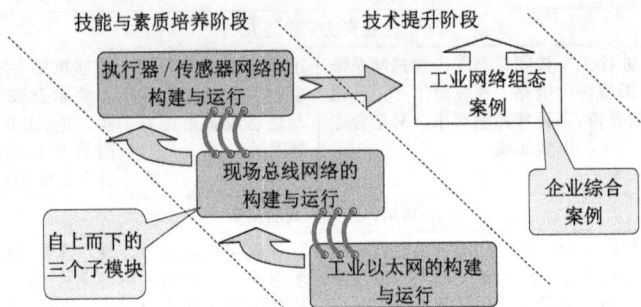

图1-7　全自动集成系统的三层网络内容体系

　　与企业合作，结合企业案例在每个模块中所设置的若干仿真学习性工作任务及项目（十二个任务，两个项目），覆盖了全集成自动化系统中用到的典型网络组态；任务的安排亦根据学生的认知规律，并依据任务的难易程度，合理安排课时及授课地点，力图使各个任务目标有效完成（课程共96学时），具体教学内容安排见表1-3。

表1-3　教学内容安排

课程	工业网络组态构建与运行	开课学期：	第5学期
		学时数：	96学时

课程目标：

1. 具备符合电气自动化技术行业的基本职业道德和职业素质

2. 具备质量意识、环境保护意识、节约意识

3. 善于观察、发现和学习，能与团队成员共同协作、沟通、协商完成相关工作

4. 能查阅、使用、管理相关的技术资料

5. 能根据项目设计任务书，进行工业控制网络及组态控制系统配置，以及电气原理图的分析、设计，实现预定功能、达到预定指标、符合国家相关设计标准和工艺规范

6. 能按照原理图连接控制系统电路，并按照生产工艺流程和控制要求，科学合理的配线

7. 能正确使用工具和设备对工业控制网络及组态设备进行安装调试

8. 能够按照生产工艺要求及安全需要，进行工业控制网络及组态设备的参数设置及程序编写

模块	任务	载体	课时
企业岗位认识	工业网络设备认知，了解岗位工作流程及工作任务		6
模块一　工业以太网的构建与运行	任务一　基于多个S7-200PLC的工业以太网络构建与运行	加工站的控制	6
	任务二　基于S7-300/S7-200PLC的工业以太网络构建与运行	加工站的控制	6
	任务三　基于多个S7-300PLC的工业以太网络构建与运行	机械手的控制	6
	任务四　基于S7-300/S7-200PLC与WinCC的工业以太网络构建与运行	机械手与加工站的控制	6

模块	任务	载体	课时
模块二　现场总线网络的构建与运行	任务一　基于 S7-300/S7-200 与 HMI 的 DP 网络构建与运行	供料站的控制	6
	任务二　基于多个 S7-300 与 WinCC 的 DP 网络构建与运行	机械手的控制	6
	任务三　基于 S7-300 与 MM440 的 DP 网络构建与运行	分拣站的控制	6
	任务四　基于 S7-300 与 ET200S 的 DP 网络构建与运行	分拣站的控制	6
	任务五　基于 S7-300/S7-200 的 MPI 网络构建与运行	搬运站的控制	6
	任务六　基于多个 S7-200 的 PPI 网络构建与运行	多工作台的协调控制	6
模块三　执行器/传感器网络的构建与运行	任务一　PA/DP 网络的构建与运行	恒压供水控制	8
	任务二　AS-I 网络的构建与运行	分拣站的控制	6
模块四　组态案例	项目一　基于现场总线的物料加工分拣生产线	物料加工分拣生产线	8
	项目二　基于三层网络的物料加工分拣生产线	物料加工分拣生产线	8

教学资料准备：	实训条件：	学生要求：	教师要求：
1. 电子教材、电子教案、学习指南、任务书、工作单、教学反馈单、评价表等 2. 教学视频、虚拟实训等 3. PLC、变频器、HMI 等相关电气设备样本和使用手册、说明书 4. 相关国家、行业标准	1. 确保每个团队有一套 S7-300、S7-200PLC、触摸屏、文本显示器、小功率变频器、直流调速器、计算机及相应开发软件，配套电工工具等 2. 四套自动化生产线，每线七个站 3. 四套电机控制设备 4. 四套恒压、恒温供水设备 5. 保证任务完成的各种软件 6. 两个以上校外实训基地，满足学生岗位认知要求	在进入本课程之前，学生应接受过以下专业训练并基本具备相应知识和能力： 1. 了解电气线路配线工艺规范 2. 低压电器配盘的基本技能 3. 电工工具、仪器仪表正确使用 4. 电路分析知识 5. 具有变频器、触摸屏、WINCC 等设备的使用基础 6. 具备 PLC 系统设计基础	从事本课程教学的教师，应具备以下相关知识、能力和资质： 1. 获得高校教师资格证（专任教师） 2. 具有企业顶岗经历 3. 熟悉 S7-300、S7-200PLC、触摸屏、文本显示器、小功率变频器、直流调速器、计算机及相应开发软件的使用，并有成功的 PLC 项目开发经历 4. 熟悉相应国家标准和工艺规范

（六）基于工作过程序化任务内容

遵循从网络硬件连接、硬件组态、软件配置的真实工作过程，序化每个学习性工作任务的内容，在注重基本概念的理解和基本技能培养的同时，兼顾行业规范、职业安全及职业道德等知识的融入，使学生在"真实"的工作过程中，感受企业氛围、学习知识及提升职业能力，具体的任务内容序化如图 1-8 所示。

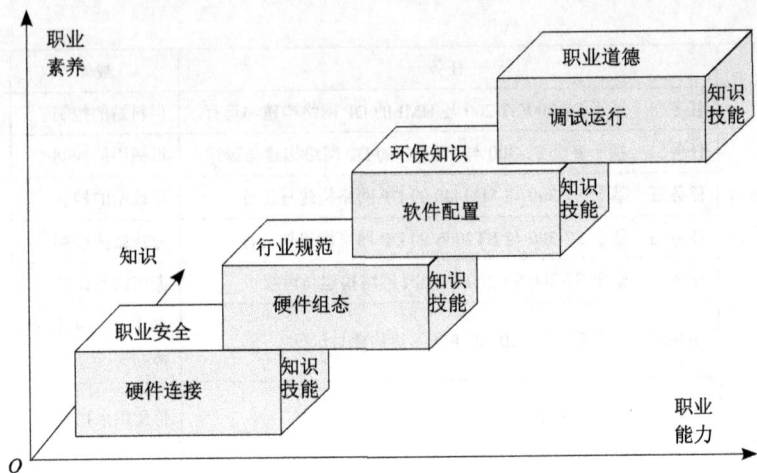

图 1-8　任务内容序化

第 2 章　过程控制工程

过程控制工程主要是在学生掌握过程控制基本理论和常用控制仪表选用的基础上，能熟练地安装、校验与维护常用控制仪表，能熟练地正确调试简单控制系统及常用复杂控制系统，较熟练地掌握简单控制系统的开发与组织实施能力。

本章内容分为前续课程和后续课程，前续课程是电路、电子技术基础、微型计算机原理，后续课程是集散控制系统、仪表安装技术，这些课程对学生职业能力培养和职业素质养成起主要支撑作用。

一、培养目标及岗位分析

将相关的岗位群所对应工作过程中的任务进行分解，结合专业培养目标和职业技能要求，梳理出与本章内课程内容相关的知识目标、技能目标、素质目标，由此形成理论教学任务与实践教学任务，以完成这两项教学任务来组成课程教学体系。在教学实施中，以岗位真实的工作任务为载体，设计课程实践教学内容，以工作过程为导向，实施任务驱动、行业标准牵引，理论与实践并进的教学模式，以完善的学习资料、丰富的课程资源、真实的实践环境作为课程的基础和支撑，创新教学方法和手段，实现课程融理论与实践，职业能力与素质为一体的教学形式。

（一）校企合作根据岗位和职业资格要求共同开发课程

在课程教学改革中，引入校企合作的开发机制，课程开发与课程教学以工作过程为导向，并与职业资格相结合。近几年我校专业建设委员会对生产过程自动化技术专业毕业学生的就业单位及职业岗位进行广泛的调研，就其调研结果见表 2-1。

表 2-1　职业岗位调研

就业岗位	职业能力	需求行业	就业单位
基础装配岗	在学生掌握过程控制基本理论和常用控制仪表选用的基础上，能对生产过程自动化仪表进行选型、施工、检修、安装、调试等	行业从事自动化仪表的安装、调零、调量程等	1. 石油化工：输油、炼油、乙烯、合成橡胶、合成氨 2. 冶金：冶金加热炉、热处理炉（酒泉钢厂等） 3. 生化：啤酒、制药 4. 轻工：食品、漂染 5. 环境：水处理、大气监测 6. 其他：农业、养殖业
调试维修岗	掌握生产过程自动化系统操作、运行、维护、调试、技术改造的基本方法和基本技能	工业生产过程检测和自动控制系统性能分析、设计、安装、调试和维护	
营销管理岗	1. 掌握常用过程检测仪表、控制器、执行器的市场行情、最新技术和使用方法 2. 掌握组态软件仿真技术	自动化装置的销售、自动化生产线的管理等	

（二）设计了基于工作过程的课程整体开发方案

根据生产过程自动化技术专业的岗位调研和对典型工作任务的分析，确定过程控制工程课程的知识领域，以及对应学习领域的学习目标与学习内容，再按照学习规律将学习内容划分为不同环节，实现全程实例贯穿式教学、理论与实践交融并行教学、现场教学、课程设计、综合实训、生产实习、顶岗实习等教学内容。针对不同的学习内容开发了学习资料、素材、案例、图片、行业标准、网站、工程实例图集、视频资料、电子教案、课件、习题、实践项目单等课程资源。

（三）教学环节的实施思想

本课程通过理论与基础性实践交融并进的教学、课程设计、校内专业综合实训、仪表工考核内容四个教学环节组织实施，每个环节的实施思想如下：

1. 理论与基础性实践交融并进的教学环节

按照实际的控制系统开发过程即控制方案、仪表选择、软硬件开发、系统调试与投运的工作过程来组织教学过程。这样可为学生提供体验完整工作过程的学习机会，逐步实现从学习者到工作者的角色转换。

2. 课程设计环节

过程控制是以流量、温度、压力和物位的自动控制为基本目标，因此，以四大参数控制组织课程内容，能很好地与实际控制任务相匹配，使学生尽快熟悉岗位任务。据此，在设计课程内容时，我们围绕着四大参数的控制问题，同时融合简单控制及典型复杂控制技术。

3．校内专业综合实训环节

锅炉在工业上有极其广泛的应用，同时也是典型的过程控制问题。其内容不仅涵盖了四大参数，同时融合了各种复杂的控制技术。为此，我们将综合提高教学内容设计成一个总项目——小型电加热锅炉自动控制系统的开发与实施，以此建立实际控制任务与知识、技能的联系，这样不仅可以增强学生的直观体验，还可以激发学生的学习兴趣。

二、能力目标

（一）教学目标

1．能够读懂、并能规范地绘制常用带控制点的工艺流程图。

2．能根据仪表技术说明书的要求正确使用常用检测仪表。

3．能对变送器实施正确地调零、零点迁移、量程扩展操作。

4．能根据工艺和控制要求，合理设置智能 PID 控制器的相关参数。

5．能根据仪表技术说明书的维护要求，对仪表的常见故障和线路故障合理分析并加以排除。

6．能够根据工艺与控制要求合理选择常用的温度、压力、流量和物位检测仪表。

7．能够根据工艺要求，综合运用知识和各种方法，设计出简单控制系统并加以实施。

8．能够根据被控参数和系统特点，运用临界比例度法、衰减曲线法两种工程整定方法，对简单控制、串级控制等控制系统，实施正确地调试，使系统在稳定性、准确性和快速性的三项指标基本优化，满足工艺要求。

9．对组态软件仿真技术的应用。

（二）知识目标

1．掌握常用工业过程控制系统的组成原理与性能特点，熟悉其适用场合。

2．理解被控参数、调节参数对系统性能的影响，掌握被控参数与调节参数的合理确定方法。

3．掌握常用过程检测仪表的结构与测量原理。

4．理解各种 PID 控制规律对系统的作用，掌握其使用方法。

5．掌握组态软件仿真技术。

（三）素质目标

1．计算机外语应用能力。

2．自我发展能力。

3．团队合作及协调能力。

4．勇于创新、敬业乐业的工作作风。

5．解决问题的能力等。

三、教学内容

本课程设计采用项目驱动式教学方式，包含理论教学和基础实验的内容。整个课程围绕核心知识技能点展开，理论与基础实践融合交叉，纵向上前后衔接、横向上相互沟通。

理论教学内容分为六个模块，每一模块都反映了各种与生产过程自动化相关技术工作岗位需要的知识和技能要求，具体内容见表 2-2。

表 2-2　理论教学内容模块

序号	模块名称	内容	知识、技能	理论学时	实践学时
1	水槽液位控制系统	控制方案	单回路控制系统的组成和工作原理	10	2
		仪表工识图	常用仪表的图形符号表示方法、信号控制		
		变送器使用	变送器功能、结构及使用，变送器的调零、零点迁移和量程调整操作		
2	加热炉温度控制系统	加热炉控制方案	电加热模拟锅炉恒温控制系统的集成与调试技术	8	2
		温度传感器选用	测温原理、温度传感器选择与使用方法		
		智能 PID 调节器使用	PID 调节器的结构和操作方法，调节器的调节规律		

续表

序号	模块名称	内容	知识、技能	理论学时	实践学时
3	恒压供水系统	压力传感器选用	测压原理、压力传感器选择与使用方法	6	2
		控制器	带模拟量控制和串口通信的欧姆龙 PLC		
		控制仪表选择与使用	仪表精度概念、差压变送器和调节器的选择		
4	天然气流量检测系统	调节阀选择与使用	电动调节阀的功能、结构和工作原理	6	2
		控制仪表选择与使用	调节器参数设置、临界比例度或衰减曲线法系统整定		
		调节阀的流量特性、执行器选择	流量特性执行器的选择		
5	两液位串级系统	串级控制系统的组成	了解双容对象建模的方法，串级控制系统的组成和特点	8	2
		控制仪表选择与使用	串级控制系统控制器参数设置、正反作用控制方式确定		
		系统调试与投运	串级控制系统临界比例度或衰减曲线法系统整定		
6	反应车间监控系统	模拟工业现场组态画面	新建组态王工程的方法；组态王图库的应用，如何让画面动起来	8	2
		温度控制曲线制作	串口通信方式建立，实时采集温度变化		
		PID 参数设定画面制作	上位机对工业现场监控，修改控制器 PID 参数值的方法		

四、实践教学

课程实践教学分基础实验（6 学时）、提高实训（6 学时）、课程综合实训（两周）和现场实习（两周）四大部分。通过基础到综合，由实验到现场，有层次、由浅入深地完成各项技能实训，全方位进行实践技能训练。

本课程采用了"教、学、做"一体化的教学方法，按照实际控制系统开发过程组织教学活动，理论紧紧围绕着实践展开，边讲边练。除了基本实验教学，还有课程设计和实训教学。课程设计的题目——小型电锅炉过程控制系统，课程设计是要完成系统设计和检测仪表选择等工作，实训坚持真题真做，通过理论教学和实习实训，最终使学生应掌握以下能力：

1．能够设计单回路过程控制系统，正确选择控制阀的气开、气关形式，确定执行器的正反作用。

2．能够根据工艺与控制要求合理选择常用的温度、压力、流量和物位检测仪表。能够根据仪表技术说明书的要求正确使用常用检测仪表。

3．能够对变送器实施正确地调零、零点迁移、量程扩展操作。

4．能根据工艺和控制要求，合理设置智能 PID 控制器的相关参数。

5．能根据仪表技术说明书的维护要求，能对仪表的常见故障和线路故障合理分析并加以排除。

6．能够观察过程控制记录曲线，正确调整 PID 参数，达到控制质量指标要求。

7．能够根据被控参数和系统特点，运用临界比例度法、衰减曲线法两种工程整定方法，对简单控制、串级控制等控制系统，实施正确地调试，使系统在稳定性、准确性和快速性的三项指标基本优化，满足工艺要求。

具体的实践教学体系内容如图 2-1 所示。

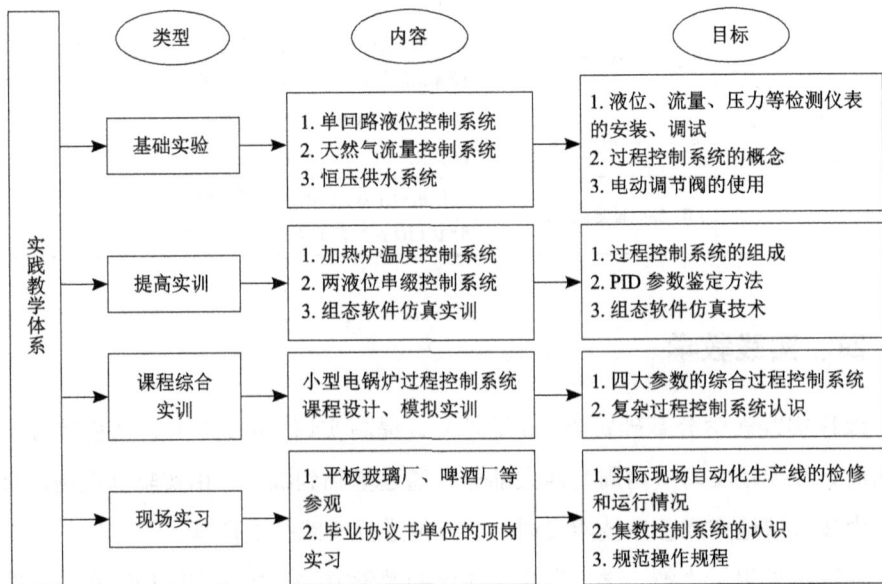

类型	内容	目标
基础实验	1. 单回路液位控制系统 2. 天然气流量控制系统 3. 恒压供水系统	1. 液位、流量、压力等检测仪表的安装、调试 2. 过程控制系统的概念 3. 电动调节阀的使用
提高实训	1. 加热炉温度控制系统 2. 两液位串级控制系统 3. 组态软件仿真实训	1. 过程控制系统的组成 2. PID 参数鉴定方法 3. 组态软件仿真技术
课程综合实训	小型电锅炉过程控制系统课程设计、模拟实训	1. 四大参数的综合过程控制系统 2. 复杂过程控制系统认识
现场实习	1. 平板玻璃厂、啤酒厂等参观 2. 毕业协议书单位的顶岗实习	1. 实际现场自动化生产线的检修和运行情况 2. 集数控制系统的认识 3. 规范操作规程

（实践教学体系）

图 2-1　实践教学体系

五、教学内容的组织

在安排上，遵循以实际工程项目为载体、以工作过程为导向，按照感知、应用、训练、实践等层次式发展，符合学生循序渐进的学习特点。

（一）整体安排

教学组织与安排如图 2-2 所示。

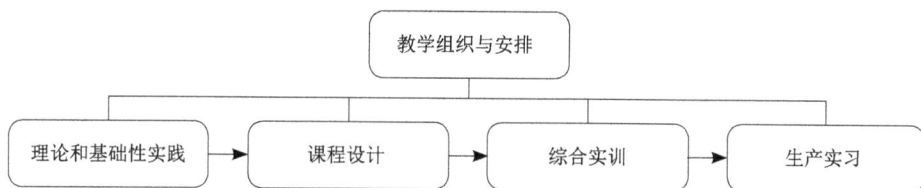

图 2-2　教学组织与安排

（二）内容组织

具体教学组织内容见表 2-3。

表 2-3　教学组织内容

类别	序号	知识模块	理论学时	实践学时	合计
理论和基础性实践	1	水槽液位控制系统	10	2	12
	2	加热炉温度控制系统	8	2	10
	3	恒压供水系统	6	2	8
	4	天然气流量检测系统	6	2	8
	5	两液位串级系统	8	2	10
	6	反应车间监控系统	8	2	10
课程设计	7	小型电锅炉过程控制系统设计	一周		
综合实训	8	小型电锅炉过程控制系统实训	两周		
生产实习	9	—	两周		

1．课程设计

课程设计放在理论授课结束后进行。过程控制是以流量、温度、压力和物位的自动控制为基本目标的，因此，以四大参数控制组织课程设计内容，设计小型电锅炉的过程控制系统，能很好地与实际控制任务相匹配，使学生尽快熟悉岗位任务。据此，在设计课程内容时我们围绕着四大参数的控制问题，同时融合简单控制及典型复杂控制技术。通过设计，进一步拓展、加深同学们的理论知识，并实现设计过程工程化。

2. 综合实训

综合实训根据生产过程自动化技术专业毕业学生从事的与本课程相关的就业岗位进行，锅炉在工业上有极其广泛的应用，同时也是典型的过程控制问题。其内容不仅涵盖四大参数，同时融合各种复杂控制技术。为此，我们将综合提高教学内容设计成一个总项目——小型电加热锅炉自动控制系统的开发与实施，以此建立实际控制任务与知识、技能的联系，这样不仅可以增强学生的直观体验，还可以激发学生的学习兴趣。

第3章　机电设备自动化改造

随着科学技术的不断发展，机电设备已广泛应用于各生产企业中，为维修或改进生产设备，保证生产正常运行，提高生产效率及竞争力，各生产企业急需一批具有良好职业道德、综合素质、较强实践能力和创新精神且从事机电设备维修、改造、管理工作的高技能应用型人才。

一、培养目标及岗位分析

通过调研显示，目前企业对机电设备维修、机电设备管理、机电设备更新改造方面的人才需求旺盛，其核心工作过程及职业能力要求见表 3-1。

表 3-1　机电设备管理与维修工作领域的职业能力分析表

工作领域	典型工作任务	工作过程（内容）	职业能力要求
设备维修	机械维修	1.收集设备故障信息 2.查阅设备图纸、说明书等相关的技术资料 3.分析诊断机械设备常见故障 4.确定设备的修复件、更换件和排除方法 5.准备辅助材料和工具、量具等 6.修复设备故障 7.调整、检验设备功能 8.填写维修记录	1.能够按安全操作规程进行作业 2.会收集设备故障信息，能读懂设备图纸、说明书等相关的技术资料 3.能够进行设备、工具的安全检查并合理使用钳工工具 4.能够判断机械设备运行是否异常，并能分析其故障产生的原因，选择维修方法 5.能够准备机修作业中的辅助材料 6.能够正确使用工具、量具、测量仪器等 7.能够对设备进行合理的拆卸和装配 8.能够对设备一般运动副进行修复 9.能够配制刮削显色剂，并进行配合面的刮削 10.能够通过修前检查确定设备的修复件、更换件 11.能够实施一般设备的几何精度检查，并对一般设备几何精度超差原因进行分析及排除引起超差的故障 12.能够正确填写维修记录

续表

工作领域	典型工作任务	工作过程（内容）	职业能力要求
设备维修	电气维修	1. 收集设备故障信息 2. 查阅设备说明书、电气图纸等技术资料 3. 分析设备的电气故障 4. 准备工具、仪表 5. 电气元件的拆装及修复 7. 控制程序阅读与修改 8. 电气设备参数的设置 9. 调整、检验设备功能 10. 填写维修记录	1. 能够按电工安全操作规程进行作业，完成电工的基本操作 2. 能够读懂电工、电子方面的常见图纸 3. 会使用万用表、钳形电流表、兆欧表和示波器等常用电工仪表 4. 能够根据设备电气工作原理分析、判断和处理电气设备常见故障 5. 能够根据电气元器件性能进行选用 6. 能够完成数控系统的参数设定及操作 7. 能够运用 PLC 及变频器 8. 能够检修常用设备电气故障 9. 能够正确填写维修记录
	日常点检	1. 查阅设备日常点检技术资料 2. 读懂设备点检维护基准书 3. 准备工量具 4. 执行设备点检作业 5. 发现设备问题及时协调处理 6. 填写设备点检记录表	1. 熟悉管辖区域的设备结构和基本设备操作 2. 能够查阅设备点检标准作业指导书 3. 能够正确使用检测工具 4. 能够按标准作业指导进行设备点检作业 5. 能够发现设备常见故障，分析、协调处理 6. 会正确填写设备点检记录表
	定期维护保养	1. 查阅设备的维护计划 2. 熟读设备的相关技术资料 3. 收集分析设备使用、维护与维修资料，掌握设备目前运行状态 4. 准备工量具和材料 5. 执行设备维护保养作业 6. 填写维护保养记录，评价设备运行状态	1. 能够按时查阅设备维护计划 2. 能够读懂设备的结构、工作原理和设备定期维护保养要求 3. 能够有针对性地收集分析设备使用、维护与维修资料，掌握设备目前运行状态 4. 能够按设备定期维护要求进行材料和检测仪的准备 5. 能够正确使用检测仪和工具 6. 能够按标准作业指导书进行设备定期维护保养作业，完成设备性能的检测和维护 7. 能够正确填写设备定期维护保养记录表
设备改造	设备改善	1. 阅读设备的技术资料 2. 调查设备的生产能力及工艺要求，收集并分析设备的运行数据，进行设备改善的可行性分析 3. 收集设备的改善要求及相关法规，制定设备改善方案 4. 进行设备改善相关设计 5. 设备改善的安装与调试 6. 评估改善效果，撰写总结	1. 能够根据设备的原理、结构及性能和工艺要求，进行设备的机械、电气、液压等方面的改进设计 2. 会分析设备的运行数据及诊断设备的运行状态 3. 能够实施设备改善、安装及调试 4. 会修改 PLC 程序 5. 能够制定设备改善方案并实施

工作领域	典型工作任务	工作过程（内容）	职业能力要求
设备改造	设备改造	1. 阅读设备的技术资料 2. 调查设备生产能力及工艺要求，收集改造要求及相关法规 3. 制定设备改造方案，并进行设备改造设计 4. 设备改造安装与调试 5. 评估改造效果，撰写总结	1. 能够根据生产工艺要求，设备结构原理及性能，以及安全环保法规的要求，对设备的机械、电气、液压等方面进行改进设计 2. 能够完成设备的安装及调试 3. 能够进行设备运行数据分析
设备管理	设备运行管理	1. 明确设备运行管理考核指标，编制设备运行管理办法 2. 根据产品工艺要求，及时调整设备布局，及时提出设备更新或改造方案 3. 收集统计分析设备运行状态信息、设备点检和检修记录表，随时掌握设备运行状态 4. 设置设备运行控制参数 5. 编制设备维护、维修计划 6. 编制设备维护、维修标准作业指导书、设备运行预警方案 7. 及时组织协调处理设备运行故障 8. 呈报设备运行管理报表，撰写设备运行管理工作小结	1. 掌握现代设备管理理念、模式和方法 2. 能够熟练计算设备管理考核指标 3. 能够熟练运用 CAD 软件绘制设备布置平面图 4. 能够根据产品加工要求，编制设备布局调整和设备更新及改造方案 5. 能够编制设备运行管理办法，如设备操作规程、设备报修流程等 6. 能够对设备的运行信息、设备点检和检修记录表等进行收集和统计，分析目前设备运行状态，预测设备今后运行状态，并编制设备维护和维修计划 7. 能够正确备份和恢复设备管理系统的参数 8. 能够根据设备维护保养要求，制定设备维护、检修标准指导书和设备运行保障的预警方案 9. 能够及时组织协调处理设备运行中出现的问题 10. 能够正确填写设备运行管理报表，会撰写设备运行管理工作小结
	设备备件管理	1. 熟悉设备备件的管理制度 2. 收集设备常用备件资料和备件使用情况，统计分析设备备件流量，制订配件采购计划 3. 建立设备备件台账 4. 按规定存放好设备备件 5. 做好安全防盗、防火工作	1. 熟悉设备备件的管理制度，掌握现代设备备件管理理念、模式和方法 2. 能够收集统计设备备件的资料和使用情况，统计分析设备备件流量，制订备件采购计划 3. 能够根据企业发展和设备维修要求，建立合理的配件库存量 4. 能够正确地建立设备备件台账 5. 能科学、安全地存放备件
	设备资料管理	1. 熟悉设备资料的管理制度 2. 收集整理设备各种资料，建立设备"一生"档案资料 3. 填写设备台账和借阅设备档案 4. 运用设备管理软件对设备资料进行信息化管理	1. 熟悉设备技术资料管理制度 2. 能够正确进行设备资料的分类、归档及建立设备"一生"的档案资料 3. 能够操作电脑，对设备各种资料进行录入 4. 能够运用现代设备管理软件对设备资料进行管理 5. 能够正确填写设备台账 6. 能够快速查找设备档案

二、基于工作过程的课程体系构建

（一）工学结合课程体系构建

专业建设指导委员会组织校企双方专家、专业带头人、骨干教师在剖析机电设备维修与管理专业的工作领域、典型工作任务和职业能力基础上，进行整合和序化并转化为基于工作过程的课程教学任务，形成工学结合的专业课程体系，具体内容如图 3-1 所示。

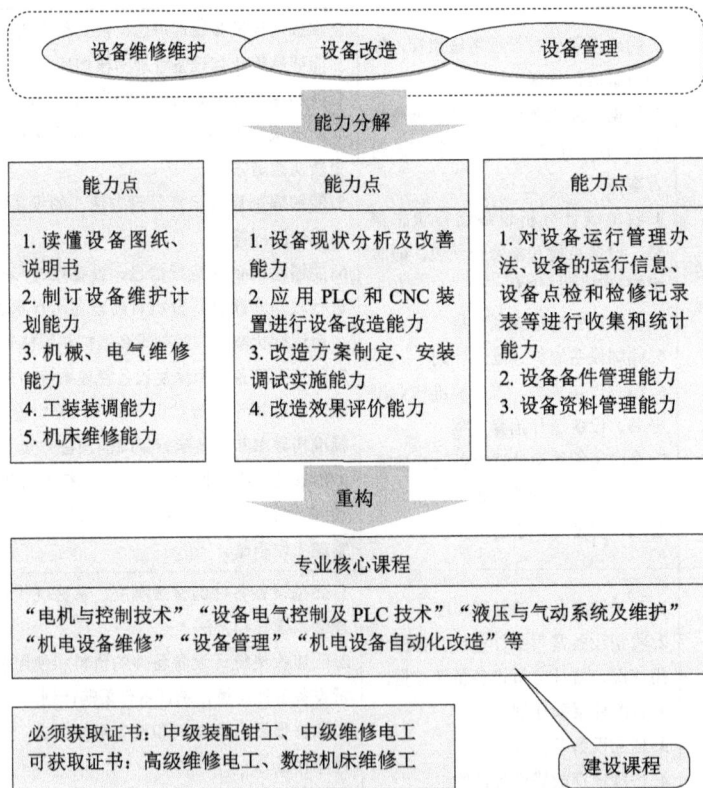

图 3-1　工学结合课程体系构建

（二）课程地位

随着加工制造技术革新及区域经济发展，大量的传统机电设备已不能满足现代化生产需求，亟须进行数控化、自动化改造与升级。另外，多数企业在购置通用机电设备后，仍需根据各自的生产工艺及生产流程，对通用机电设备进行改造或技术更新，而企业部分原有技术人员缺少微机软件、PLC、数控技术等高新技术知识，无法胜任设备改造。

　　针对企业需求及培养目标，本章内容主要讲培养学生的机械结构装调、电气自动化改造方案制定、改造工作的实施、改造效果评价能力，以满足现代化生产需要。本章内容是一门职业性和实用性强的专业课程，是培养学生综合职业能力和职业素养的重要支撑课程，在专业课程体系中处于主干地位。

　　本课程的前续课程是"机械基础""电机与控制技术""设备电气控制及PLC 技术""机电设备维修"。课程内容以典型普通车床改造项目为对象，以实际岗位中对通用机电设备改造技术的真实应用为目的，重点培养学生独立思考、分析问题与解决问题的能力，培养符合学生后续职业生存与发展的综合素质，为学生进行后续的顶岗实践与毕业设计等奠定基础。

（三）课程培养目标

1．专业能力

　　（1）能够根据设备的生产能力及工艺要求，收集并分析设备的运行数据，运用所学过知识进行设备改善或改造的可行性分析。

　　（2）具备电气控制与 PLC 技术应用的知识，能够读懂电气控制原理图，并按照电气装置安装规范进行安装与调试。

　　（3）具备 CNC 装置工作原理、工作过程、信号流程和 CNC 控制系统的知识，了解 CNC 典型产品特点、功能，能够应用经济型 CNC 装置，进行机床改造设计和安装。

　　（4）能够阅读设备的技术资料。

　　（5）具备机械结构的知识，能够使用量具进行机构的装配调整。

　　（6）收集设备的改善或改造要求及相关法规，制定设备改善或改造方案。

　　（7）能够运用所学知识，进行设备改善或改造相关设计和安装与调试。

　　（8）能够评估改善或改造效果，撰写总结。

2．社会能力

　　（1）沟通和协调人际关系。

　　（2）团队合作。

　　（3）批评与自我批评。

　　（4）劳动组织与实施。

（5）遵守劳动纪律。

3．方法能力

（1）信息查询、收集与整理。

（2）分析、总结。

（3）制定工作进度表及控制进度。

（4）方案设计与评估决策。

三、教学内容

（一）教学内容的针对性与适用性

1．内容选取依据

内容的选取以企业发展需要和岗位核心能力培养需要为依据，以企业典型工作任务为载体，精选教学内容，突出实践性与职业性，兼顾先进性，根据机电设备自动化改造典型工作步骤架构教学内容体系，以序化设备自动化改造岗位（群）所需的知识与技能点将学习方法、职业标准、职业素养等知识融入教学内容体系当中，凸显高职特色的课程内容体系。

2．内容选取

（1）以机电设备自动化改造岗位需求需要，科学选取教学内容。围绕机电设备维修与管理专业对机电设备自动化改造岗位的能力要求，深入分析设备改造总体规划、改造实施、调试与检测等相关工作任务及职业能力需求，并以此细化典型工作任务所需的技能点、知识点及态度点，根据认知规律确定教学内容，具体内容如图3-2所示。

（2）遵循职业成长规律及区域经济发展需要，动态设置岗位适应性拓展实习。

（二）教学内容的组织与安排

教学内容的组织摒弃原知识体系安排方式，充分考虑学生的认知水平和认知能力，遵循学生的认知规律，以真实案例为载体，以机电设备自动化改造典型工作过程为主线，组织相关知识和学习性工作任务，构建合理的知识内容体系，并依托完善的实践教学体系，组织实施"教、学、做"一体化及岗位适应性拓展实

典型工作内容	所需知识和能力点	课程教学内容
机电设备改造前的分析	熟悉机械结构组成部件的特点和应用	机电设备工作过程分析
机电设备自动化改造方案制定	能够选择合理的机械结构部件进行改造设计	设备工作过程传统继电器控制的设计
机械结构改进设计	能够进行机械结构装配和调整	PLC 及触摸屏的应用
机械结构改进装配与调整	熟悉传统继电器电气控制的知识	步进电机及驱动器的应用
设备控制装置和方式的选择	熟悉 PLC、触摸屏的应用	采用 PLC、触摸屏装置进行运动控制设计
设备控制系统的设计	能够读懂电气控制原理图	组态程序编写
设备控制程序编写	能够进行 PLC 外围接线	组成设备的机械部件原理及应用
设备控制箱的制作	能够进行 PLC 组态编程	CNC 装置的工作原理及应用
安装、调试控制系统	能够安全送电对控制电路调试	CNC 控制系统的组成
改进后的设备机电联调	熟悉运动控制的概念	采用 CNC 装置的控制设计
设备改造后性能的评估	了解驱动器和步进电机的原理	设备可靠性、节能化改造方案制定
技术文档的编写	熟悉 CNC 控制的原理	设备智能化、环保化改造方案制定
改造后设备运行维护	了解 CNC 工作过程和控制系统组成	改进或改造方案的设计
	了解 CNC 装置种类、产品特点	改进或改造方案的装置选型
	读懂 CNC 装置控制电路图	控制系统的接线
	能够进行 CNC 控制的安装与调试	控制系统的调试
	能够进行 CNC 控制的机电联调	机械结构的改进与调整
	能够进行设备的控制目标检验	改进后机电联调
	正确使用各种检测工具	改进后的性能评估
	熟悉电气、机械作业的安全规程	设备改造技术文档的编写
	能够分析设备的运行状态	改造成本核算及控制
	能够根据客户要求，选择合理改造的方案	
	熟悉设备改造的流程	
	了解设备改造的目标	
	了解设备改造的技术文档	
	能够进行改造成本控制与核算	

部分内容已在先修课程中学习

图 3-2　教学内容选取

习（即课程顶岗实习）教学。

　　根据机电设备自动化改造典型工作过程（分析→改进方案制定→改进实现→装配与调试），以及教学内容间的内在联系，并遵循学生认知规律，由简到难的规则，组织与实际工作过程一致的 12 个学习性工作任务，结合实际案例，根据机电设备自动化改造实现方法，将 12 个学习性工作任务有机融入 3 个学习情境中，即设备传统继电控制方式的改进，应用 PLC 及变频器、触摸屏的设备改造，应用 CNC 装置的设备改造，让学生在学习中"工作"，在"工作"中学习，同时体验实际工作中的职场氛围、职责范围、工作要点、注意事项等，从而提升其综合职业素质，具体学习内容如图 3-3 所示。

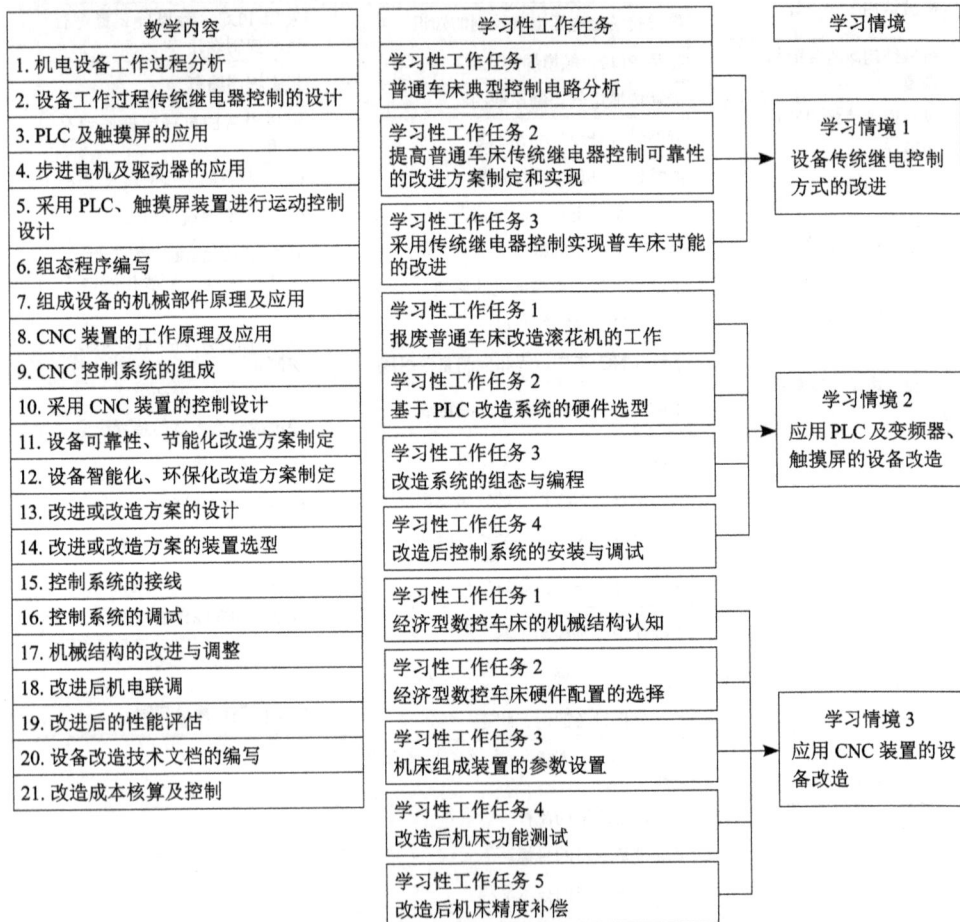

教学内容	学习性工作任务	学习情境
1. 机电设备工作过程分析	学习性工作任务 1 普通车床典型控制电路分析	
2. 设备工作过程传统继电器控制的设计	学习性工作任务 2 提高普通车床传统继电器控制可靠性的改进方案制定和实现	学习情境 1 设备传统继电控制方式的改进
3. PLC 及触摸屏的应用		
4. 步进电机及驱动器的应用	学习性工作任务 3 采用传统继电器控制实现普车床节能的改造	
5. 采用 PLC、触摸屏装置进行运动控制设计		
6. 组态程序编写	学习性工作任务 1 报废普通车床改造滚花机的工作	
7. 组成设备的机械部件原理及应用		
8. CNC 装置的工作原理及应用	学习性工作任务 2 基于 PLC 改造系统的硬件选型	
9. CNC 控制系统的组成		学习情境 2 应用 PLC 及变频器、触摸屏的设备改造
10. 采用 CNC 装置的控制设计	学习性工作任务 3 改造系统的组态与编程	
11. 设备可靠性、节能化改造方案制定		
12. 设备智能化、环保化改造方案制定	学习性工作任务 4 改造后控制系统的安装与调试	
13. 改进或改造方案的设计		
14. 改进或改造方案的装置选型	学习性工作任务 1 经济型数控车床的机械结构认知	
15. 控制系统的接线		
16. 控制系统的调试	学习性工作任务 2 经济型数控车床硬件配置的选择	
17. 机械结构的改进与调整		学习情境 3 应用 CNC 装置的设备改造
18. 改造后机电联调	学习性工作任务 3 机床组成装置的参数设置	
19. 改进后的性能评估		
20. 设备改造技术文档的编写	学习性工作任务 4 改造后机床功能测试	
21. 改造成本核算及控制		
	学习性工作任务 5 改造后机床精度补偿	

图 3-3　教学内容组织

第 4 章　PLC 应用

本课程的学习，使学生基本了解 PLC 的基本结构和工作原理，掌握 PLC 应用系统设计的基本步骤和开发方法，了解 PLC 应用技术在自动化系统和设备中的核心地位，培养学生在电气自动化设备运行与维护岗位中解决实际问题的能力，突出实践性、工程性、应用性和创新能力，培养学生掌握岗位职业技能，使学生满足电气自动化设备运行与维护岗位的技能要求。

一、培养目标及岗位分析

（一）培养目标

培养适应自动化技术领域、供用电技术领域或风力发电技术领域生产第一线需要的德、智、体、美等全面发展的，从事自动化设备运行与维护、变电站运行与维护、风电场运行与维护等职业岗位的高技能专门人才。学生应掌握从事本专业领域实际工作的基本能力和基本技能，具有电气自动化技术专业必备的基础理论知识和专门知识，具有良好的职业道德和敬业精神。

（二）岗位分析

学生毕业后主要去石油、石化、风力发电及相关行业生产第一线，从事供用电系统、风力发电系统、自动化技术设备的施工、运行、维修、测试等方面的岗位技能工作和技术管理工作。

1. 电气自动化技术专业职业岗位群（图 4-1）

2. 电气自动化技术专业岗位及专业能力

召开实践研讨会，根据电气自动化技术岗位（群）工作要求，共同分析电气自动化技术专业的岗位专业能力并获得这些专业能力，具体的能力见表 4-1，确

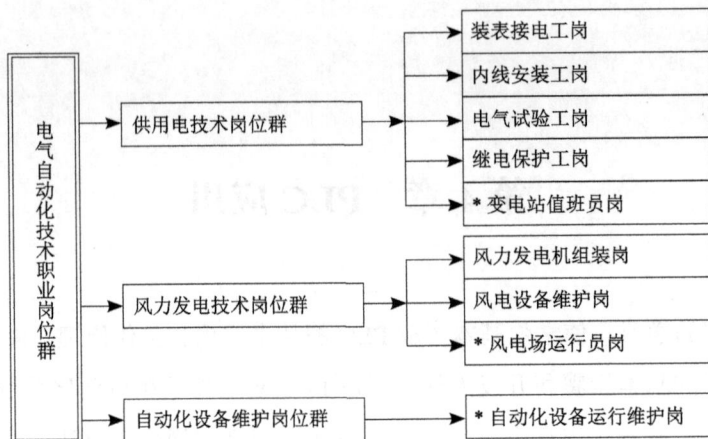

图 4-1 电气自动化技术专业职业岗位群

定自动化设备运行维护岗、变电站值班员岗或风电场运行员岗为主要岗位。

表 4-1 电气自动化技术专业岗位及专业能力

序号	职业岗位	岗位技能要求	岗位知识要求
1	装表接电工岗	常用工具的使用；阅读电气图的能力；低压导线选型及连接；电表及电流互感器安装；绝缘防护用具的使用；消防器材使用	电工知识；电气测量知识；电表安装工艺；安全生产知识；电力客户服务
2	内线安装工岗	常用工具及仪表的使用；阅读电气图的能力；内线工程的安装和调试；内线工程质量监督；技能培训和传授技艺；正确使用安全用具	电工知识；低压动力及照明基础知识；工程预算管理知识；安全用电知识
3	电气试验工岗	正确使用各种仪器仪表 绝缘常规试验及分析；组装较复杂的试验仪器和设备；绘制测试接线图；高压电气设备试验方法；正确核对和修正试验的安全措施；触电急救操作技能	电工电子知识；电力设备预防性规程；电介质知识；交直流高压测量的基本理论；各类高压试验设备原理；安全知识
4	继电保护工岗	常用工具及仪表的使用；阅读电气图的能力；正确填写继电保护检验报告；常用继电器的检验；二次回路故障排除；互感器试验要求及接线；微机保护定值整定及现场调试；继电保护反事故措施；触电急救操作技能	电工知识；电力系统短路知识；微型计算机相关知识；一次系统相关知识；继电保护配置及整定；编写继电保护运行规程；安全知识
5	变电站值班员岗	常用工具及仪表的使用；阅读电气图的能力；电气设备正常运行监视 各种运行记录的填写 变电站电气设备巡视；电气设备操作原则及方法；直流系统操作和检查、测量及维护；变电站自动装置运行及维护；变电站工业监控系统使用；事故处理；技能培训并传授技艺	电力生产过程知识；一次设备知识；二次回路知识；电气主接线；直流系统知识；站用电系统；自动装置知识；信号装置知识；倒闸操作知识；测量装置；变电站一般事故处理；安全知识

序号	职业岗位	岗位技能要求	岗位知识要求
6	风力发电机组装岗	常用工具的使用；阅读电气图的能力；电机检测与试验；线路安装能力	电机知识；传感器知识；PLC 应用知识；电气控制知识
7	风电设备维护岗	常用工具的使用；阅读电气图的能力；专用测试仪器使用；发电机检测；控制线路检修能力；安全措施	电工制图、电气控制、PLC、仪器仪表
8	风电场运行员岗	常用工具的使用；阅读电气图的能力；风力发电并网运行；风力发电状态集中监测；风力发电投、切控制；制订检修计划	电机知识；传感器知识；PLC 应用知识；电气控制知识；计算机控制知识；电力系统有关知识
9	自动化设备运行维护岗	常用工具的使用；阅读电气图的能力；专业检测仪器使用能力；变频器运用能力；电机检测能力；自动化设备检测能力；可编程序控制器运用能力；现场总线应用技术；制订检修计划	电工知识；电机知识；PLC 应用知识；电气控制知识；计算机控制知识；变频器知识；自动控制相关知识；现场总线应用知识

二、基于工作过程的课程体系构建

（一）基于工作过程的系统化课程体系

针对变电站运行与维护、自动化设备运行与维护和风电场运行与维护岗位群，以培养岗位工作职业能力为主线，按照职业能力成长规律和职业能力所能完成的任务，归类、整合、凝练出典型工作任务，由典型工作任务转化为行动领域。参照职业标准，将行动领域转化为学习领域，把生产项目与课程融为一体，实现学习、工作一体化，按照高技能人才成长规律，构建基于工作过程的系统化课程体系，体系的具体内容如图 4-2 所示。

（二）课程体系中的课程安排

在课程体系中，自动控制技术以自动化设备运行与维护能力培养为主线，以自动化设备运行与维护项目来选取和安排课程内容，以自动化设备运行与维护岗位任职要求并参照岗位技能标准制定课程考核标准，形成自动化设备运行与维护工作过程导向的专业课程群，PLC 应用技术为该课程群的核心课程。供用电技术以变电站检修能力培养为主线，以检修工作过程来选取和安排课程内容及顺序，以变电站运行与维护岗位任职要求并参照岗位技能标准制定课程考核标准，形成基于变电站运行与维护工作过程导向的专业方向课程群，变电站运行与维护课程

工作岗位	职业能力与技能	课程体系

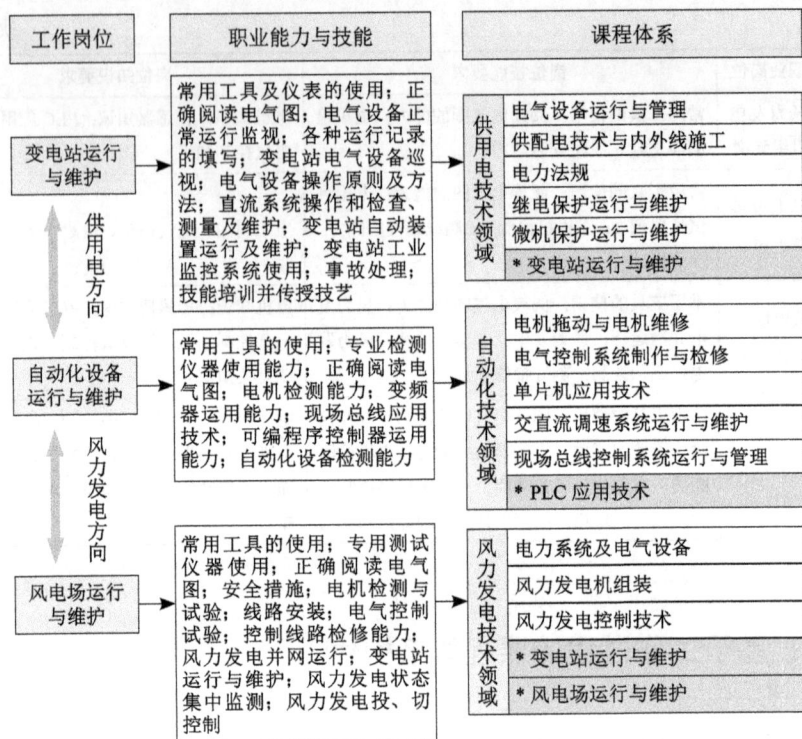

图 4-2 基于工作过程的课程体系

为该课程群的核心课程。风力发电技术以风电场风力发电设备检修能力培养为主线，以设备检修工作过程来选取和安排课程内容顺序，以风电场运行与维护岗位任职要求并参照岗位技能标准制定课程考核标准，形成风力发电设备运行与维护工作过程导向的专业方向课程群，变电站运行与维护、风电场运行与维护为该课程群的核心课程。

将行动领域进行教学论加工和反思，充分考虑教学的可实施性，以行动为导向，按照实际工作过程组织教学，由行动领域确定学习领域。电气自动化技术专业工作过程系统化课程见表 4-2。

表 4-2 电气自动化技术专业课程一览表

课程名称	基本学时			备注
	第一学年	第二学年	第三学年	
公共基础课程	542+2 周	68	28+2 周	2 周金工实习 2 周电气制图
学习领域 1：电工技术	118	—	—	—

续表

课程名称	基本学时			备注
	第一学年	第二学年	第三学年	
学习领域 2：电子技术	68	60+1 周	—	1 周综合实训
学习领域 3：电机拖动与电机维修	—	78+1 周	—	1 周综合实训
学习领域 4：自动控制技术	—	56	—	
学习领域 5：继电保护运行与维护	—	56	—	
学习领域 6：电力电子技术应用	—	44	—	
学习领域 7：电气控制系统制作与检修	—	40+1 周	—	1 周综合实训
学习领域 8：单片机应用技术	—	4 周	—	4 周一体化教学
学习领域 9：PLC 应用技术	—	—	5 周	4 周校内、1 周企业一体化教学
学习领域 10：调速系统运行与维护	—	4 周	—	4 周一体化教学
学习领域 11：变电站运行与维护	—	—	5 周	5 周一体化教学
学习领域 12A：供配电技术与内外线施工	—	56+1 周	—	供用电方向
学习领域 13A：电气设备运行与管理	—	66	—	
学习领域 14A：毕业实践	—	—	19 周	
学习领域 12B：电力系统及电气设备	—	66+1 周	—	风力发电方向
学习领域 13B：风力发电机组装	—	60+1 周	—	
学习领域 14B：风力发电控制技术	—	66	—	
学习领域 15B：风电场运行与维护	—	—	4 周	
学习领域 16B：毕业实践	—	—	15 周	
素质拓展课程	—	—	126	
合计	728+2 周	524+12 周	154+31 周	供用电方向
		594+13 周	154+31 周	风力发电方向

三、课程目标

　　"PLC 应用技术"课程是面向电气自动化技术专业供用电技术和风力发电技术两个专业方向的专业核心课程，是在学习完"自动控制技术""电机拖动与电机维修""电气控制系统制作与检修"等课程后，在第五学期开设的为期五周的综合性"教、学、做"一体化课程，四周在校内一体化实训室进行，一周在工业现场进行，其后续课程有"风电场运行与维护""变电站运行与维护""毕业实践"等，该课程是电气自动化技术三大就业岗位群的职业核心课程。

通过对本课程的学习，使学生基本了解 PLC 的基本结构和工作原理，掌握 PLC 应用系统设计的基本步骤和开发方法，了解 PLC 应用技术在自动化系统和设备中的核心地位。培养学生在电气自动化设备运行与维护岗位中解决实际问题的能力，突出实践性、工程性、应用性和创新能力，培养学生掌握岗位职业技能，使学生满足电气自动化设备运行与维护岗位的技能要求，本课程的具体目标为：

1．知识与技能目标

（1）掌握 PLC 基础知识，如 PLC 的基本结构、基本工作原理、指令系统。

（2）了解外部信号与 PLC 的连接方法，如信号的输入、输出等。

（3）掌握常用控制算法、程序设计。

（4）了解通讯系统、网络结构及复杂系统构成等。

（5）掌握控制系统的安装与调试、控制系统的运行与维护、PLC 选型与成本核算，以及各种报告的编写等。

2．过程与方法目标

（1）在工作过程中，使学生知道实际 PLC 控制工程如何开始、从哪里开始，中间过程如何，最后如何调试，出现问题如何解决等。

（2）可以增强学生的工作能力，扩展学生的就业面，提高学生就业质量。

（3）使学生具有相应的信息收集能力、能使用企业信息资源制订工作计划、可独立使用各种媒介完成工作任务、工作结果的评价与反思等。

3．情态与价值观目标

（1）锻炼学生沟通能力、团队合作能力、小组成员的协作能力、表达能力。

（2）增强学生安全意识、环境意识、责任意识等。

四、课程设计

根据以上课程基本理念，与企业共同开发基于电气自动化设备运行与维护工作过程的学习领域课程，课程中引入电气控制技术企业标准、工作规范和企业典型项目，达到课程建设与职业岗位能力需求和行业企业技术发展同步。

在教学内容设计中以培养电气自动化设备运行与维护岗位职业能力为目标，以电气自动化设备运行与维护职业岗位工作过程为导向，保持下面的PLC 应用技术教学内容与实际 PLC 控制系统设计、制作、安装、调试、运行、维护工作的一致性。

（一）控制系统安装与联调

1. PLC 信号的输入

信号输入包括控制命令，如控制台发出的各种命令：启动、停止、自动 / 手动等；现场控制信号：反映工作状态和位置的各种检测信号；模拟信号：温度、压力等；系统间的连锁信号等。这些信号如何与 PLC 相连，如何输入 PLC 是该课程需要解决的首要问题。

2. PLC 控制算法

按照工艺要求完成控制功能，即根据 PLC 编程语言进行程序设计，满足控制系统工艺上的要求，并能通过运行测试。

3. PLC 输出执行

输出执行主要包括输出设备与 PLC 的连接和输出控制实现，如各种阀的控制、各种电机的控制及系统工作状态的显示等。

4. 复杂 PLC 系统构成

整个控制系统一般分为多个子系统，在构建好各个子系统后，使用现场总线等使之连接成为一个综合系统，进而构成整条生产线。

5. PLC 系统开发环境

PLC 系统开发环境主要包括使用 CAD 软件绘制电气信号布置图、电气原理图及元件布置图；使用 Excel 编制材料清单及价格计算；使用 STEP7 Micro 编程软件进行程序的编辑与调试；使用 Word 编写操作使用说明书等。

6. PLC 控制系统的安装与调试

PLC 控制系统的安装与调试主要包括电气元件，如主令开关、行程开关、执行器件的安装；连接导线的制作（包括线号、压接端头的制作）；通电前检查及通电测试等。在本环节中工具的正确使用与安全操作是核心，在工作中培养学生的工程意识和文明生产、安全生产意识。

7. PLC 控制系统的运行与维护

控制系统运行和维护包括通过看工艺流程图、原理图、使用说明书等资料了解工艺及设备运行，如何查找故障、如何处理故障等。

8. PLC 选型与成本核算

根据被控对象对控制系统的要求及 PLC 的输入量、输出量的类型和点数，确定出 PLC 的型号和硬件配置。这部分内容是综合应用，包括 PLC 选型、常用电气元件选型、系统的成本核算等。正确选择 PLC 对于保证整个控制系统的技术与经济性能指标起着重要的作用，还可培养学生成本意识和工程意识。

（二）联调工作过程

采用项目教学法和引导文教学法，恰当地在各教学环节融入标准、规范、协作及质量体系的内容，将该课程建设成为集能力培养、职业素质训导和孕育学生创新成果的教学平台。

构建进阶式能力培养教学情境课程，将需要具备的职业技能分解成各项基本能力，选择能涵盖基本能力要素的情境项目，组织"教、学、做"一体化教学。"PLC 应用技术"课程主要内容为信号的输入、信号处理、控制输出、现场总线等部分，根据电气自动化设备运行与维护岗位职业能力分析，设计电动升降机 PLC 控制系统的安装与调试、自动化生产线产品产量统计的实现、涂装生产线温度控制系统的设计与调试、立体仓库 PLC 控制系统的运行与维护四个学习情境，每一个学习情境均是完整的工作项目。四个学习情境通过工业现场总线组合在一起，形成自动化生产线自动控制系统的主要组成部分。

每一个学习情境都可移植和延伸，比如升降机控制可延伸电梯的控制；自动化生产线产品产量统计可应用于各种需要计数的场合；涂装生产线温度控制系统的设计与调试就更多了，如石油化工生产中的温度、液位、流量、压力控制等；而现场总线应用或说复杂系统更是可应用在各行各业，比如汽车厂、石油钻井平台等。PLC 应用技术课程内容设计体系如图 4-3 所示。

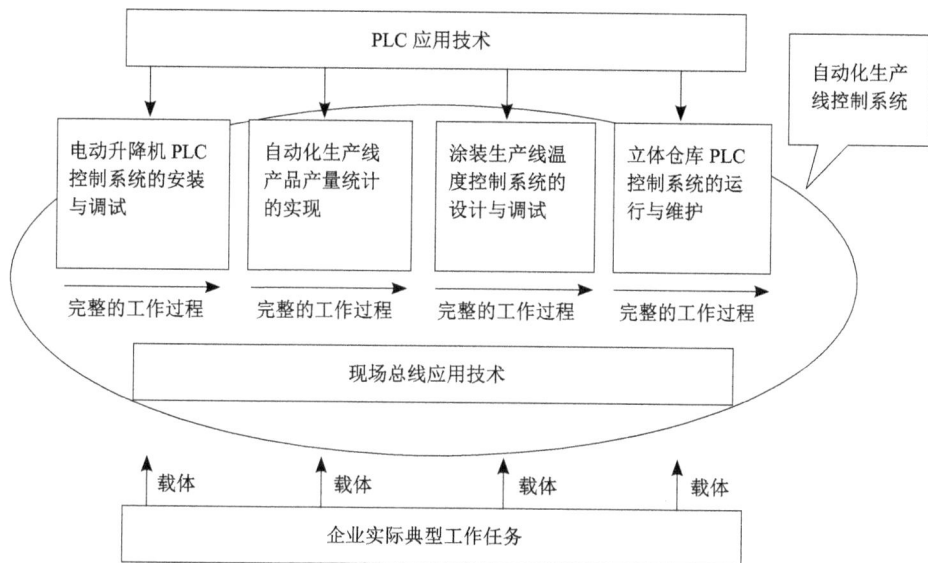

图 4-3　PLC 应用技术课程内容设计体系

每一个学习情境均按照电气控制系统工作过程进行教学环节设计：

1．做什么（了解工艺、明确任务）

在每个教学情境开始工作前，学员进行搜集资料，并与生产过程有关人员、机械设计人员、实际操作者（指导教师扮演）密切配合，明确控制要求，拟定电气控制方案，协同解决工作中的各种问题，使成果满足生产工艺要求，这些生产工艺要求是电气控制系统设计的依据。

2．如何开始做（资讯、决策、计划）

学员首先详细了解被控对象的工艺过程和对控制系统的要求，各种机械、液压、气动、仪表、电气系统之间的关系，系统工作方式（如自动、半自动、手动等），PLC 与系统中其他智能装置之间的关系，人机界面的种类，通信连网的方式，报警的种类与范围，电源停电及紧急情况的处理等。

在此阶段，还要选择用户输入设备（按钮、操作开关、限位开关、传感器等）、输出设备（继电器、接触器、信号指示灯等执行元件），以及由输出设备驱动的控制对象（电动机、电磁阀等）。同时，还应确定哪些信号需要输入给 PLC，哪些负载由 PLC 驱动，并分类统计出各输入量和输出量的性质及数量，以及电压的大小等级等。

然后，将控制对象和控制功能进行分类，可按信号用途或按控制区域进行划分，确定检测设备和控制设备的物理位置，分析每一个检测信号和控制信号的形式、功能、规模、互相之间的关系。此阶段指导教师提供相关设备资料，如控制对象资料、输入设备资料、输出设备资料、PLC 应用技术资料、相关网站、助学课件等，在第一个学习情境中还应指导学员如何查找资料、分析归纳资料获取相关信息，也可通过案例指导学员如何开始做。

3. 怎么做（项目实施）

怎么做即电气控制系统实施工作过程，要求学员按照实际工作流程进行实施。即先绘制各种图纸，如信号布置图、电气原理图、元件安装位置图，选择 PLC，安装电气元件，编写程序，系统调试包括电气元件通电前检测、通电后测试、程序编辑修改、系统连调等，然后为整理资料编写各种报告，如电气安装报告、调试报告、系统工作报告及系统运行维护报告等。

在第一个学习情境中为学员提供案例图纸供学员参考，指导学生正确使用工具和测试仪表，强调用电安全。在这一阶段以学生为主，教师进行指导答疑。

4. 做了什么和做得怎样（总结、评价）

以项目组为单位，每人讲解项目设计思路；在这个任务中，具体做了哪些工作；在整体任务中的作用是什么；与哪些工作做了具体衔接；对其他工作了解了什么。

讲解后由其他组同学提问，选出一位同学记录问题及回答情况。各组全部讲解、提问完毕后，指导教师总结出现频率较高的问题后，每个同学自我评分，其他同学打分。

对出现的问题修改、完善后，写出总结。

5. 如何做得更好（提高）、应用更广（拓展）

将项目做得更完善及项目中学到的知识在其他领域的应用，如在升降机的控制中，如何精确定位，势能负载下降如何控制，若驱动方式不采用电动机而使用液压或气动驱动工艺情况怎样等。

（三）教学过程

1. 教学模式

课程在"教、学、做"一体化的学习场所进行，实现"理论学习与实践技能培养相融合、课堂与基地相融合、教学与生产相融合"的教学模式。在教学过程中，以学生为主体，强调学生能力培养，发挥学生的积极性，结合实物和仿真实训装置设置的工程案例，进行"教、学、做"合一的立体化教学。

2．教学组织

教学组织按照分组、分工、共同协作及企业生产实际工作要求进行。

3．教学评价

校企共同建立突出职业能力培养的课程标准和考核标准，课程考核标准与国家职业资格鉴定标准相结合。同时也为第五学期的职业技能鉴定（高级维修电工）奠定基础。

五、教学内容

通过调研公司等自动化设备生产、运行企业，根据自动化设备维护岗位群典型工作任务，与企业专家共同确定 PLC 应用技术课程教学内容，形成了基于电气控制系统设计、安装、调试、检修工作过程的"教、学、做"一体化课程。

（一）PLC 应用技术的四个学习情境

通过对自动化设备运行与维护岗位群的分析，选择自动化生产线中的四个典型工作单元，以电动升降机 PLC 控制系统、自动化生产线产品产量统计、涂装生产线温度控制系统、立体仓库 PLC 控制系统作为本课程的典型工作任务，经过企业专家与校内专职教师的共同开发，形成四个学习情境，分别是情境一：电动升降机 PLC 控制系统的安装与调试；情境二：自动化生产线产品产量统计的实现；情境三：涂装生产线温度控制系统的设计与调试；情境四：立体仓库 PLC 控制系统的运行与维护。

根据课程内容，对 PLC 应用技术课程工作任务、教学环节进行整合序化，序化后内容见表 4-3，其特点是以学生为主体，采用一体化教学，在工作过程中师生间、同学间学习实践知识和理论知识，学完知识即用，用到知识才学，理论知识融入工作过程，形成符合工作过程的学习情境。

表 4-3　PLC 应用技术课程教学内容

学习情境	工作任务	职业能力或知识、技能、素质要求	时间分配
情境一 电动升降机 PLC 控制系统的安装与调试	1. 按照任务单的要求完成上下限位行程开关、上下到位接近开关、升降按钮与 PLC 的连接及测试 2. 按照任务单的要求完成 PLC 输出与接触器线圈的连接及测试 3. 系统装配并调试 4. 编写安装、调试报告	1. 会使用剥线钳、螺丝刀、压线钳等电工工具装配 2. 能够安装操作系统、Office、CAD、STEP7 编程软件等开发环境 3. 能使用 CAD 画简单电气图、使用 Excel 编写材料清单 4. 能使用基本指令编写电机的点动控制、电机的正、反转控制等简单程序 5. 使用 PLC 完成行程控制 6. 手动、自动控制方式 7. 电气元件的安装与连接 8. 使用万用表进行系统通电前的检查 9. 合作完成系统通电测试 10. 简单程序调试 11. 使用 Word 编写调试报告 12. 劳动与健康保护、团队意识、合作意识、环保意识等	企业 2 天 学校 6 天
情境二 自动化生产线产品产量统计的实现	1. 产品产量计数器的安装与调试 2. 程序的编制 3. 系统装配并调试 4. 编写系统调试报告	1. 能使用基本指令、计数指令、数学运算指令编写相对复杂的逻辑控制程序 2. 开关量检测元件（接近开关、光电开关）的原理和应用，尤其注意晶体管输出 NPN、PNP 检测元件与 PLC 的连接 3. 显示器件、显示方式与显示控制 4. 光电检测及继电接触器控制原理 5. 电气元件的安装及与 PLC 的连接 6. 基本程序设计 7. 系统硬件测试 8. 合作完成程序调试 9. 系统调试 10. 报告编写 11. 劳动与健康保护、团队意识、合作意识、环保意识等	3 天

续表

学习情境	工作任务	职业能力或知识、技能、素质要求	时间分配
情境三 涂装生产线温度控制系统的设计与调试	1. 模拟信号与 PLC 输入、输出的连接 2. 主要执行机构（直流电机、直动气缸、电磁铁、电磁阀、接触器或固态继电器）的安装 3. 按照工程图样安装接线，掌握检查方法 4. 控制算法（PID 程序的编写、数据处理技术、软件抗干扰等）程序设计 5. 系统调试和分析、查找、排除故障 6. 编写工作报告	1. 模拟单元 A/D 及 D/A 的基本使用 2. 会使用数学运算、比较、转换等复杂指令 3. 了解主要执行机构（直流电机、直动气缸、电磁铁、电磁阀、接触器、固态继电器）的基本工作原理 4. 了解 PID 控制的含义及使用 5. PLC 控制系统设计 6. 模拟量单元测试 7. PID 参数调整 8. 程序设计 9. 程序调试 10. 报告编写 11. 劳动与健康保护、团队意识、合作意识、环保意识等	企业 1 天 学校 3 天
情境四 立体仓库 PLC 控制系统的运行与维护	1. 立体仓库机械主体结构、装配方法 2. 按照工程图纸检查线路，掌握检查方法 3. 步进电机控制方式与控制程序调试 4. 伺服电机控制方式与控制程序调试 5. 自动、调试、手动不同工作方式选择控制 6. 显示系统的调试 7. PLC 之间通信及与上位机通信的建立 8. 上位机监控（人机界面的简单应用）系统运用 9. 分析、查找、排除故障 10. PLC 选型 11. 完整的电气元件清单及成本核算 12. 编写运行、维护工作报告	1. 通信模块与通信原理 2. 网络结构 3. 能够说明执行机构：步进电机、伺服电机的简单控制原理与控制方法 4. 电气工程图识读 5. 分析、查找、排除故障的基本方法 6. PLC 选型 7. 成本核算 8. 系统运行与维护 9. 编写运行、维护工作报告 10. 劳动与健康保护、团队意识、合作意识、环保意识等	企业 2 天 学校 8 天

（二）PLC 应用技术课程教学内容结构

PLC 应用技术课程教学内容结构如图 4-4 所示。

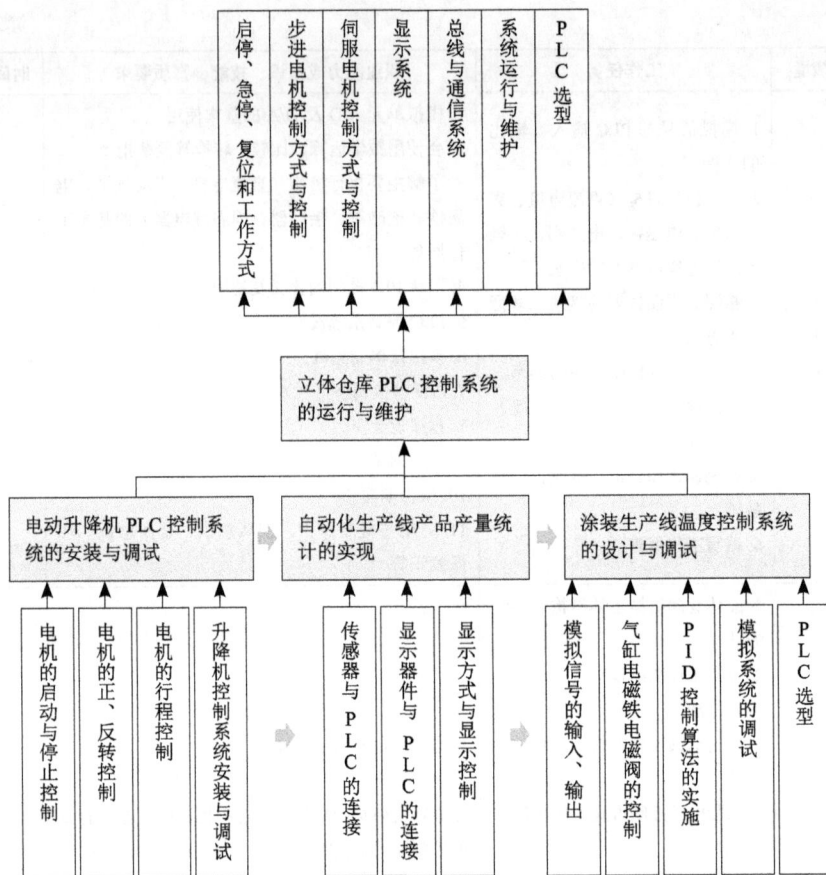

图 4-4　PLC 应用技术课程教学内容结构

六、教学内容的组织

基于工作过程的教学改革，开始"教、学、做"一体化教学尝试。在教学内容设计上，经过充分调研和召开课程专家研讨会等，根据本专业服务职业岗位要求，确定本课程主要教学内容为：

1. 信号的输入。

2. 控制算法。

3. 输出执行。

4. 复杂系统构成。

5. 系统开发环境。

6. 控制系统的安装与调试。

7. 控制系统的运行与维护。

8. PLC 选型与成本核算。

根据学习情境序化教学内容，序化后的教学内容如下：

情境一：电动升降机 PLC 控制系统的安装与调试

主要内容包括 PLC 基本逻辑指令、读懂电气信号布置图、电气原理图、元件布置图、根据已有图完成启动、停止、急停开关等按钮开关与 PLC 输入单元的连接、行程开关与 PLC 输入单元的连接、接触器与 PLC 输出单元的连接、接触器与异步电动机的连接、通电前检查、简单程序编制、使用 STEP7 Micro 编程软件进行程序的编辑与调试、通电测试、使用 Excel 编写电气元件清单并依据清单到库房领取材料、使用 Word 编写使用说明书等。本部分主要解决 PLC 应用技术入门，复习已经学过的常用电工工具及软件工具的使用方法。

情境二：自动化生产线产品产量统计的实现

主要内容包括 I/O 扩展单元、逻辑指令、算术运算指令、用 CAD 软件绘制电气信号布置图、电气原理图、元件布置图、根据图完成按钮开关与 PLC 输入单元的连接、光电检测开关与 PLC 输入单元的连接、七段 LED 显示器与 PLC 输出单元的连接、通电前检查、记数程序及显示程序编制、使用 STEP7 Micro 编程软件进行程序的编辑与调试、通电测试、使用 Excel 编写电气元件清单并依据清单到库房领取材料、使用 Word 编写系统调试报告等。本部分是在情境一的基础上增加计数器的应用、显示方法、基本程序设计调试方法。

情境三：涂装生产线温度控制系统的设计与调试

主要内容包括模拟量扩展单元、算术运算指令、PID 指令、温度传感器及变送单元与 PLC 的连接、信号处理、电磁阀与 PLC 输出单元的连接、加热控制装置（固态继电器）与 PLC 输出单元的连接、报警器及指示灯与 PLC 输出单元的连接、风扇电机的控制单元与 PLC 输出单元的连接、PID 程序设计、系统程序设计、程序调试、PLC 选型、工作报告编写等。本部分是在情境一、情境二的基础上加入模拟量控制、程序设计内容及如何编写完整的工作报告。

情境四：立体仓库 PLC 控制系统的运行与维护

主要内容包括通信模块与网络组成、执行机构：步进电机、伺服电机的简单控制方法、电气工程图识读、工艺流程图、原理图的分析、使用说明书的阅读、分析、查找、排除故障的基本方法、复杂系统构成、系统运行与维护方法、PLC选型、成本核算基本方法、编写运行、维护工作报告等。

前三个学习情境侧重电气元件的安装、测试、系统调试、控制算法设计，主要学习职业经验性知识，第四个学习情境则是在前三个情境的基础上进行复杂系统的运行与维护，是综合应用性知识，是基于经验的学科系统化深入知识。

学习情境及具体工作任务的排序按照由浅入深、从简到繁、先易后难、由单一到综合进行，既符合工作过程的要求，又符合职业教育的认知规律。使学生在工作中体会成功的乐趣，增强自信心，激发自主学习的积极性。

在工作中，有意识地培养学生的工程意识、协作意识、责任意识，做到文明生产、安全生产。比如材料领取需要学生按照自己的材料清单（相当于企业的领料单）到库房领料，工具领用需登记。评价部分其他组同学作为甲方，被评价组作为乙方，乙方回答甲方各种问题并记录下来作为验收依据，以上均按照实际工作过程进行。随时检查学生工作现场周围环境（比如剥完线后线皮、废旧导线、压接端头的处理等），有否带电接线，调试步骤是否按通电前检查、通电测试、单机调试、联合调试进行等。

四个学习情境，每一个学习情境均是完整的工作过程，学习情境按照由浅入深、从简到繁、先易后难排序，有少量重复，学习情境按照安装→调试→设计→维护的顺序进行设计，每一个学习情境是在前一个情境上的进一步深入，即难度逐步增加，示意图如图 4-5 所示。四个学习情境通过工业现场总线连接在一起，形成自动化生产线的主要组成部分。

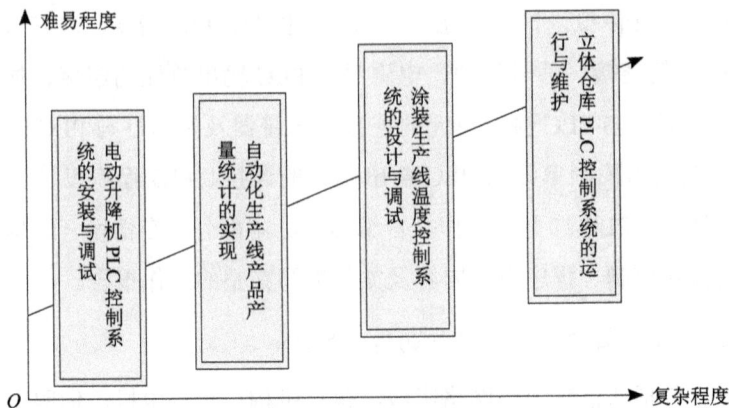

图 4-5 PLC 应用技术学习情境

第5章　变频器应用

"变频器应用"是机电一体化技术专业（机电设备装调方向）、自动化生产设备应用专业的核心课程，也是电气自动化技术专业重要课程。

由于我国装备制造业的飞速发展，变频调速技术在机电设备装调领域和自动化生产设备应用领域中应用得越来越广。随着变频器产品的逐渐成熟，以及变频器所具有的节能、无级调速和启动平稳等特点，变频器已成为变频调速的主流。

一、培养目标及岗位分析

经过广泛深入的企业调研，明确了机电一体化技术专业（机电设备装调方向）毕业生面对的主要就业岗位为机电设备维修工、机电设备技术支持和助理机电工程师。岗位群面对的主要工作职责有三项，一是机电设备的安装、调试、维护；二是机电设备的技术改造；三是机电设备的售前售后技术支持。

二、基于工作过程的课程体系构建

根据专业面对的职业岗位群的典型工作任务和素质要求，构建了机电一体化技术专业（机电设备装调方向）的课程体系，体系的具体内容如图5-1所示。

本课程是针对机电设备维修工、机电设备技术支持、助理机电工程师三个工作岗位中与变频器相关的典型工作任务——变频器应用系统安装调试、运行维护及技术改造等而开设的。它主要培养学生变频器应用系统设计、安装调试、运行维护等职业能力和检索机电设备技术资料、团队协作精神等职业素养。同时，通过多种教学方法与教学手段的灵活运用，培养学生的可持续发展能力。它还为学生获取维修电工、可编程序控制系统设计师等职业资格证书提供技能与职业素养基础。本课程培养目标与专业培养目标的关系如图5-2所示。

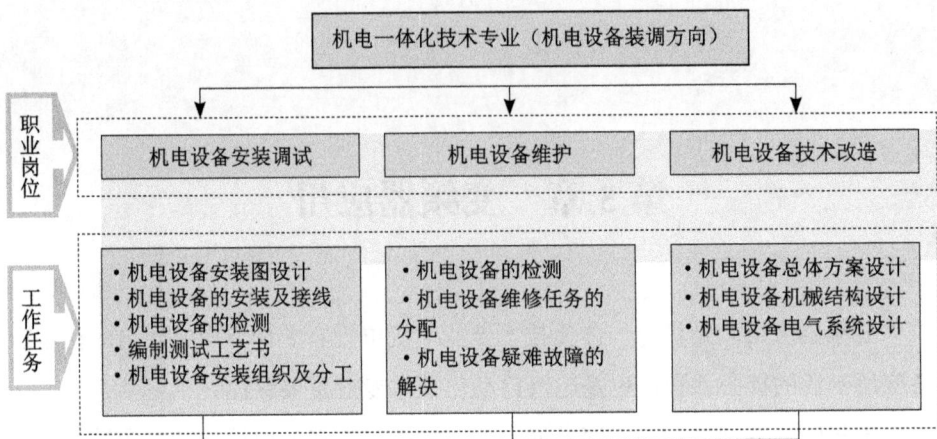

图 5-1　机电一体化技术专业课程体系

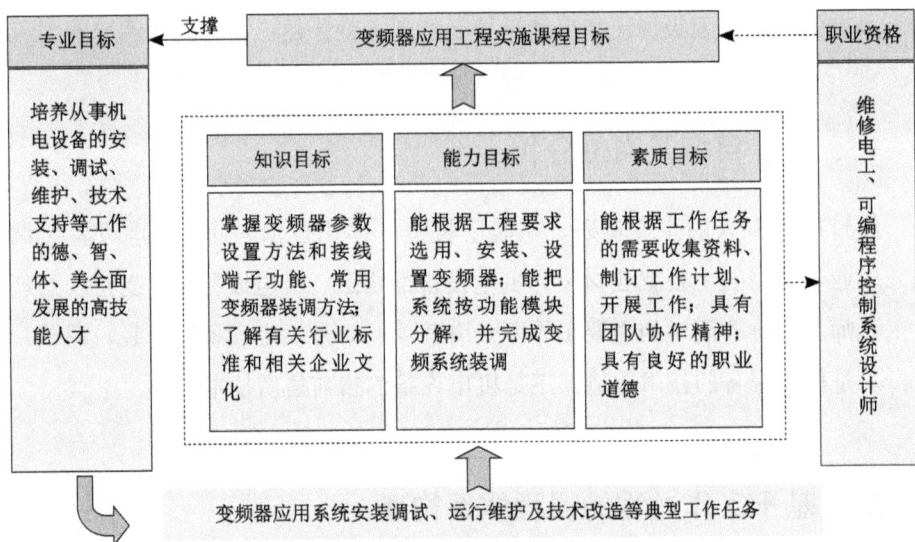

图 5-2　本课程培养目标与专业培养目标的关系

　　本课程前续课程有"电工电子技术规划与实施""电气技术工程实施""电机手动技术规划与实施""可编程技术及应用"，前续课程主要为本课程学习提供机电设备电气系统图阅读与分析基本技能，机电设备电气系统分析与维护基本知识和基本技能。本课程后续课程有"机电设备安装与调试""机电设备管理""顶岗实习"，后续课程为本课程学习提供变频器应用系统设计、安装调试、运行维护基本知识和基本技能，关系图的具体内容如图 5-3 所示。

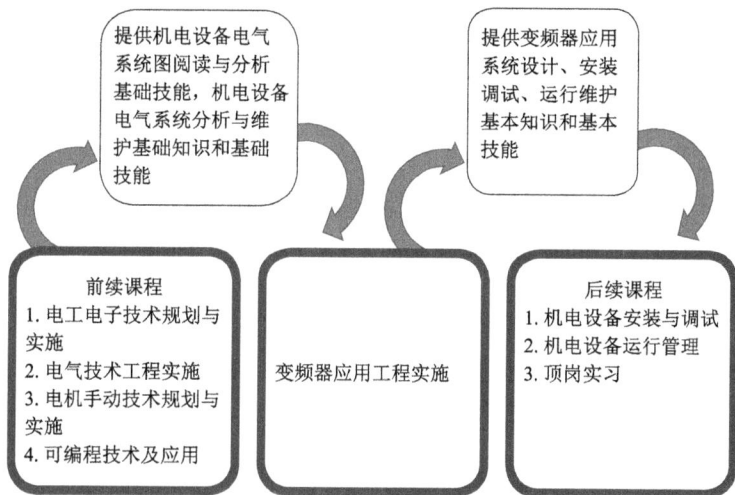

图 5-3　本课程与前后续课程的关系

三、教学内容

1. 教学内容的针对性与适用性

本课程的教学内容是根据变频器应用系统安装调试、运行维护及技术改造等典型工作任务所需的职业能力、职业素质及可持续发展能力的培养需要，并结合维修电工、可编程序控制系统设计师等职业技能来选择。

2. 基于职业性原则选取学习项目

学习项目选择遵循三个原则：一是直接服务于专业培养目标；二是全面锻炼学生职业能力；三是代表区域企业先进的技术，具体内容如图 5-4 所示。

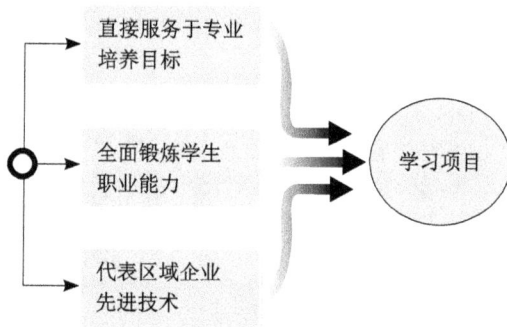

图 5-4　项目选择原则示意图

四、教学内容的组织

1. 基于职业岗位选取教学项目

以工作过程为导向，对变频器的选型与安装、中央空调变频器应用系统、起重机变频器应用系统三个学习项目，分别进行分解，合理组织教学内容，共划分为十一个学习情境，二十个学习任务，将变频器应用系统设计、安装调试、运行维护等职业岗位所需的基本知识和职业技能，以及团队协作、工作认真负责和语言表达等职业素质融入学习任务中，同时注重学生可持续发展能力的培养。

依据课程培养目标，考虑到变频器选用、安装、面板操作是本课程最基础又是最常用的基本技能，因此将"变频器选型与安装"放在第一个学习项目，学生完成该学习项目后，不仅可以初步掌握变频器选用、安装、面板操作等基本技能，还为后续两个项目的学习打下基础；根据学习项目载体（企业典型产品）实际情况及学习内容的难易程度，将具有点动连续运行、工频/变频切换、PID 调节、模拟量变频调速等基本调速方式安排在第二个学习项目；将具有正反转运行、多段调速、通信方式调速等相对复杂的调速方式安排在第三个学习项目。值得一提的是在第二、三个学习项目中分别增加了中央空调变频调速综合应用和起重机变频调速综合应用两个学习情境，具体内容如图 5-5 所示。这样组织教学内容，不仅符合认知规律（从易到难、从简单到复杂），进一步巩固了学生所学的知识和技能，还能培养学生运用所学的知识和技能解决实际问题，真正做到"教、学、做"合一，教学内容具体安排见表 5-1。

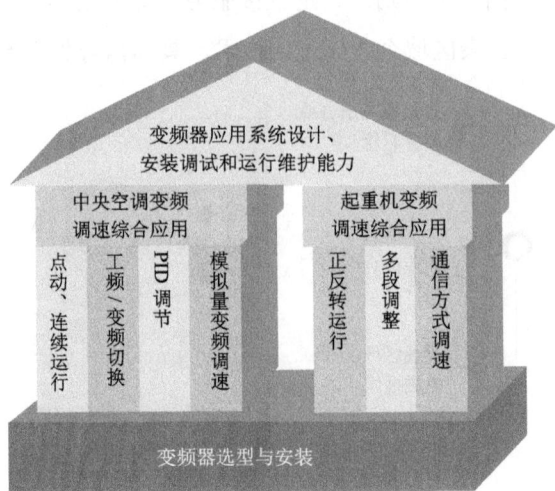

图 5-5　教学内容组织示意

表 5-1 教学内容具体安排

学习项目名称	学习情境名称	主要内容	课时
变频器选型与安装	情境一：认识变频器	任务 1：认识变频器 任务 2：变频器选用	4
	情境二：变频器的安装	任务 1：变频器的安装 任务 2：操作面板及显示	2
中央空调变频器应用系统	情境三：点动、连续运行	任务 1：点动、连续运行 任务 2：瞬时停电启动	4
	情境四：中央空调工频 / 变频切换	任务 1：工频 / 变频切换 任务 2：变频器无级调速 任务 3：中央空调工频 / 变频调速	4
	情境五：中央空调 PID 调节	任务 1：比例积分微分调节器（PID） 任务 2：中央空调冷却泵变频器 PID 调节	4
	情境六：中央空调模拟量变频器调速	任务：模拟量方式变频调速在中央空调中的应用	4
	情境七：中央空调变频调速综合应用	任务：中央空调变频器应用方案设计及实施	6
起重机变频器应用系统	情境八：起重机下降起吊	任务 1：正反转运行 任务 2：异地控制	4
	情境九：起重机起吊多段调速	任务 1：变频器加减速、停机制动 任务 2：起重机起吊变频器多段调速	4
	情境十：起重机通信方式变频器调速	任务 1：基于通信方式的变频器调速在起重机中的应用 任务 2：变频器外部干扰及抑制措施	6
	情境十一：起重机变频调速综合应用	任务：起重机变频器应用方案设计及实施	6

依据学习项目选择原则，本课程教学内容由变频器选型与安装、中央空调变频器应用系统和起重机变频器应用系统三个学习项目构成。这些学习项目涵盖了变频器应用系统设计、安装调试、运行维护等职业岗位所需的基本知识、职业技能、团队协作、语言表达等职业素质。

2. 基于认知规律和职业成长规律设计教学情境

依据认知规律和职业成长规律，序化课程内容。为了提高教学效果，有利于学生学习理解和掌握技能，按照由易到难，由简单到复杂的原则，层层推进，设计学习情境。比如起重机变频器应用系统学习项目，设计为起重机的下降起吊、起重机起吊多段调速、起重机通信方式变频器调速、起重机变频调速综合应用四个学习情境，前三个学习情境任务较简单，最后一个学习情境较复杂且是前三个学习情境的综合。这样设计学习情境，收到了事半功倍的学习效果。具体学习情境创设如图 5-6 所示。

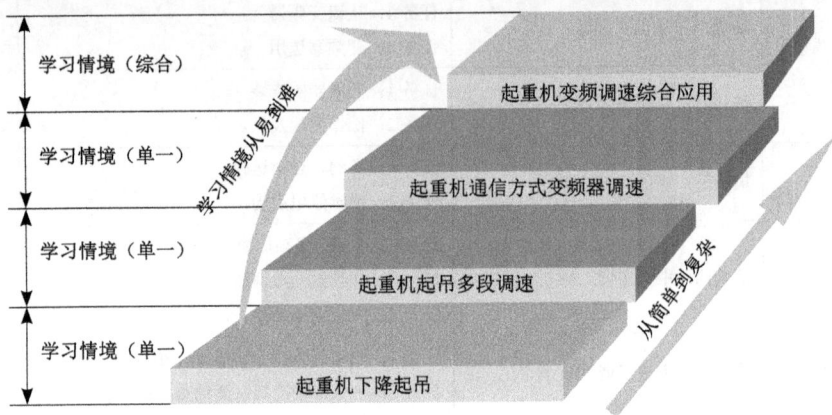

图 5-6　起重机变频器应用系统学习情境创设

第6章　单片机技术应用

单片机技术应用是计算机控制技术专业的核心课程。课程以培养学生单片机硬件电路设计能力、单片机程序设计能力及从事单片机技术应用工程所必需的基本职业素养为目标，使学生掌握单片机硬件电路的设计方法和设计技巧、单片机程序设计规则、设计方法及单片机应用系统的一般设计流程。

一、培养目标及岗位分析

根据对行业企业调研分析，计算机控制技术专业主要培养具备从事计算机控制系统管理、维护及计算机控制系统工程实施能力的高等技术应用型人才。

专业人才就业岗位群定位为计算机控制设备制造和应用企业的生产岗位群、设计研发岗位群和技术服务岗位群。初级就业岗位主要有计算机控制设备和产品安装调试工、制版工、检测与维修工、工艺员、程序员、销售员；目标岗位主要有计算机控制设备和产品设计开发工程师、仿真与测试工程师、方案设计师。

专业所对应的职业岗位能力有电子电路基础能力、器件与材料选用能力、硬件电路设计能力、程序设计开发能力、工业控制计算机技术应用能力、微控制器技术应用能力、计算机控制系统工程实施能力及所必需的职业素养。

计算机控制技术专业人才培养能力体系与职业岗位构成，如图6-1所示。

依据专业人才能力培养体系设置了"单片机技术应用"课程，课程的作用在于培养学生硬件电路设计能力、程序设计能力、单片机产品综合设计开发能力、沟通和表达能力；形成电路设计和程序设计思想及计算机控制技术应用工程所必需的基本职业素养。由图6-1可知，"单片机技术应用"课程对职业岗位能力的培养和学生职业素养养成起到重要支撑作用。

在计算机控制技术专业课程体系中，"单片机技术应用"前续课程是"模拟电子技术""数字电子技术""C语言程序设计""电子线路CAD"等。

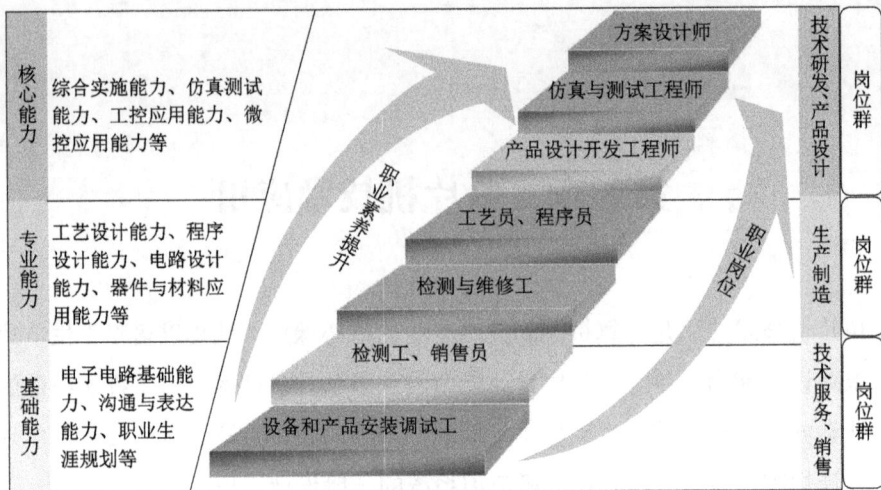

图 6-1　能力体系与职业岗位构成

"单片机技术应用"后续课程是"计算机控制技术""FPGA 应用技术""嵌入式系统开发与应用"。

二、基于工作过程的课程体系构建

"单片机技术应用"课程的设计总体思路是以职业岗位需求为依据，以职业能力培养为目标，以自主研发的教学设备为平台，以基于工作过程的实际项目为载体，以项目教学和任务驱动为方法，引入行业规范，遵循单片机设计师的成长规律，培养学生单片机技术综合应用能力。

1. 以职业岗位能力需求分析为基础，校企共同确定能力培养目标

通过对多家单片机技术应用企业进行分析，确定单片机技术应用课程培养的主要能力是电子产品装配基本能力、电子线路的检测与调试能力、单片机硬件电路设计与程序开发能力、单片机设计师综合开发与创新能力。

2. 以能力培养为目标，重新构建课程内容

课程组教师根据单片机课程培养的主要能力，以"智能寻迹车"的开发作为教学的载体。"智能寻迹车"设计有运动、传感、显示、通信四大系统，具备自动行驶、自动识别、自动避障、数据处理和传输、液晶显示等功能，涵盖了单片机技术在工程中的常见应用，可以培养学生的电路焊接及电子产品装配能力、电子线路的检测与调试能力、单片机硬件电路的设计和程序开发能力及单片机系统

综合开发和创新能力。整个课程紧紧围绕"智能寻迹车"功能开发与实现这一工作过程展开教学，以能力培养为目标，将"单片机技术应用"课程内容重新构建为实际产品的生产设计过程，具体的教学项目如图 6-2 所示。

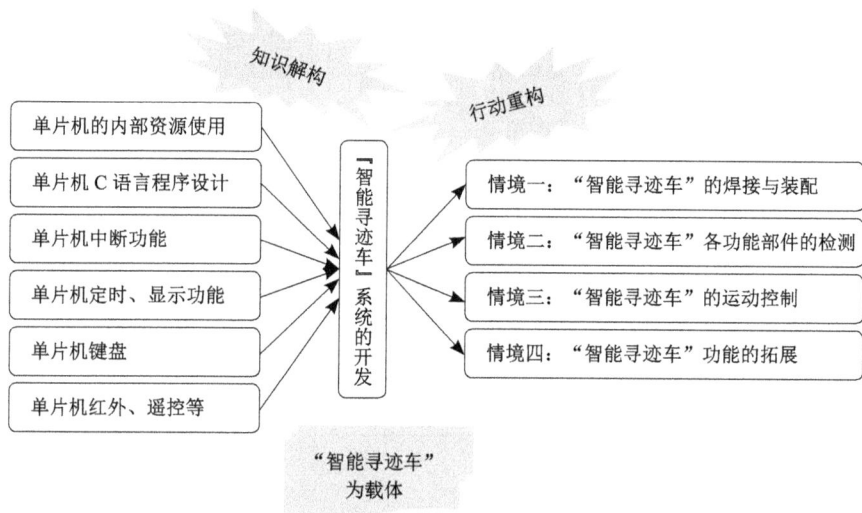

图 6-2 基于工作过程的教学项目

三、课程设计

选择具有代表性的"智能寻迹车"作为教学载体，涵盖了单片机各个能力培养的过程，通过完成"智能寻迹车"的焊接与组装、功能部件的检测、运动控制、拓展功能，可分别培养学生的电路板焊接与电子产品装配基本功、仪器仪表的使用、单片机硬件电路设计与程序开发、单片机应用系统综合开发的能力。

课程组教师依据课程能力培养结构，结合"智能寻迹车"功能开发顺序，精心设计了课程教学情境，课程共由四个教学情境组成，四个教学情境分别是"智能寻迹车的焊接与装配""智能寻迹车各功能部件的检测""智能寻迹车运动控制""智能寻迹车功能的拓展"，具体的情境设计如图 6-3 所示。

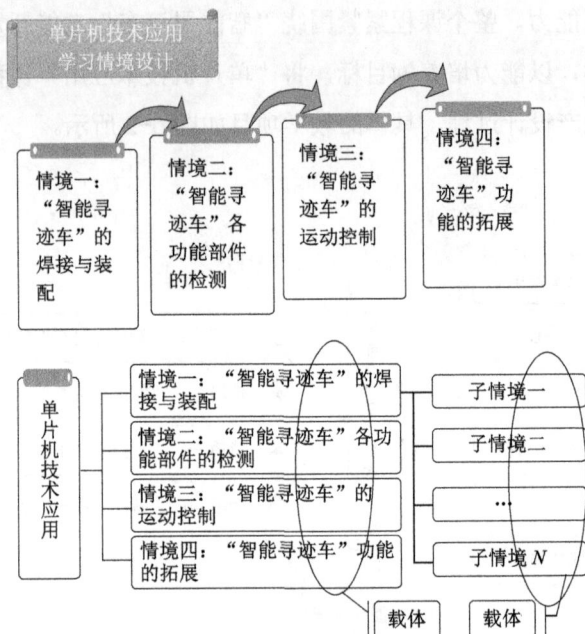

图 6-3　教学情境设计

四、教学内容

　　课程定位于单片机应用与开发行业中生产制造、设计开发、技术服务等职业岗位群，注重培养学生的单片机电路检测、调试、维修、电路设计、软件开发、方案设计、仿真测试能力及职业岗位所必需的职业素养。教学内容紧紧围绕能力培养目标进行选取，针对性强，能力培养目标来源于对职业岗位的分析，适用性强，具体内容如图 6-4 所示。

五、教学内容的组织

　　"单片机技术应用"以"智能寻迹车"功能开发过程作为教学内容。涵盖了单片机的内部资源使用、单片机 C 语言程序设计、中断、定时、显示、键盘、红外、遥控等单片机技术应用的主要内容。该项目知识覆盖面广而且具有一定的实用性和拓展性。

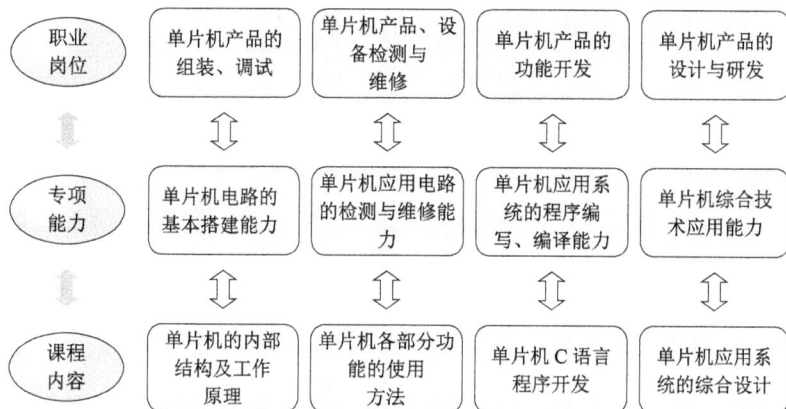

图 6-4 教学内容的针对性与适用性

（一）单片机技术应用教学内容的情境设计

以真实的产品"智能寻迹车"作为载体，以产品功能开发的流程为主线，结合学生的学习规律，将课程内容分成四个教学情境，每个教学情境由若干子情境组成，将单片机技术的学习融入到智能小车开发与制作的工作任务中，一个个工作情境贯穿起来，符合认知规律和行动导向的原则，体现情境教学的教学设计。通过训练达到学生职业能力培养的目的。最后安排的综合应用能力实训练习能有效培养学生使用单片机技术进行智能电子产品开发的能力，具体的情境设计如图 6-5 所示。

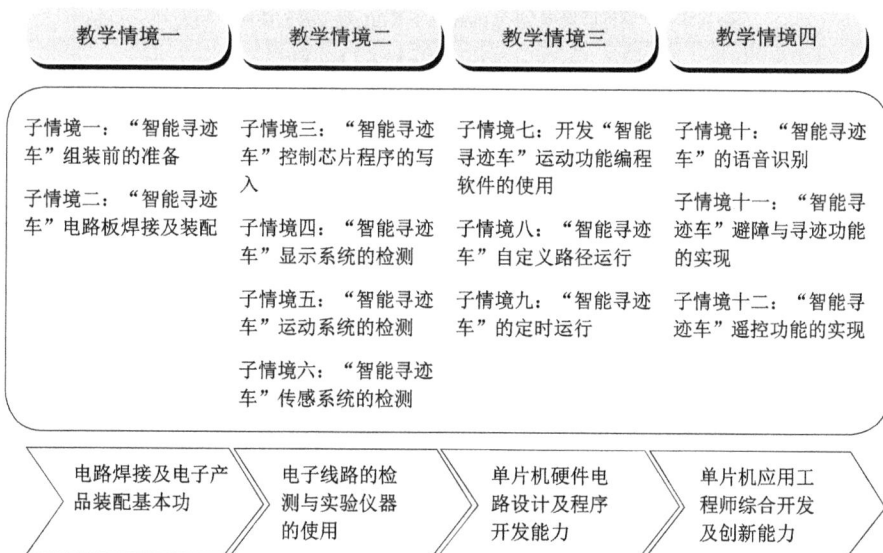

图 6-5 教学内容的情境设计

（二）单片机技术应用课程内容组织（表6-1）

表6-1 教学内容组织

学习情境			学时分配
情境名称	子情境	技能训练	
"智能寻迹车"的焊接与装配	"智能寻迹车"组装前的准备	"智能寻迹车"的功能及单片机的作用	2
		电子元器件选取、检测	2
	"智能寻迹车"电路板焊接及装配	"智能寻迹车"控制电路板的焊接操作	4
		"智能寻迹车"的组装操作	4
"智能寻迹车"各功能部件的检测	"智能寻迹车"控制芯片程序的写入	单片机并行口编程工具的使用	2
		单片机ISP编程工具的使用	2
		基于单片机IAP功能的编程方式	4
		单片机最小系统的搭建	2
	"智能寻迹车"显示系统的检测	单片机驱动LED发光管	2
		单片机控制七段数码管显示	2
		单片机控制1602A液晶显示器	4
		单片机控制MC12864液晶显示器	6
	"智能寻迹车"运动系统的检测	单片机对独立按键查询	2
		单片机对矩阵键盘按键的查询	4
	"智能寻迹车"传感系统的检测	单片机控制红外对射管检测	2
		单片机对红外信号接收的处理	4
"智能寻迹车"的运动控制	开发"智能寻迹车"运动功能编程软件的使用	DOS系统下A51编译器的使用	2
		Windows下KEIL编译器的使用	4
	"智能寻迹车"自定义路径运行	直线型路径的前进与返回	4
		S形路径的前进与返回	4
		可记忆型路径的前进与返回	6
	"智能寻迹车"的定时运行	延时启停控制	4
		超时警报控制	4
"智能寻迹车"功能的拓展	"智能寻迹车"的语音识别	特定频率的声音控制	4
		特定音色的声音控制	6
	"智能寻迹车"避障与寻迹功能的实现	避障功能的实现	4
		寻迹功能的实现	6
	"智能寻迹车"遥控功能的实现	寻迹车运动红外监控功能的实现	6
		运动参数红外修改的功能实现	6
		运动中数据传输功能的实现	6
合计学时			114

（三）单片机技术应用的实训安排（表6–2）

表6-2 单片机技术综合应用能力实训练习列表

序号	综合实训名称	指导学时
1	实训一 二进制进位流水灯	2
2	实训二 双键信号呼救器	2
3	实训三 进借位数码显示	4
4	实训四 多按键花样流水灯	4
5	实训五 数码管动态显示效果	4
6	实训六 继电器输出控制	6
7	实训七 单片机串行口输出控制	6
8	实训八 液晶 1602A 显示控制	6
9	实训九 模拟交通信号灯控制	6
10	实训十 直流电机 PWM 调速控制	6
11	实训十一 单片机电子时钟	8
合计		54

第7章　低压电器控制

本课程重点培养电气自动化技术专业学生的职业道德、典型设备控制线路设计装调与检修、工艺规范及技术文件编制、安全文明生产和环境保护、质量管理知识等专业能力，本课程重点针对电气自动化技术专业而开发，是该专业的一门核心实践技能课程。同时，该课程在数控设备维修、机电一体化技术、机电设备维修等诸多机电技术类专业中也是一门非常重要的实践技能课程。

一、培养目标及岗位分析（图7-1）

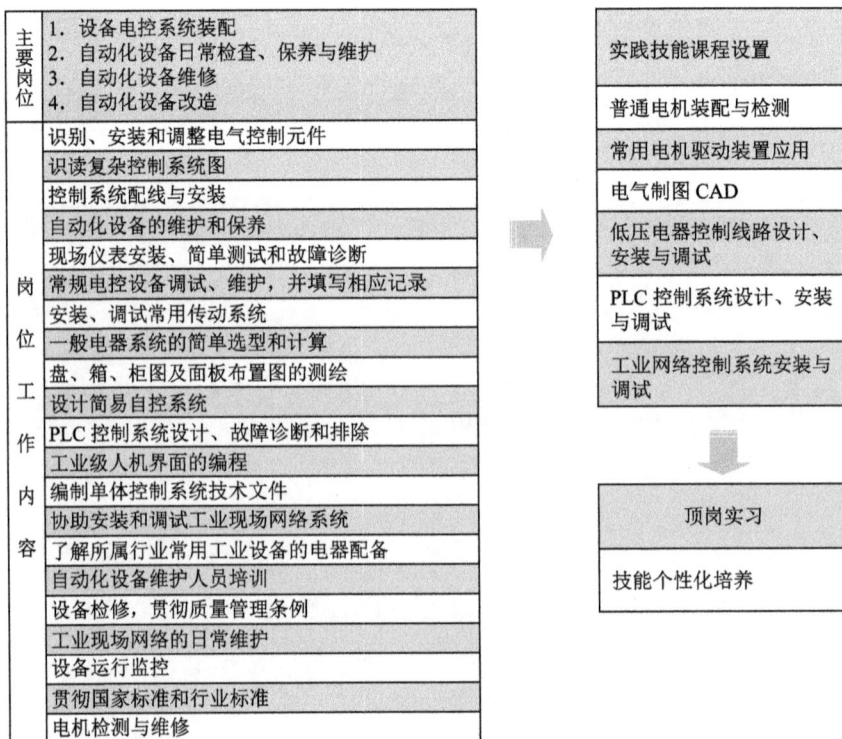

主要岗位	1. 设备电控系统装配 2. 自动化设备日常检查、保养与维护 3. 自动化设备维修 4. 自动化设备改造
岗位工作内容	识别、安装和调整电气控制元件
	识读复杂控制系统图
	控制系统配线与安装
	自动化设备的维护和保养
	现场仪表安装、简单测试和故障诊断
	常规电控设备调试、维护，并填写相应记录
	安装、调试常用传动系统
	一般电器系统的简单选型和计算
	盘、箱、柜图及面板布置图的测绘
	设计简易自控系统
	PLC控制系统设计、故障诊断和排除
	工业级人机界面的编程
	编制单体控制系统技术文件
	协助安装和调试工业现场网络系统
	了解所属行业常用工业设备的电器配备
	自动化设备维护人员培训
	设备检修，贯彻质量管理条例
	工业现场网络的日常维护
	设备运行监控
	贯彻国家标准和行业标准
	电机检测与维修

实践技能课程设置
普通电机装配与检测
常用电机驱动装置应用
电气制图CAD
低压电器控制线路设计、安装与调试
PLC控制系统设计、安装与调试
工业网络控制系统安装与调试

顶岗实习
技能个性化培养

图7-1　培养目标及岗位分析图

在专业课程体系中，本课程的前续课程为"电工基础""普通电机装配与检测"，前续课程主要学习电工及电机的基础知识与基础技能，而后续课程"PLC控制系统设计、安装与调试""工业网络控制系统安装与调试"则学习PLC控制系统的设计，并按工艺规范安装配线；编写控制系统程序并调试（包含PLC、调速设备的控制系统）；组态软件、网络技术（PROFIBUS、工业以太网）的应用系统设计与装调，因而本课程是电气自动化技术专业最重要的专业课程，也是专业实践技能培训的基础技能，是培养学生职业能力最重要的环节，同时又起到承上启下的作用，因此在整个专业课程体系中占有重要的地位。

二、基于工作过程的课程体系构建

本课程是根据《电气自动化技术应用岗位职业标准》（以下简称《岗位职业标准》）而开发。《岗位职业标准》规定了4级岗位（1级岗位：电气设备装配工；2级岗位：自动化设备装调维修工；3级岗位：自动化设备运行维护员；4级岗位：自动化系统工程师），其中职前教育必须达到2级要求，部分岗位技能要求达到3级，职后延伸培训可以达到3、4级要求。

（一）人才培养方案开发流程图

电气自动化技术专业人才培养方案开发流程图，如图7-2所示。

（二）课程体系（部分）

电气自动化技术专业课程体系（部分）见表7-1。

三、课程设计

（一）课程设计的理念

课程设计依照《岗位职业标准》和《人才培养质量要求》，以职业道德、典型设备控制线路设计装调与检修、工艺规范及技术文件编制、安全文明生产和环境保护、质量管理等职业素养为重点，以项目为载体，用任务训练岗位职业能力，以学习者为中心进行理论与实践一体化设计，充分体现职业性、实践性和开放性的要求。

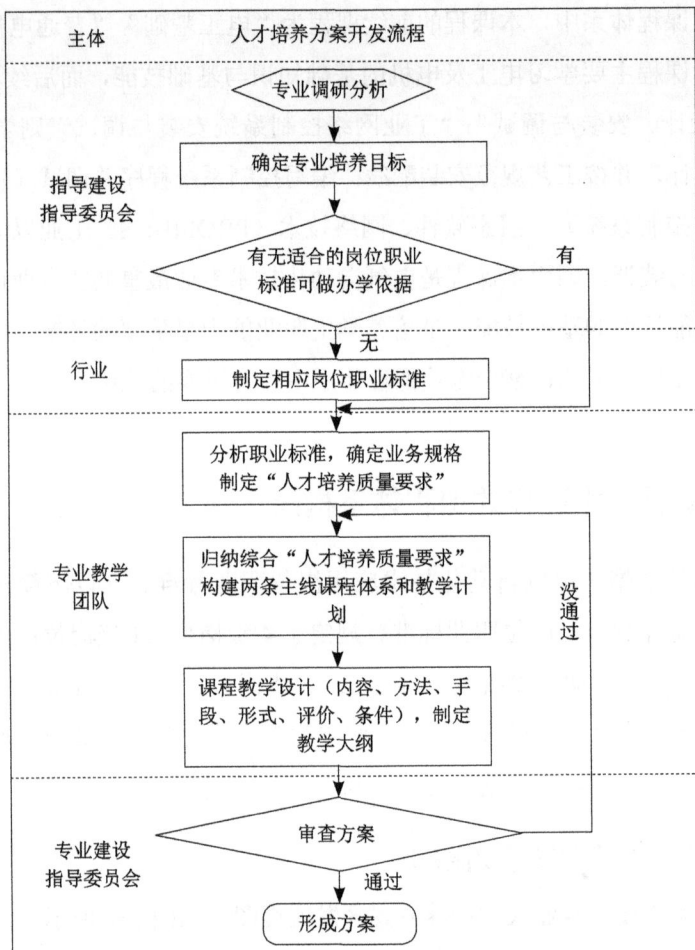

图 7-2　人才培养方案开发流程

表 7-1　电气自动化技术专业课程体系表（部分）

序号	课程名称	学分	学时	开课学期						备注
				1	2	3	4	5	6	
实践技能课程（59 学分）				—						—
18	普通电机装配与检测	5	78		48	30				现场一体化教学
19	常用电机驱动装置应用	5	80			80				
20	用 CAD 软件绘制电气图	6	90		90					现场一体化教学
21	低压电器控制线路设计、安装与调试	10	150			150				现场一体化教学
22	PLC 控制系统设计、安装与调试	16	244			64	180			现场一体化教学
23	工业网络控制系统装调与检修	11	170				80	90		现场一体化教学
	顶岗实习（8 学分）	8	480					480		—

（二）课程设计的思路

课程设计的总体思路如图 7-3 所示。

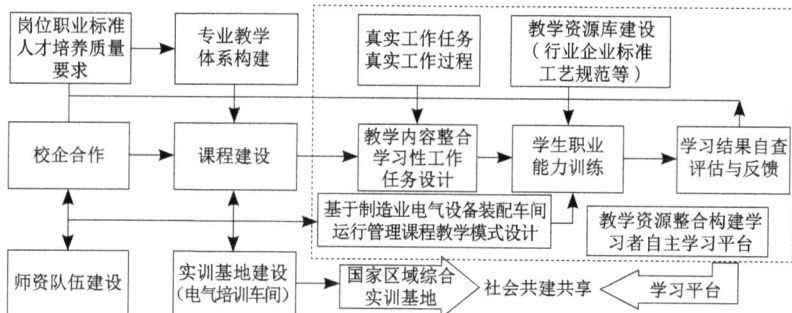

图 7-3　理实一体化课程设计思路

1．按照项目驱动、完成任务的设计思想，依据学生就业岗位职业行动能力，由专、兼职教师共同进行课程设计开发，再现工业现场和低压电器控制系统设计、安装与调试相关工作过程；以学习者（学生、员工）为主体，让学习者在学校里就可以接受到"职业化"的培训，着重强调学习者知识能力、学习能力、专业能力和社会能力的提升，实现高素质"社会人"和高技能"职业人"的统一。

2．本课程全面采用"理实一体化""企业车间管理"教学模式，采用多种教学手段，运用多种教学方法，参照"人才培养质量要求"，由专兼职教师共同制定课程质量标准和课程考核评价标准，全面提高教学质量。

3．本课程采用双师授课法，专、兼职教师分段承担本课程的教学和考核工作，并定期总结、完善和提高。

4．整合教学资源，搭建学习者自主学习平台，通过不同层次教学评价和反馈，全面提高教学质量。

（三）教学内容的针对性与适用性

1．根据《岗位职业标准》，分析低压电器控制线路设计、安装与调试这一工作任务所涉及的典型工作内容，从而确定本课程教学内容的范畴，再依据课程体系中课程的序化关系确定本课程中各教学内容的主次关系。

（1）低压电器控制线路设计、安装与调试涉及的典型工作内容：识别各种电器元件；执行相关国家标准和行业规范；执行安全防护规程；电器元件性能判别和选择；识读控制系统图（电路图、接线图、系统工艺流程图、系统）；绘制控制系统图；阅读电器产品技术文件（说明书、调试手册、编程手册、安装手册等）；控制系统盘、箱、柜的配线和安装；控制系统盘、箱、柜的调试；供配电盘、箱、柜的安装与调试；填写设备调试记录；参与设备验收；电器控制设备故障现象记录与上报；电器控制设备故障分析与检修；电机装配与拆卸；电机检修与性能检测；一般电气系统的简单选型和计算；绘制简单控制系统的盘、箱、柜图及面板布置图；设计简易电控系统；编制技术文件；元器件和设备采购；了解所属行业常用工业设备的电器配备；学习新技术、新工艺、新方法；工作组织与安排；协调人际关系。

（2）课程之间的职业能力养成相互关系见表 7-2。

表 7-2　职业能力养成

课程	普通电机装配与检测	常用电机驱动装置应用	用 CAD 软件绘制电气图
重点	普通交直流电动机结构、装配、电气性能检测	电力电子技术基础、变频器、直流调速器、步进电机驱动器构造分析和运用	AutoCAD 和 Protel 软件的使用、电气原理图、位置图、接线图、安装图等绘制
时间分配	78	80	90
职业行动能力	1. 交直流电动机的安装 2. 电机的主要参数检测 3. 电机状况、性能评估 4. 交直流维护 5. 简单故障维修	1. 电机驱动装置的选配 2. 常用电力电子器件/模块的检测，判断其好坏 3. 变频器的选用、安装、调试及维护，判断其好坏 4. 直流调速单元的选用、安装、调试及维护，判断其好坏 5. 步进驱动装置的安装、调试、维护，判断其好坏	1. AutoCAD 软件绘制电气原理图、位置图、接线图、安装图 2. Protel 软件绘制电气原理图
专业内容	1. 三相交流异步电动机 2. 单相交流异步电动机 3. 直流电动机 4. 电工仪表、仪器 5. 电机专用工具	1. 常用电力电子器件及模块 2. 变频器及交流异步电动机调速系统 3. 直流调速单元及直流电机调速 4. 步进电机驱动器及步进驱动系统	1. AutoCAD 软件的基本功能及基本使用方法 2. 运用 AutoCAD 软件绘制电气图 3. Protel 软件的基本使用方法 4. Protel 软件绘制电路原理图

（3）电气自动化技术专业职业能力开发概览见表 7-3。

表 7-3　电气自动化技术能力开发概览

课程	低压电器控制线路设计、安装与调试	PLC 控制系统设计、安装与调试	工业网络控制系统安装与调试
重点	典型设备控制线路设计装调与检修	PLC 控制系统设计、编程、装调及 Logo、文本显示器、触摸屏的应用	中大型 PLC、工业网络及组态软件应用
时间分配	150	244	170
职业行动能力	1. 电器元件的选用、安装、调试与检修 2. 电器控制线路的设计与安装、配线、装调与检修 3. 成本预算	1. 基于项目任务书的控制与实现 2. PLC 与 Logo 的安装与配线 3. 程序的编制、调试 4. 技术文件的编写与整理 5. 成本预算	1. 基于项目任务书的控制与实现 2. PLC 与工业网络的安装与组态 3. 通信参数的设置与程序编制、调试 4. 技术文件的编写与整理 5. 成本预算
专业内容	1. 安全用电知识技能培训 2. 常用低压电器、液压气动元件认识、测试 3. 按工艺标准设计、安装、调试正反转等典型控制线路 4. 按工艺标准设计、安装、调试车床、铣床等典型设备控制线路 5. 使用万用表等仪表检查排除电路故障	1. PLC 简单设备控制系统的设计，并按工艺规范安装配线 2. 编写控制系统程序并调试 3. 安装与调试变频器 4. 设计包含 PLC、调速设备的控制系统，并按工艺规范安装配线，按被控设备的要求编写、调试程序	1. 中大型 PLC 技术、组态软件、网络技术（PROFIBUS、工业以太网）、过程控制技术、工业传感器、工业仪表、工业执行机构的应用）的应用系统设计、装调 2. 技术文件的编写与整理

2. 根据电气自动化技术专业建设指导委员会制定的《人才培养质量要求》，针对学习者职前学习和职后工作需要，结合学习者今后的可持续发展，确定各部分教学内容的深度和广度。

3. 依据"1221"人才培养模式，针对以往理论与实践脱节、或偏重理论、或只重视操作等问题，合理安排理论与实践技能的教学内容，突出理论联系实际，即"学中做"和"做中学"，"学中做"是在教师指导下，学生边学边做，而"做中学"由学生自主完成综合性的项目，在做的过程中促进其对相关知识的进一步学习和理解，帮助学生更好地掌握专业知识和技能，为学员的就业和工作打下基础。

4. 针对企业岗位对员工的工作能力和职业素质要求，合理融入职业技能、工艺规范与标准等培训内容。

本课程根据生产现场与本专业相关的实际工作需要，以低压电器控制应用技术为重点，围绕设计制作典型的低压电器控制系统所需的知识和能力展开。课程强调工艺标准和规范，并贯穿整个教学过程，重视对学生进行创新精神、团队协作精神、创业品质、创造能力的培养，为学生可持续发展奠定良好的基础。

四、教学内容的组织

本课程教学内容组织、安排的基本思路是按照学生职业能力培养的基本规律，根据岗位职业标准，以人才培养质量要求所规定的知识与技能点为依据，按照工作前准备、电气设备装调与维修等典型工作过程，以真实工作任务及其工作过程为依据整合、序化教学内容，课程设计了五个由浅入深的项目单元，分别以入厂培训、完成车间主要工作任务（典型设备控制线路装调、维修）和电气线路测绘与设计为载体，将本课程所涉及的知识与技能包括企业及企业文化、车间管理与规范、安全用电、常用电器元件、典型电器控制线路安装及安装工艺与调试、复杂电器控制线路的安装调试与维修及电器控制系统的设计、安装与工艺文件编制等，通过"教、学、做"有机融合，把理论学习和实践训练贯穿其中。

（一）教学内容

课程教学内容的选取，是针对低压电器控制线路设计、安装与调试涉及的典型工作内容及要求，结合人才培养质量标准中相关的知识与技能进行归纳、分类来确定每个项目教学的具体内容，具有较强的实用性。

1. 课程教学单元内容的设计过程如图 7-4 所示。

2. 教学内容和各单元项目的总体安排见表 7-4。

（二）教学组织与安排

和传统的案例教学不同，这里的每个项目单元都是一个完整而具有真实性的工作任务，采用工厂的管理模式，通过车间、工段、班组的三级管理，培养学生团结协作能力，训练学生严格执行工作程序、工作规范、工艺文件和安全操作规程，同时也培养学生高度的工作责任心。学生从接受任务到任务完成都要遵循"接受任务→消化、准备→制定方案→绘制电气图、列元件清单→安装、调试→验收、评审→准备交工文件→文件交付、总结"这一个基本的工作流程。知识

职业等级	工作内容
I 级	1. 识别、安装和调整电气控制元件（接近开关、编码器、光电开关、温控器） 2. 识读控制系统图 3. 按图样要求进行自动化设备控制线路的配线和电气安装工作 4. 对常规电控设备进行正常调试、维护，并填写相应记录 5. 一般电器系统的简单选型和计算 6. 常用传动系统（包括变频器、直流驱动器、伺服装置等）安装，以及基本参数设置和修改
II 级	1. 识读较复杂的控制系统图（包括一般的电子线路图） 2. 协助调试 PLC 系统 3. 安装和简单调试常用传动系统（包括变频器、直流驱动器、伺服装置等） 4. 绘制简单控制系统的盘、箱、柜图及面板布置图，对复杂控制系统进行配线和安装 5. 设计简易自控系统 6. 现场仪表安装、简单测试和故障诊断 7. 自动化设备的维护和保养
III 级	1. 识读复杂控制系统图（包括电子线路图、系统工艺流程图、系统控制逻辑图） 2. PLC 控制系统设计、故障诊断和排除 3. 工业级人机界面的编程 4. 安装、调试常用传动系统（包括变频器、直流驱动器、伺服装置等） 5. 编制单体控制系统技术文件 6. 协助安装和调试工业现场网络系统 7. 了解所属行业常用工业设备的电器配备 8. 自动化设备维护人员培训 9. 制订设备检修计划，贯彻质量管理条例
IV 级	1. 识读复杂控制系统图（包括电子线路图、系统工艺流程图、系统控制逻辑图） 2. 自动化控制系统设计 3. 现场复杂故障诊断和排除 4. 协调机、电、液相关工作 5. 自动化设备的操作规程和维修规程的审定与监督 6. 设备运行的质量管理和优化管理 7. 自动化技术专业人员培训和现场技术指导 8. 掌握所属行业常用工业设备的电器配备和相应设备选型

项目	1	2
电气安全国家标准	●	
电气设备	●	
安全操作规范	●	
识别电气安全标志	●	
设备防护等级		○
电气绝缘与安全距离		○
设备电气安全检查	●	
触电		
触电应急处理措施		
接地与接零		
接地工艺		
通用装配工具		○
通用电工工具	●	
使用安装配线工具	●	
绝缘电阻表（摇表）		○
电度表	●	
转速表		○
导电材料		○
供电电缆	●	
导线选择	●	
低压电器元件	●	
三相交流电动机		○
识读电气系统图	●	
手工绘制电气图纸		○
简单电器控制线路	●	
典型设备控制线路	●	
电气元件的布局	●	
电气元件安装	●	
线头处理	●	
电路标示安装	●	
导线固定工艺	●	
绝缘处理	●	

教学单元	学时
学习性工作任务一： 入厂培训	30
学习性工作任务二： C616 普通车床电气控制线路装调	20
学习性工作任务三： CW6140 车床电气控制线路装调	28
学习性工作任务四： XA6132 铣床（Z3050 摇臂钻床）电气控制线路设计、装调与故障诊断	42
学习性工作任务五： 为用户定制低压配电柜	18

图 7-4　课程教学单元内容的设计过程

第 7 章　低压电器控制

的学习、技能的加强和经验的积累是通过完成这一系列递进的工作任务而获取的，这也真正体现了工作和学习的高度融合。

表 7-4　教学内容和各单元项目的总体安排

实践技能课程	低压电器控制线路设计、安装与调试	开课时间	第 2 学期
		学时数	150 学时

学习目标：
1. 能够按照安全用电规范操作与使用常用电气设备
2. 能够检测、使用常用低压电器
3. 能够按工艺标准设计、安装、调试正反转等典型控制线路
4. 能够按工艺标准设计、安装、调试车床、铣床等典型设备控制线路并使用万用表等仪表检查排除电路故障

学习内容：	项目单元设计：
1. 安全用电知识、国家标准和操作技能、低压电器产品安全标准、低压电器控制设备安装配线工艺标准 2. 常用低压电器、液压气动元件原理、测试方法和好坏判断 3. 正确使用常用低压电器和液压、气动元件 4. 设计典型控制线路，严格按照工艺要求安装调试线路 5. 变频器安装，根据要求设置参数并调试，简单故障排除 6. 安全警示标志识别，并正确运用 7. 对常用低压电器控制设备进行日常安全检查，正确使用检查仪器仪表 8. 按国家标准进行低压电器设备安全接地 9. 熟练使用常用安装配线工具 10. 成本核算与成本控制 11. 正确填写设备运行记录、设备故障报告、设备维修记录、设备安装、调试和验收总结报告等设备运行文档 12. 按国家标准正确绘制电气原理图、电气设备元件布置图、电气设备互连图等电气图纸 13. 规范编写和保管设备设计说明书和设备使用说明书等技术文档	项目一：入厂培训（30 学时，电气技术培训车间一体化教学） 1. 企业介绍（企业概况、部门介绍、主要产品、企业文化、员工聘任与考核等） 2. 岗位培训（岗位描述、安全用电知识、电工基本操作训练（以室内照明线路的安装为载体训练电工工具使用、导线选择、导线连接、电工仪表的使用、安全警示标志识别和正确运用、规章制度等） 项目二：C616 普通车床电气控制线路装调（20 学时，电气技术培训车间一体化教学） 1. 电器元件的识别与进料检验 2. C616 控制线路装调（点动长动与正反转等典型环节介绍、认识 C616 机床、C616 控制线路装调或测绘） 项目三：CW6140 车床电气控制线路装调（28 学时，电气技术培训车间一体化教学） 典型环节介绍（介绍电机降压启动、调速和制动）、认识 CW6140 机床、电气控制线路分析、能阅读电气原理图、电器元件布置图、电气安装接线图等、线路装调（线路施工工艺）及电路故障检修等 项目四：XA6132 铣床（Z3050 摇臂钻床）电气控制线路设计、装调与故障诊断（42 学时，电气技术培训车间一体化教学） 认识 XA6132 铣床、电气控制线路装调、电气控制线路检修；Z3050 摇臂钻床电气控制线路设计（阅读绘制电气原理图，编制元器件清单，设计位置布置图和安装接线图） 项目五：为用户定制低压配电柜（18 学时，电气技术培训车间一体化教学） 低压配电柜设计、制作、调试及出厂检验等 机动（准备技能鉴定 12 学时）

续表

教学资料准备：	实训条件：	学生要求：	教师要求：
1. 设计任务书、指导书 2. 相关电气产品样本和使用手册、说明书 3. 相关国家、行业标准 4. 学习情境考核文件 5. 电气实施工艺文件 6. 技术文件范本	1. 确保每个团队有一套低压电器设备柜，其中包括常用低压电器、常用液压气动元件、配套电工工具等 2. 数量足够的交流电动机和直流电动机 3. 配套的常用仪器仪表	在进入本学习领域之前，学生应接受过以下专业训练并基本具备相应知识和能力： 1. 电路分析知识 2. 电机及拖动基础知识 3. 钳工的基础知识和基本技能 4. 电气绘图 5. 普通机床操作实习	从事本学习领域教学的教师，应具备以下相关知识、能力和资质： 1. 获得高校教师资格证（专职教师） 2. 获得国家高级维修电工及以上 3. 熟悉各种电机的原理和控制方法，并有成功的继电器控制系统项目开发经历 4. 熟悉相应国家标准和工艺规范

第 8 章　自动检测技术

一、课程设置

（一）课程性质与作用

生产过程自动化技术专业为电力生产培养了大批从事热工仪表及控制装置试验、安装、热工仪表检修、热工自动装置检修、热工程控保护等工作的高素质技能型人才。换言之，生产过程自动化专业所对应的岗位群是热工仪表及控制装置试验工、热工仪表及控制装置安装工、热工仪表检修工、热工自动装置检修工及热工程控保护工等工种。

基于这些岗位的一般性工作任务，课程组与电力企业的专家和行业专家共同分析和归纳，得到"安装、调试各种测量仪表的一、二次元件"等 17 项岗位群的工作任务，并明确 "测量仪表的安装、维护、检修及检定"等岗位工作所要求的十种核心能力。基于岗位核心能力，开发出满足专业岗位群能力需求的专业课程体系，包括"电工技术""自动控制原理""自动控制装置"等 14 门核心技术课程。自动检测技术课程是生产过程自动化技术专业的核心技术课程之一。

1. 课程性质

自动检测技术课程是生产过程自动化技术专业的核心技术课程之一。本课程培养学生测量仪表的安装、调试等能力，具有极强的工程应用性和实践性。

2. 课程作用

（1）本课程对培养生产过程自动化技术专业学生从事热工仪表及控制装置的校验、安装、调试、试验、维护、检修方面的岗位职业能力和职业素养起着重要作用。

（2）本课程与生产过程自动化技术专业的其他职业技术核心课，包括自动控制装置、自动控制系统及程控保护系统等课程共同构建学生的职业核心能力。

（3）本课程通过"任务驱动""理论与实践一体化"的教学模式，融知识传授与技能培养为一体，使生产过程自动化技术专业学生在学习课程的同时，掌握热工仪表及控制装置试验工、热工仪表及控制装置安装工、热工仪表检修工、热工自动装置检修工所要求的基本知识与基本技能，形成良好的重实践、重技能、重工程应用的理念和脚踏实地、科学分析、安全第一等职业素养。

（二）课程设计的理念与思路

1．课程开发面向生产过程自动化技术专业，以自动检测技术课程服务岗位群的技能需求作为课程核心内容，构建"任务驱动、理实一体"的课程教学模式，打造"自动检测技术"精品课程。

2．基于岗位群的典型工作和工作过程，校企共同进行知识点和能力点的分析归纳，为教学内容、教学情境和评价机制的设计奠定基础。

3．力求设置"理论实践一体化"教学过程，将理论知识的学习融入工作任务的完成过程，这有利于学生知识的掌握和实践能力的培养。

4．搭建满足"理实一体"课程所要求的软、硬件环境，尤其强调实训设备的现场针对性和教师素质的工程性。

5．确保所设置课程体系的内容及深度满足"必需、够用"的要求。并在"必需、够用"的前提下，做好教学内容的归纳及知识拓展，为学生的可持续发展奠定良好的基础。

6．根据应用技术的发展，实时调整并不断更新教学内容。

（三）课程设计的培养目标

从岗位的能力、素质对本课程的要求出发，确定了本课程的培养目标。

1．职业能力

（1）一次和二次仪表、表管、电缆、补偿导线的安装、敷设及台盘配线的能力。

（2）识读、绘制较复杂的热工仪表工作原理图、热工信号图、安装接线图及零件加工图的能力。

（3）检查、校验各种测量仪表的一次元件、二次元件，并对校验数据进行误差分析和处理的能力。

（4）程控保护系统各种信号开关、变送器、信号放大转换器的检查、校验能力。

（5）压力、流量、温度、水位测量系统的大、小维修及调试、校验和运行维护能力。

（6）压力、流量、温度、水位测量系统的设计、选型能力。

2．通识能力

（1）安全生产、质量第一意识和自我防范能力。

（2）不断学习新技术、新知识的持续学习能力。

（3）与他人的沟通能力和团队的协作精神。

（4）敬业爱岗的工作作风。

（5）分析和解决问题能力。

（6）自主创新的开拓精神。

二、教学内容

（一）教学内容的针对性与适用性

1．构建的课程体系

在课程体系及内容的设置上，应依据相应的逻辑体系构建。

（1）聘请企业、行业专家介绍对人才的技能需求。

（2）追踪毕业生知识结构、能力结构的需求。

（3）与企业、行业专家共同归纳、分析岗位群的典型工作任务和核心工作能力。

（4）根据教育教学规律，序化典型工作任务，构建任务驱动的教学过程。

在课程教学内容选取的过程中，我们始终能够关注企业对一线生产人员技术、能力的需求，多次组织专业教学研讨会，聘请企业的专家参与教学计划和教学内容的制定，同时深入毕业生工作单位或以电话、邮件等多种方式进行毕业生知识结构与能力结构的跟踪调查。通过上述工作，找准了生产过程自动化技术专业学生的主要工作岗位及岗位的典型工作任务，明确了岗位的能力、素质对自动检测技术课程的要求，即温度、压力、流量、物位、成分分析，机械量测量仪表的一、二次元件的检查、校验、安装，测量系统的搭建和调试，故障的排查和处理等能力，并制定出结构合理、内容涵盖岗位能力需求的课程体系。

在制定课程标准的过程中，聘请企业专家和行业专家共同按照岗位真实工作过程整合、序化教学内容，制定出理论实践相结合、"教、学、做"统一的、突出职业能力和职业素质养成的教学方案，保证教学过程的合理性。

在实施教学的过程中，实时把握"自动检测技术"的发展，定期召开课程新技术应用研讨会，与企业技术骨干分析新技术的教学可行性，适时地将新原理、新技术的教学纳入教学体系，确保"工学结合"的教学内容满足应用要求。

基于电厂参数测量的工作过程，以电厂参数测量系统的真实组成为载体，构建了温度测量、压力测量、流量测量、物位测量、成分分析及机械量测量六个学习情境，具体内容见表 8-1。

表 8-1　学习情境所对应的岗位群的知识、能力要求

序号	学习情境	知识内容及要求	技能要求
1	温度测量	1. 掌握热电偶测温的基本原理、基本定律、冷端温度补偿的原理和方法、测温系统的基本构成 2. 掌握热电阻的测量原理、三线制接法 3. 了解各种标准化热电偶、热电阻的性能和特点 4. 掌握热电偶、热电阻的安装、校验方法 5. 了解接触式测温的误差及产生原因 6. 熟悉温度显示仪表的工作原理、测量系统结构及仪表的质量指标 7. 熟悉模拟式仪表、数字式仪表的优缺点	1. 识读、绘制热工仪表工作原理图、安装接线图的能力 2. 电缆、补偿导线的安装敷设及台盘配线的能力 3. 检查、校验、安装各种温度测量仪表的一次元件、二次元件，以及分析和处理误差的能力 4. 温度测量系统调试和运行维护能力 5. 温度测量系统的设计、选型能力
2	压力测量	1. 掌握就地式压力计的测量原理及使用方法 2. 掌握压力变送器的检测原理及转换电路 3. 熟悉压力测量仪表的选择及测压系统的安装要求 4. 掌握弹簧管压力计、压力开关及压力变送器的校验方法	1. 识读、绘制压力仪表安装图的能力 2. 校验、安装、调整各种压力测量仪表的一次元件、二次元件，并对校验数据进行误差分析和处理的能力 3. 压力测量系统的调试和运行维护能力 4. 压力仪表及测压系统的设计、选型能力 5. 表管敷设能力
3	流量测量	1. 掌握差压式流量测量方法，能够推导流量公式，熟悉各主要参数的意义 2. 掌握流量测量的介质密度补偿方法 3. 熟悉标准节流件的形式、取压装置及所要求的管道条件 4. 能够进行流量计算和标准节流装置设计 5. 掌握差压流量计的校验及调整方法	1. 识读、绘制流量测量仪表安装图的能力 2. 检查、校验流量仪表的一次元件，校验、调整流量变送器，以及分析和处理误差的能力 3. 流量测量系统的安装、调试和运行维护能力 4. 流量仪表及测量系统的设计、选型能力

序号	学习情境	知识内容及要求	技能要求
4	物位测量	1. 熟悉汽包水位测量的多种方法 2. 掌握云母水位计、差压水位计、电接点水位计的结构及水位测量原理 3. 掌握差压水位计的汽包压力补偿方法 4. 掌握三种水位计测量的优缺点及减少测量误差的措施 5. 掌握差压水位及的安装及使用方法 6. 掌握粉仓、粉位的测量方法	1. 识读、绘制水位测量仪表安装图的能力 2. 检查、校验、调整各种水位测量仪表的一次元件、二次元件，以及分析和处理误差的能力 3. 水位测量系统的安装、调试和运行维护能力 4. 水位仪表及测量系统的设计、选型能力
5	成分分析	1. 掌握氧化锆测氧计的测量原理及正常工作的条件 2. 掌握氧化锆测氧系统的构成及安装、检修、调试方法	1. 识读、绘制测氧系统安装图的能力 2. 检查氧化锆探头，校验、调整测氧量变送器，分析和处理测氧误差的能力 3. 测氧系统的安装、调试和维护能力
6	机械量测量	1. 熟悉火电厂汽轮机的位移、转速、振动等机械量的检测方法 2. 掌握电感式位移传感器、电涡流位移传感器的工作原理及电路组成 3. 掌握磁电式振动传感器的工作原理 4. 掌握转速传感器的工作原理，测量线路的组成及各部分的作用	1. 识读、绘制机械量测量系统安装图的能力 2. 检查、调整测量探头，分析和处理测量误差的能力 3. 机械量测量系统的安装、调试和运行维护能力

2. 情境的设计遵循原则

按工作过程逻辑课程组织观设计教学情境。

（1）强调理论教学与实训之间的有机融合。在理论教学中突出重点，在实训中，加深学生对理论知识的理解及应用。

（2）在理论教学过程中，注意利用现场图片、工程图纸及实物投影讲清常用热工参数测量仪表的原理、结构及使用条件等基本知识，强调应用性。

（3）实训课程在传感器实训室、自动化仪表实训室、自动化实训基地开展，构建"教、学、做"一体的工作情境，突出对学生工程应用能力的培养，如各类测量仪表的选择、校验，各种测量系统的基本构成、测量仪表安装及使用注意事项等。

（二）教学内容的组织与安排

在每个学习情境中，按照认知规律及知识能力培养规律，以工学结合为切入点，设计学习性工作任务。

1．按任务驱动的教学模式组织教学内容

（1）由典型工作任务导入教学内容。将电厂工艺流程画面作为岗位工作实境，让学生从画面上了解工作任务及测点位置，甚至可借助流程画面介绍各参数间的相互作用关系。通过管道仪表图，明确测点的布置和安装要求；通过控制策略组态图，明确测量信号的补偿及校正等内容。

（2）采用多媒体课件和实景照片将典型工作任务的工作环境移到教室或实训室。

（3）通过实训室、实训基地参观和电厂参观认识实习，让学生了解测量设备的外观及测量系统的连接。

（4）设置传感器特性实验，让学生明确一次测量元件的工作原理；通过实训室测量仪表校验让学生掌握仪表校验的基本方法，从而培养学生的职业能力和职业素养。

（5）通过自动化仪表综合实训进行测量系统软、硬件组态，构建测控系统，达到测量、控制知识融会贯通的目的。

工作任务的落实过程，即学生获取岗位要求知识和能力的过程。课程学习情境、工作任务、教学载体及学时安排见表 8-2。

表 8-2　课程学习情境、工作任务、教学载体及学时安排

学习情境	工作任务	教、学载体	学时数	
温度测量	任务 1：电厂主蒸汽温度测量	电厂运行画面、P&ID 图及多媒体课件、传感器实训室	8	共 26
	任务 2：轴承温度测量	电厂运行画面、P&ID 图及多媒体课件、传感器实训室	4	
	任务 3：测温元件的选择及安装	多媒体课件、自动化实训基地	6	
	任务 4：测温元件、显示仪表及校验	自动化仪表实训室	8	
压力测量	任务 1：就地指示汽包压力	电厂运行画面、P&ID 图及多媒体课件并结合现场参观	2	共 16
	任务 2：汽包压力信号远传	电厂运行画面、P&ID 图及多媒体课件	4	
	任务 3：压力仪表的选择和安装	多媒体课件、自动化实训基地	6	
	任务 4：压力开关、压力变送器校验	自动化仪表实训室	4	

续表

学习情境	工作任务	教、学载体	学时数	
流量测量	任务1：主蒸汽流量测量	电厂运行画面、P&ID图、控制策略组态图及多媒体课件、结合电厂参观	8	共20
	任务2：给水流量测量	电厂运行画面、P&ID图、控制策略组态图、自动化实训基地及多媒体课件	6	
	任务3：送、引风量测量	电厂运行画面、P&ID图、控制策略组态图及多媒体课件	4	
	任务4：差压流量变送器的校验	自动化仪表实训室	2	
物位测量	任务1：汽包水位测量	电厂运行画面、P&ID图、控制策略组态图、多媒体课件及自动化实训基地	10	共12
	任务2：煤仓（粉仓）料位测量	电厂运行画面、P&ID图及多媒体课件	2	
成分分析	任务：烟气氧量测量	电厂运行画面、P&ID图及多媒体课件并结合现场参观	8	共8
机械量测量	任务1：汽轮机转速检测	电厂运行画面、P&ID图、多媒体课件及自动化仪表实训室	3	共8
	任务2：汽轮机振动检测	电厂运行画面、P&ID图、多媒体课件及自动化仪表实训室	2	
	任务3：汽轮机位移检测	电厂运行画面、P&ID图、多媒体课件及自动化仪表实训室	3	
合计			90	

2. 课程难点的解决办法

课程的难点通常也是课程的重点，采用怎样的教学方法直接关系到学生的接受质量和决定教学的效果，因此课程难点的教学方法要认真推敲和摸索。我们的具体做法是根据难点的内容，有针对性地选择教学方法和教学手段。

（1）以典型工作任务为载体，在案例教学过程中解决难点教学。如热电偶冷端温度补偿问题，我们以电厂蒸汽温度测量这一典型工作任务为载体，具体介绍热电偶测温系统的基本结构，分析各部分的作用及连接注意事项，在接点温度控制和热电偶输入模块的作用介绍过程中，明确正确提供补偿电势是准确测温的关键所在，讲明这种补偿方法后再介绍其他补偿方法，让学生在思考各种补偿方法适用场合的过程中逐渐掌握热电偶的冷端温度补偿。

（2）采用互动方式，通过讨论解决难点教学。该方法适用于较抽象的计算问题，如差压水位计的密度补偿、各种误差的判断及处理等难点问题，提前布置讨论题，形成以学生为主导的讨论氛围，然后通过引导和有针对性的练习加深理解。

（3）对于较复杂的设备结构和工作原理，采用多媒体教学。以设备实物图和原理结构示意图，甚至是动画等形式给学生直观的图形理解。

（4）通过实训环节解决难点教学问题。实训过程有助于提高学生的学习兴趣和解决问题的积极性，一些难点问题在学生动手操作的过程中得到较好解决。

（5）坚持课后答疑和网上在线答疑，解决学生的疑难问题。通过多年的不断改革和教学实践，表明这种融知识传授与能力培养为一体的教学模式，确实达到了预期的目的，收到了良好的效果，受到学生和用人单位的好评。

三、教学方法与手段

（一）教学模式的设计与创新

自动检测技术课程的教学坚持"以工作过程为导向、以职业能力为本位"，构建"任务驱动、理实一体"的人才培养模式，即课程开发以工作过程为核心，进行岗位分析和现场任务分析，优化人才培养方案，强调技能和实践能力的培养，强调就业和未来的岗位工作。在教学过程中，依据课程的人才培养目标，结合职业岗位的知识、能力与素质要求，以岗位任务引领教学内容，在具体实施中应做到"三个结合"。

1. 学校、行业和企业密切结合

建立行业、企业和学校共同参与的机制，全方位、全过程引入企业参与，突出课程的职业特征。

2. 实践、技能和理论密切结合

以"职业能力"为本位，正确处理好传授知识、培养能力、提高素质三者之间的关系，突出职业技能的培养与训练。

3. 教、学、做密切结合

以学生为主体，充分利用校内外不同的教育环境和教育资源，建立"一边做一边学"的学习情境，使学生直接获取实际工作经验。

（二）多种教学手段的运用

教学方法与手段的选取围绕"以学生为中心，以实践为载体"，融"教、学、做"为一体，达到强化学生能力培养，提高学生实践能力和就业竞争能力的目的。具体应做到五个"结合"。

1. 教学内容与教学方法相结合

教学内容是教学方法更新的基础，根据不同教学内容的特点，采用不同的教学方法，以达到良好的教学效果。

2. 理论教学与实训相结合

以典型工作任务为载体设计教学内容，针对工作任务引入工程应用实例。通过实训实现"边做边学"，充分调动学生的学习积极性。在分析实验数据的基础上，从感性认识上升到理性认识，开发学生思维，引导学生能够应用理论知识发现问题和解决问题。

3. 传统讲授与现代技术相结合

采用"板书＋多媒体课件＋实物投影"的教学方法，借助形象直观的实物照片、设备结构图片和动画演示，帮助学生掌握课程的理论知识，加深学生对抽象知识的理解，提高学生学习的兴趣。

4. 课内实训与开放实训相结合

鼓励学生在完成课程实训的基础上，积极完成开放的实训内容，充分发挥学生的主观能动性，提高学生的实际操作能力、独立分析问题解决问题的能力，与人合作的能力，使学生的工程应用能力、自主创新等综合素质得到提高。

5. 课堂教学与现场教学相结合

在学生具备一定理论知识的前提下，进入生产现场进行实境教学，使学生很快进入角色，零距离体验企业文化，激发学生的学习积极性，培养实际操作能力和职业素养，增强学生的就业能力。

（三）具体的教学方法

1. 案例教学法

课程组以典型工作任务为载体设计教学体系和内容，并实施教学。每一个教学内容、每一个实训内容均对应于课程岗位群的基本工作任务、职业技能和职业素养等要求。一方面，使学生明确所学理论和实训内容都具有非常重要的实际意义；另一方面，采取任务驱动与学习知识紧密相结合的全新教学模式，通过分析、讲解案例要求，引出教学内容，激发学生学习兴趣，提高学生分析问题、解决问题的实际能力，从而提高学生的学习能力、应用能力和创新能力，达到轻松学习、自主学习的目的。

2．演示教学法

在教学中，教师对一些较难理解的现象和实训任务给予演示说明，使学生进一步掌握知识要点，如热电偶的热电效应。

3．讨论教学法

对于部分教学内容，教师提前布置问题题目，要求学生提早准备，通过查找大量资料、翻阅参考书目等，对自己的见解或答案给出理论解释，并将思想带到课堂上，大家一起互相讨论，充分挖掘学生的内在潜力。同时，教师针对学生在讨论中所反映出的问题进行适当的引导和讲解。这种教学方法，极大地调动了学生的学习主动性，进而促进了学生分析问题和解决问题的能力。

4．问答教学法

针对教学内容设计一系列问题，让学生通过几分钟思考后来回答，教师在关键的地方进行启发，最后进行适当的总结和知识拓展，如教师提问：机组负荷变化对主蒸汽流量测量产生哪些影响，学生思考并回答后，教师继续提问：如何消除这种影响，学生的进一步思考为教师介绍主蒸汽的温度、压力补偿办法奠定了基础。这个过程有助于加深学生对知识的理解，使学生既学到了知识，又培养了其分析问题的能力。

5．仿真教学法

在教学过程中，对一些抽象的物理过程和抽象的设备结构，通过仿真软件和多媒体课中大量的实物照片、结构图片和动画演示，变抽象为形象，从而帮助学生理解教学内容，改善了教学效果。在仿真中心进行电力生产运行，使学生熟悉电厂的工艺流程及设备情况、测点位置，亲身体会参数测量的重要意义。逼真的运行环境可有效地培养了学生的职业素养。

6．多元化教学法

课程网站为学生提供多元化的教学资源，网站中有典型例题、考工考题、课程内容、教学日历、多媒体课件、教案、在线自测、在线答疑、教学论坛等多种学习资源，方便学生学习及同老师的交流。

第9章　机械设备修理

一、课程设置

（一）课程目标与特点

机电设备维修与管理专业毕业生主要在企业从事机电设备的规划、选型、安装、调试、故障诊断、维修、管理及售后服务，常用机电设备操作，传统设备的机电一体化改造，车间设备管理和现场生产技术的组织与管理等工作。

根据市场调研，机电设备维修与管理专业的学生反映机械设备修理课程所讲授机械设备修理的基本知识和基本技能在企业实际生产过程中的应用非常多，和学生岗位能力培养也十分紧密，此课程学习的好坏，直接影响学生今后的工作能力，因此该课程在本专业中占有重要地位。

1. 教学目标

本课程的教学目标是为培养具有较强分析解决问题能力和创新能力的设备维修类高素质、高技能应用型人才服务；坚持理论联系实践和基于修理过程实际，将机电设备维修的基础知识与基本技能有机融合于一体，将传统设备维修技术与现代维修新技术、新工艺相结合，使学生掌握企业生产一线所必需的机械设备修理的知识结构，通过大量典型现场维修实例，重点加强动手能力、创新能力和解决实际工程问题能力的培养。

2. 机械设备修理课程的特点

（1）理论与实践紧密结合。本课程必须与实践紧密结合才能取得较好的教学效果。

（2）知识面覆盖广。本课程涉及数学、机械制图、机械设计、机械加工、机械设备及安装调试、设备故障诊断技术等多方面的基础知识，学生通过对本课程的学习，应用基础理论知识解决工程问题的能力得到进一步提高，因而本专业培养的学生具有知识面广、适应性强的特点。

（二）课程设计的理念与思路

按照"行业引领、企业主导、学院参与"的理念，校企合作开发课程。该课程的建设聘请了行业、企业专家，由行业企业专家与学院机电系机修教研室共同制定机电设备维修与管理专业岗位人才培养方案。

1．课程设计理念

课程的设计理念是始终以机电设备维修与管理专业岗位人才培养方案所确定的该门课程所承担的典型工作任务为依托，选择课程内容的知识载体，按照工厂"机械设备修理"真实工作任务及流程，设计开发课程。

2．课程开发思路

课程的开发思路是在分析机械设备维修岗位的职责和知识、能力要求的基础上，制定岗位职业标准，依据岗位职业标准归纳典型工作任务，确定职业能力；根据职业能力，按照认知规律及职业教育规律确定专业课程体系；根据岗位职业标准，本着与行业和企业生产实际高度吻合的原则，结合企业生产实际的机械设备修理的工作流程，分析完成每个流程所必需的知识和能力结构，归纳了机械设备修理课程的主要工作任务，选择合适的载体，构建学习单元；按照工学交替、任务驱动、项目导向，将真实生产过程和产品融入教学全过程，以职业能力培养和综合素质提升为重点，与行业、企业合作开发该课程，设计开发学习单元，具体思路如图9-1所示。

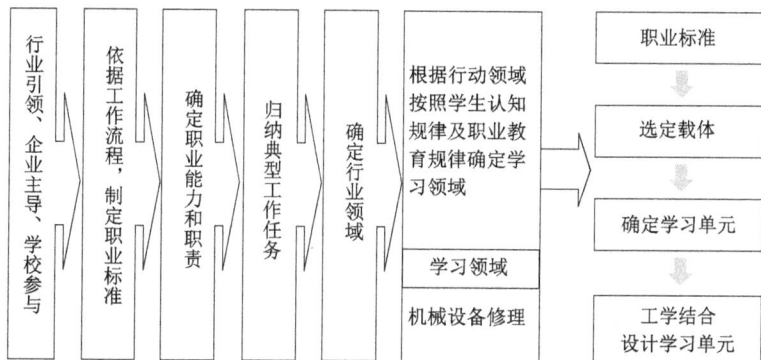

图9-1　课程开发思路

二、教学内容

（一）教学内容的针对性与适用性

本课程始终坚持行业和企业生产实际高度相吻合的原则，分析企业机械设备维修岗位的职责和知识、能力要求，归纳典型工作任务，选择合适的知识载体，结合企业机械设备修理工作流程，按照"操作从简单到复杂、精度从低级到高级、任务从单一到综合"的思路设计教学过程，以完成修理典型机械设备及零部件的职业能力和设备维修人员职业素养培养为目标，设计相应的学习单元，突出教学内容的针对性。

本课程根据机电设备维修与管理工作岗位职业标准、专业人才培养方案和人才培养质量标准，结合职业教育规律和认知规律，以培养完成相关岗位的工作任务所需要的知识、能力、素质为目标，以真实的设备修理工作任务为依据，按照实际工作过程，将课程内容整合、序化到五个学习单元、十三个学习任务，具体内容如图9-2所示。通过理论实践一体化教学，按照学习任务、资料阅读、理论学习、实训操作、学习检查、评定总结的教学流程组织实施教学，教、学、做、说相结合，把职业能力培养贯穿在整个教学过程中。课程内容实用且组织合理将有利于激发学生的学习热情和专业兴趣，为学生可持续发展奠定良好的基础。

为培养具有较强分析解决问题能力和创新能力的高素质、高技能应用型人才，本课程除了能使学生掌握企业生产一线机械设备修理所必需的知识结构，能针对机械设备修理任务，正确选用和使用常用修理工具、检具和量具对机械设备及零部件进行检测、故障诊断与维修和合格性判断的技能以外，通过有效的教学手段，还重点强调企业实际岗位所必需的团队合作精神、安全环保意识、分析问题和解决问题的能力，再通过拓展资源库，搭建一个学生拓宽知识面、提升技能的平台，这突出了本课程的适用性。

（二）教学内容的组织与安排

学习单元内容选取的依据是学院机电设备维修与管理专业按照"行业引领、企业主导、学校参与"的思路，组织企业相关人员，结合机械设备修理流程，分析企业完成该流程技术工人必须具备的知识和能力结构，制定岗位职业标准，依据岗位职业标准归纳典型工作任务，确定职业能力，根据职业能力，按照认知规

```
┌─────────────────────────────────┐
│      机械设备修理课程开发总体思路      │
└─────────────────────────────────┘
                 ⇩
```

| 设备结构及修理要求分析 | ⇒ | 选用修理工具检具量具 | ⇒ | 设备修理前的检查 | ⇒ | 零部件拆卸与清洗 | ⇒ | 零部件技术鉴定 | ⇒ | 零部件修理装配 | ⇒ | 总装配与试车，精度检验 | ⇒ | 竣工验收，交用户使用 |

```
┌─────────────────────────────────┐
│         机械设备修理流程            │
└─────────────────────────────────┘
                 ⇩
┌─────────────────────────────────────────┐
│   根据完整思维及职业特征分解课程为主题学习单元   │
└─────────────────────────────────────────┘
```

┌───┐
│   简单到复杂   │
└───┘

学习单元 1 零部件修理	学习单元 2 普通车床修理	学习单元 3 普通铣床修理	学习单元 4 数控机床维修	学习单元 5 起重机修理
学习任务 1.1 修理前准备	学习任务 2.1 修前技术准备	学习任务 3.1 主要部件修理	学习任务 4.1 系统诊断维修	学习任务 5.1 零部件修理
学习任务 1.2 测绘与修理	学习任务 2.2 主要部件修理	学习任务 3.2 装配与试车	学习任务 4.2 维护、设备验收	学习任务 5.2 维护、负荷试验
学习任务 1.3 零件修复工艺	学习任务 2.3 装配与试车			
学习任务 1.4 零部件装配				

| 任务 | ⇒ | 资料 | ⇒ | 学习 | ⇒ | 实施 | ⇒ | 检查 | ⇒ | 总结 |

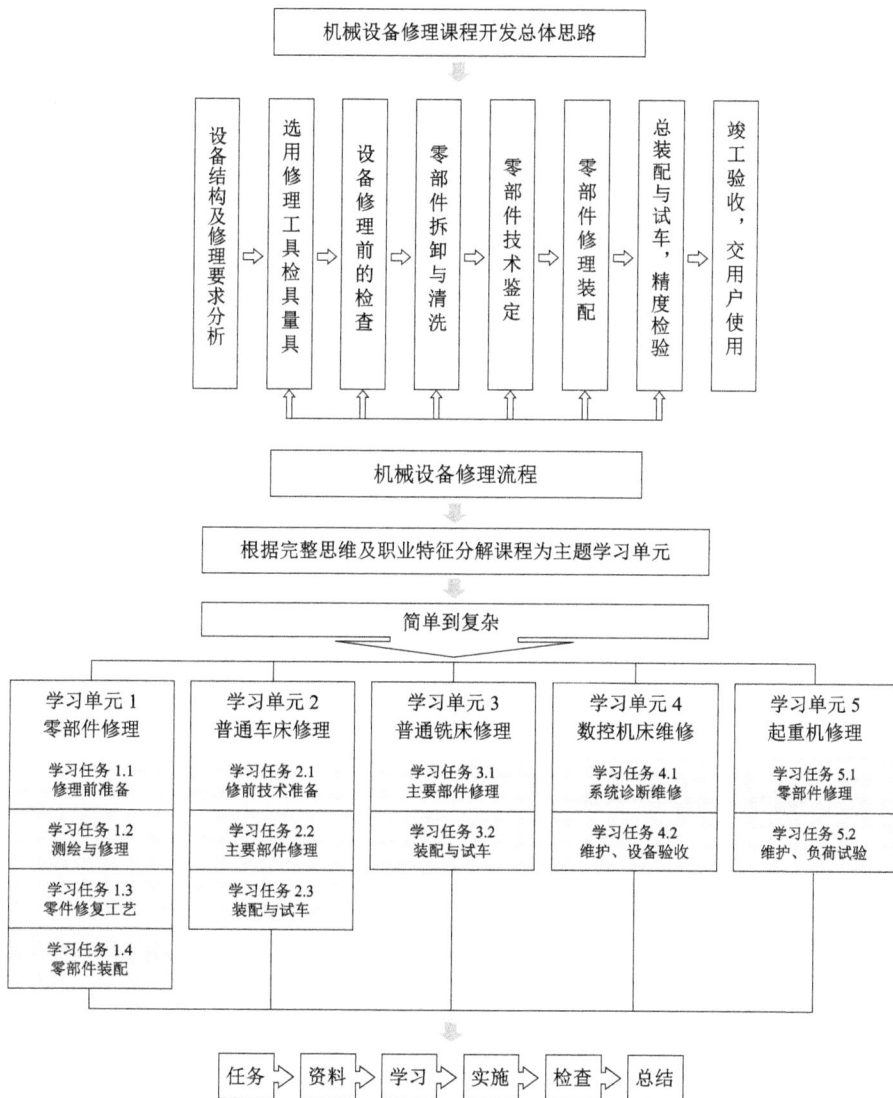

图 9-2　具体的教学内容

律及职业教育规律确定课程，按照职业标准，选择难易程度合适的典型机械设备为载体，结合工厂实际，确定学习内容。

机械设备修理课程的参考学时为 80 小时。按照机械设备修理的工作流程，根据职业能力要求和课程培养目标，选择合适的载体，开发五个学习单元，十三个学习任务，具体内容与学习安排见表 9-1。

表 9-1　教学内容的组织与安排

学习单元	学习任务	学时
学习单元 1：典型零部件的测绘与修理	1.1 修理前的准备工作	6
	1.2 机械零部件测绘与修理	6
	1.3 零件修复工艺	12
	1.4 典型零部件的装配	6
学习单元 2：普通车床的修理	2.1 修理前的准备工作	4
	2.2 车床主要部件的修理	10
	2.3 车床装配与试车	2
学习单元 3：普通铣床的修理	3.1 铣床主要部件的修理	6
	3.2 铣床的装配与试车	4
学习单元 4：数控机床的修理	4.1 系统故障诊断与维修	8
	4.2 维护与设备验收	4
学习单元 5：桥式起重机的修理	5.1 桥式起重机的主要零部件修理	10
	5.2 桥式起重机日常维护及负荷试验	2
学时合计		80

三、教学方法与手段

（一）教学模式的设计与创新

本着紧密地与行业和企业生产实际高度吻合的原则，认真分析机械设备修理岗位的职责和知识、能力要求，以专业岗位职业标准所确定的该门课程所承担的典型工作任务为依托，选择课程内容的知识载体，确定学习内容；采用任务驱动、项目导向、理实一体等教学模式，重视学生在校学习与实际工作的一致性。

与行业和企业合作，以生产实际中的实际机械设备修理任务为载体，根据工作流程，创新地设计出以必要的基础知识为"学习任务"、以修理基本方案为"决策"、以修理思路为"计划"、以修理过程为"实施"、以学生自检和师生互检为"检查"、以学生自评和教师总结为"学习总结"的既符合实际生产工作流程又便于实施的教学模式。

（二）多种教学方法的运用

考虑到本课程内容与企业生产实际结合紧密，且高职学生更善于形象思维的特点，在教学中灵活应用了引导文法，目的是启发引导学生思考问题、自主学习，提高获取知识的能力；在理实一体化的实训室，采用示范教学法，即老师示范、学生现场练习、教师指导，目的是提高学生乐于实践的积极性；采用分组讨论法，即学生相互启发、相互学习，目的是培养学生团队合作意识和归纳总结能力；采用任务驱动法，即学生根据任务要求，分组制订修理计划、确定修理工艺方案、完成修理任务、组与组间交叉检查，并填写检测报告，每组派一名代表上台进行评估总结，并回答老师和其他同学的问题，然后完善总结。

通过以上多种教学方法的应用（以学习单元 2 为例），引导学生积极思考、自主学习、乐于实践、相互检查，这样即活跃了课堂气氛，激发了学生学习的积极性，又提高了教、学效果，具体的单元设计见表 9-2。

表9-2　学习单元设计

学习单元2:普通车床的修理

学习任务2.3:车床装配与试车　　　　学时:2学时

编号	2.3.1	2.3.2	2.3.3	2.3.4	9.2.3.5	9.2.3.6
内容	任务 (0.5学时)	资料 (0.2学时)	学习 (0.2学时)	实施 (0.7学时)	检查 (0.2学时)	总结 (0.2学时)
主要内容	1. 熟悉车床基本结构、装配技术要求和安全操作规范 2. 主要部件装配方法、步骤及注意事项 3. 装配尺寸链的建立和解法 4. 装配工具、检具和量具的选用 5. 装配精度的检验方法	1. 确定装配工艺规程及装配工作内容 2. 装配工具、检具和量具的选用 3. 确定装配精度的检验内容和方法 4. 零部件装配精度的规格、计量器具的规格、调整与校正；具体检测方法和数据处理	1. 拟定部件装配方法和步骤 2. 拟定总装配方法和步骤 3. 拟定装配精度检验方案 4. 拟定装配工具、检具和量具清单	1. 选择相应的装配工具、检具和量具并检查，调整、校正 2. 主要部件装配前的检查 3. 车床装配 4. 装配精度检验 5. 检测数据的处理和误差评定 6. 判断装配精度是否合格	1. 任务的完成情况 2. 分析装配工艺过程 3. 复查 4. 交叉互检	1. 分析整个工作过程，对出现的问题进行修改并优化 2. 分析装配工艺规程经济合理性 3. 制定装配工艺规程卡 4. 资料存档
教学法建议	1. 引导文教学法 任务的导入→教师提供引导资料（与老师商讨或组内讨论）→确定装配方案（学生按照要求完成任务、教师给予指导）→检查、总结 2. 工具及媒介 图纸、活页教材、车床、多媒体、计算机		1. 示范教学法 任务的导入→观摩老师示范操作装配→学生自己练习→检查、总结 2. 工具及媒介 图纸、活页教材、车床、多媒体、计算机 （任务载体）		1. 任务设计教学法 教师布置任务→学生收集信息→确定装配方案→学生独立完成任务→检查、总结 2. 工具及媒介 图纸、活页教材、车床、多媒体、计算机	

第 10 章　机械组件的装配

一、课程定位

机械组件的装配采用基于工作过程的课程开发方法，与企业合作建设，对机电一体化技术职业所针对的生产设备维护及机电产品制造等岗位的工作任务进行梳理、归纳和教育加工所形成的一门理实一体化课程。课程基于机电设备和自动化生产设备中机械零部件的装配与调试工作过程，以来自企业的典型组件为载体，目地是培养学生的机械装配工艺编制、组织实施、装配与调试操作等岗位职业能力。

二、构建课程体系

（一）机电一体化技术专业典型工作任务与能力目标

随着制造业自动化程度的提高，各类机电设备和自动化生产设备的操作、调试、维护和管理现已成为一个专门的分工，并产生了机电一体化技术职业。人们为了适应社会的发展，满足自己对机电一体化技术的需求，参与这一分工，并通过学习与培训，学习专门的知识与技能，养成该职业领域的职业素质，从而满足自己适应社会发展的需要。

1．专业面向就业岗位

通过企业调研，召开企业恳谈会，确定了机电一体技术专业的主要就业岗位为生产技术操作员、生产管理技术员、维修技术员、助理工程师、产品服务技术员和项目管理员。

2．专业人才培养目标

在确立专业面向就业岗位基础上，确定了机电一体化技术的人才培养目标，即本专业培养德、智、体、美全面发展，能够在现代企业的生产设备维护及机电产品制造等岗位从事各类机电设备和自动化生产设备的操作管理、安装调试及运行维护，从事机电产品的组装与质量控制、产品销售与客户服务、产品技术改造等方面工作的高素质技能型人才。

3．典型工作任务与能力目标

通过系列职业工作任务分析会，对机电一体化技术专业职业岗位工作进行整体化的分析与描述，梳理了典型工作任务，明确了职业能力，为开发工作过程系统化课程奠定了坚实基础，具体的任务分析表见表 10-1。

表 10-1　机电一体化技术工作任务分析表

主要就业岗位	典型工作任务
1. 生产技术操作员 2. 生产管理技术员 3. 维修技术员 4. 助理工程师 5. 产品服务技术员 6. 项目管理员	1. 机械图样的识读 2. 简单机械零件的测绘与加工 3. 机械零部件的装配与调试 …… 9. 气液动装置的安装、调试与维护 10. 机电设备控制系统的整体设计 11. 设备 PLC 及传感检测部件的安装 12. 设备 PLC 控制程序的设计与优化调试 13. 机电设备控制系统的整机调试 14. 生产设备的操作与运行监控 15. 生产设备的总体安装与调试 16. 生产设备的维修与维护 …… 23. 机电产品销售的技术支持 24. 产品的售后服务与维修

由上表得出机电一体化技术人才的能力目标：

（1）专业能力

阅读专业技术资料（包括英文资料）的能力；工程分析计算能力；计算机操作与应用能力；正确识读机电一体化系统相关技术图纸和文件的能力；设计与绘制各类专业图（包括应用计算机绘图）的能力；正确使用各类仪器仪表、量具及工具的能力；机电产品装配测试与质量控制的能力；机电产品安装工艺及技术文件的编制管理能力；产品安全生产、组织协调管理能力；机电产品销售及技术支持的能力；机电产品的现场安装调试及售后服务维修的能力；机电产品的技术改进能力；机电设备电气控制柜的设计、安装与调试能力；自动化生产设备安装调试、故障诊断与维修能力；各类工业典型机电设备控制系统的分析、运行维护及技术改造能力；机电一体化系统的整体设计、安装调试、运行维护能力；本专业新技术、新设备、新产品的消化吸收开发和应用能力。

（2）方法能力

良好的技术表达能力；自主学习获取专业知识信息的能力；独立地规划决策的能力；制定工作计划、组织、实施能力；对工作成果的正确评价与持续改进能力；综合运用专业知识和技能，独立分析解决工程问题的能力；良好的 5S 现场管理的职业素养。

（3）社会能力

良好的职业道德和敬业精神；良好的团队合作能力；良好的与人沟通、交流的能力；较强的社会责任心及环境保护意识。

（二）机电一体化技术课程体系

为了实现机电一体化技术专业人才综合职业能力的培养，满足教学安排的需要，则需对其进行能力分解，以形成学习课程。根据基于工作过程的课程开发理念及 24 个典型工作任务，经过教育加工转换形成了 16 门理实一体化课程，并按照学生的认知规律与职业成长规律进行排序。其中机械组件的装配是根据典型工作任务"机械零部件的装配与调试"转换而来的理实一体化课程，该课程是以培养学生作为一个机电一体化技术职业人在这一典型工作任务中的能力要求。同时，为了培养学生获取知识、运用知识、共享知识、传播知识与总结知识等能力，我们借鉴 CDIO（构思、设计、实现和运作）工程教育模式，积极推行项目教学，形成"3515"课程体系。

1. 三个类型

依据学生职业能力的划分特点，机电一体技术专业课程由公共基础课、专业课、综合实践课三类课程构成。

（1）公共基础课：主要学习基础知识，加强学生的人文修养，它部分地承担了对学生社会能力和方法能力的培养。

（2）专业课：不仅培养学生完成工作任务的专业能力，更要通过教学设计实现对学生方法能力和社会能力的培养。

（3）综合实践课：可使学生运用所学知识解决实际工作问题，加强学生实践能力培养，从而培养学生的综合职业能力。

2. 五个模块

为了借鉴 CDIO 工程教育模式，推进项目教学，建立集成的课程体系，使学生在课程和课程间的关联活动中掌握各门课程知识之间的联系，并用于解决综合问题。机电一体化技术专业根据岗位群所面向的典型工作任务，归纳形成五个能力递增的能力模块，如图 10-1 所示，进而设计五个项目（四个学期项目与一个毕业项目），然后设置以项目为中心的五个课程模块，其分别是机电基础应用模块、气液动系统应用模块、系统控制模块、综合应用模块和顶岗实习模块，如图 10-2 所示。

每个模块是一组课程组合，以一门主干专业课为主，其他专业课为辅，公共基础课和选修课为拓展，按照串行或并行方式排列。课程是根据工作对象、工具、规范与要求进行归纳形成的理实一体化课程，学生在基于项目的学习中，集中运用课程知识解决问题，从而提高学生的 CDIO 能力。

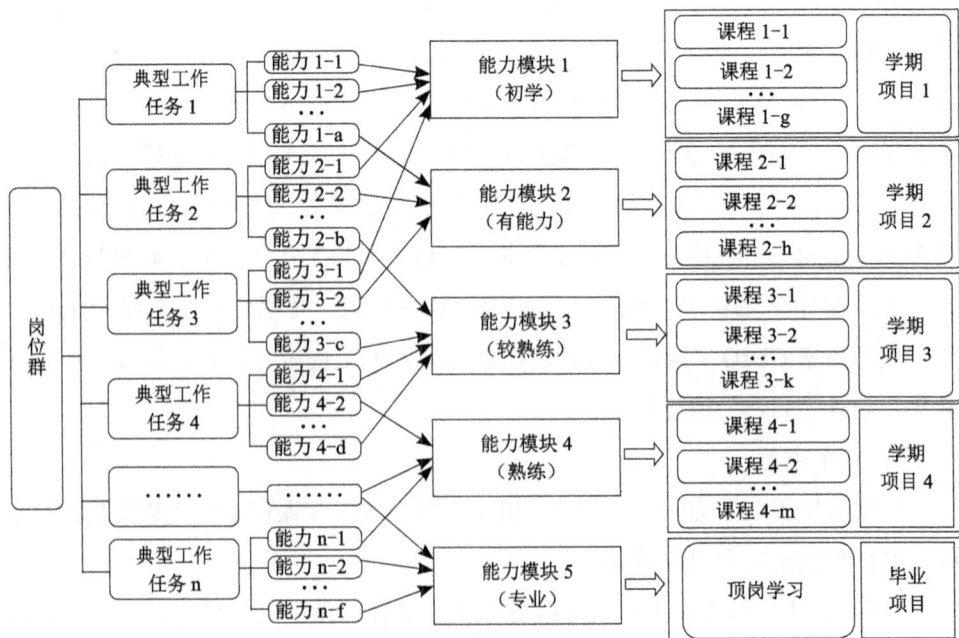

图 10-1　能力模块

图 10-2　机电一体化技术课程模块

3. 15 载体组合，即"1C+5P"能力训练体系

（1）1C 是指一套案例。案例对应单门课程的教学单元，来源于产业一线成熟的成果，其"鲜活"与实用的特点有利于学生对知识、技能与素养进行综合学习。案例学习注重 CDIO 的"实施"和"运行"两个环节，"实施"侧重硬件和软件的过程、测试和验证，以及设计和管理的执行过程，而"运行"则注重项目方案的优化、改进与维护。

在课堂教学中，利用案例教学法，以来自产业的一组由简单到复杂、单一到综合的"鲜活"工业案例为载体，以"教学工厂"型实训基地为平台，使理论知识、实践技能、职业素养与实际应用环境结合在一起，从而达到工作过程与教学过程的融合。教师按照案例的工作过程指导学生学习与训练，让学生通过案例的"整体、连续"运行过程，掌握成熟的工业生产流程，使学生的专业能力、方法能力、社会能力得到逐步提高。

（2）5P 是指五个项目，即四个学期项目与一个毕业项目。学期项目是课程模块运用的载体，是工程中未有的成果，是学生创新思维、主动学习及工程实施能力的载体。学期项目在前四个学期实施，注重"构思"与"设计"两个环节，"构思"注重概念设计和市场需求调查，"设计"是组件和过程的设计，注重发挥学生想象力和综合运用课程模块知识的能力。

根据学期项目的要求，采用学段制教学组织形式，一个学期设置两个学段，在学段之间设置项目周。第一学段项目周重在构思与设计，通过产业调查等，提出项目的构想，再查找案例、搜集工程文献资料，进行方案设计。第二学段项目周进行项目制作、调试与完善。学期结束前还要整理项目方案书、项目进程表、项目总结报告、项目答辩与成果展示。通过学期项目的实施，使原来分散的课程围绕项目设计与制作而聚合，课程教学从一个教师线形推进到几个教师平行指导，教学场所从教室实训室扩展到企业和 CDIO 中心，学生学习态度也从被动接受变为主动学习。

毕业项目是顶岗实习阶段的学习载体，是对在校所学专业知识与能力的全面运用，根据学生到岗时间灵活安排，是企业中的真实项目，承载着工程技术人员的素质训练。毕业项目在大三年级实施，要求学生至少完成一个完整的 CDIO 项目。

根据"企业＋学院"双主体人才培养模式的要求，学生至少有 8 个月时间在企业集中顶岗实习。为此，将毕业项目与顶岗实习的学习活动结合在一起，要求学生在企业寻找真实的工程项目，可以是技术改进，也可以是工艺创新或者管理改善。在指导上，实行双导师制，由企业工程师与学校指导老师联合指导。在安排上，根据生产需要灵活调整，可以在岗前或岗后集中实施，也可以在岗中完成。在项目控制上，由校企共同制定阶段检查任务，由学院督导实施中期检查。在项目考核上，由校企共同组织，注重成果的应用价值与推广价值，注重学生能力的考核。

三、课程教学目标

1. 职业行动能力

职业行动能力是围绕典型工作任务完成的工作和工作过程来描述理实一体化课程的。机械组件的装配课程的职业行动能力描述如下：

在生产企业或车间接受机械产品的装配订单或任务后，装配操作工等生产及技术人员能根据装配图了解装配技术要求，并结合现有技术条件、设备条件和技术资料等，编制出机械装配工艺，并能组织实施机械产品的装配组织工作，进而进行机械设备的装配操作与调试工作，从而获得符合技术要求或产品说明书要求的机械产品。

2．学习目标

（1）理解装配产品的装配技术要求。如产品的结构、零件的作用、连接关系等。

（2）根据生产类型和设备复杂程度，选择装配工作组织形式。

（3）选择装配方法和工艺装备，设计机械装配工艺过程。

（4）运用装配技术术语，编制机械装配工艺规程并评价，完善工艺方案。

（5）遵守操作规范，使用机械装配工具和设备进行各类机械零件的装配操作与调试。

（6）进行机械产品装配后的检查、调整和试车。

（7）运用机械装配专业英语进行交流。

（8）与小组成员合作完成装配任务。

（9）进行 5S 管理活动。

3．工作与学习内容

理实一体化课程的工作与学习内容必须与实际工作过程相联系，即用工作中的工作对象、使用的工具、方法、组织和工作的要求来表达。

（1）工作对象在理实一体化课程中包括装配图、装配工艺文件、装配产品等。

（2）工具指机械装配工具与装配设备、装配用量具等工作中所用到的各类工具。

（3）方法是指完成任务的表现方式。如装配的组织方法、装配工艺编制方法、零件的装配方法、装配工具的选用与使用方法、装配产品的检查与调整方法、5S 的操作方法等。

（4）工作组织是指工作过程中采取的工作方式，本领域主要采用培养团队合作能力和沟通协调能力等的小组分工协作方式。

（5）要求主要指完成工作任务的要求。符合机械产品装配技术要求和产品说明书的要求；体现对工作人员及环境的要求；符合操作安全规范、工作现场符合 5S 规范的要求；符合成本节约要求等。

四、课程作用

机械组件的装配课程的作用是针对机电一体化技术职业岗位中典型工作任务，培养学生从事机电设备和自动化生产设备中机械零部件的装配、调试与维护的职业能力。本课程注重学生实践能力、职业素质养成等软技能的培养，构建机电设备和自动化生产设备领域毕业生从业的核心职业能力，对学生可持续发展能力起到很大的作用。

（一）培养学生的装配与调试技能——职业内在属性的要求

机电一体化技术专业是针对"机电设备和自动化生产设备的操作管理、安装调试及运行维护"而设置的专业。从所针对的岗位来讲，大约有 1/3 的人力在从事机电设备和自动化生产设备的装配与维护工作。从学生毕业所从事的岗位来看，有近 40% 的学生在毕业后三年内从事机电设备和自动化生产设备的装配与维护工作，三年以后有大部分走上助理工程师、生产线长、小组长等关键岗位，但机电设备和自动化生产设备的调试与维护仍是其工作内容之一。因此，机械组件的装配课程注重机械装配与调试技能的训练，使学生系统地掌握现代企业所需的机械装配过程性知识，熟练掌握高精度装配的操作技能技巧，并树立质量品质意识，培养良好的职业规范，适应现代企业机电设备和自动化生产设备的操作管理、安装调试及运行维护岗位，这是硬技能的要求，是学生毕业后从事机电一体化职业岗位的基本要求。需要特别说明的是，本课程的学习对学期项目 2 的设计与制作具有重要的支撑作用，具体关系如图 10-3 所示。

（二）起到承上启下的作用——课程体系内在关联要求

从课程体系来看，机械组件的装配课程起到承上启下的作用。机械组件的装配是对前面所学机械图样的识读与绘制、机械零部件的选型与设计等课程的综合运用。同时，通过这门课程学习，培养了学生的动手能力，使学生具备了零部件的装配技能，对后续气动系统的构建与维护、液压系统的构建与维护、PLC 控制系统构建与维护、自动生产线的安装与维护等课程的学习打下了很好的基础，保证了后续课程的正常学习。并且在后续课程的训练中，机械装配技能得到提高，尤其在顶岗实习中得到加强。

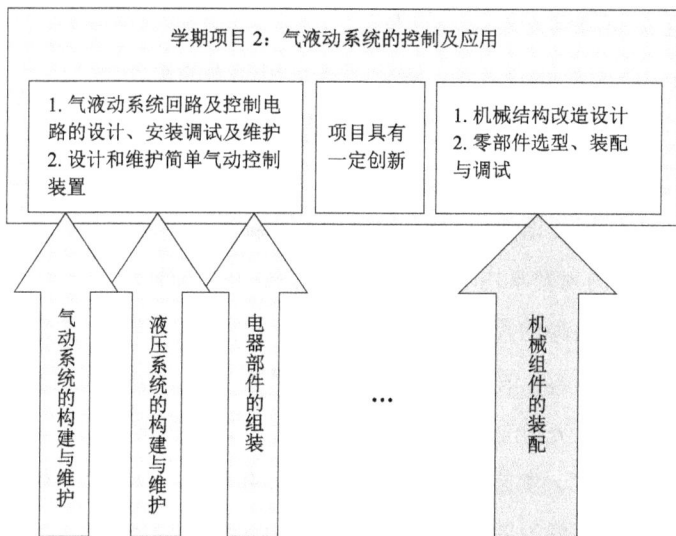

图 10-3　机械组件的装配课程与学期项目 2 的关系

（三）着力提升学生的软技能——职业人的发展需求

从学生能力培养上来看，通过本课程的训练，注重企业化的 5S 管理，营造真实的企业生产情境，突出职业素质养成训练。在物品及时归位等行为习惯上进行强化；在合作能力、沟通能力、组织能力上进行训练；在积极的工作态度上进行教育，从而使学生具有现代企业的软技能，具有在职业生涯中的能力迁移及可持续发展能力。

五、课程设计的理念

1．以综合职业能力为目标，强化学生软硬技能的培养

（1）针对职业岗位的要求，以"高技能"为目标，以"技术先进、实用，理论必需、够用"为原则，强化机电设备和自动化生产设备的装配、调试工作岗位所需的硬技能训练，注重过程性知识的获取，注重知识与能力的关联，注重课程的应用性、技能性和实践性。

（2）针对学生的个人发展与社会发展的需要，以外资企业所需要的"软技能"为目标，注重学生的职业心态教育，注重学生的职业行为习惯养成训练，注重学生的学习能力、实践能力、合作能力、沟通能力、组织能力、创新能力的训

练，促进学生的可持续发展能力的提高。

2．注重国际交流能力培养，强化英语运用能力的培养

针对学生未来外资企业工作的实际需要，以"国际化"为目标，注重专业英语的学习与运用，使学生能阅读英语装配的技术资料，能运用英语进行机械装配的技术交流，能运用英语进行机械装配工艺的编制。

3．以工业案例为教学内容，重视工作过程性知识学习

针对学生学习兴趣的需要，以"案例化"为目标，以来自企业并经教学加工的典型案例为教学内容，按照案例的工作过程整合理论与实践的教学，并按照其工作过程实施教学，充分采用行动导向的"六步骤"教学方法，融知识、技能、素养于案例训练之中，实施理论与实践一体化的教学，以先会后懂为教学模式，激发学生兴趣，提高学习效率，从而提高学生的综合职业能力。

4．注重自主学习，培养学生 CDIO 能力

以学期项目为中心，以"关联性"为目标，注重知识与能力的关联，通过项目全生命周期的运行，使学生在做中学，培养学生综合运用课程模块知识解决问题的能力，从而提高学生 CDIO 能力。同时，通过电子化学习中心的建设与运用，培养学生自主学习的能力。

5．以校企合作为平台，注重课程建设的服务性

根据课程在课程体系的作用，以校企合作为平台，课程建设突出"服务性"。

六、课程设计的思路

1．校企合作重构课程体系

在课程开发上，基于企业共同合作，根据基于工作过程的课程开发理念与 CDIO 工程教育理念开发课程，并形成集成化的课程体系。理实一体化课程开发过程为通过召开企业调研与职业分析会，根据专业对应工作岗位及岗位群进行典型工作任务分析，归纳形成能力模块，设计与能力模块相适应的学期项目与毕业项目，根据项目学习需要配置课程模块，其中以一门课程为主干课程，以其他专业课程为辅助课程，以公共基础课程为拓展课程，根据完整思维及职业特征分解课程为主题学习单元——学习情境，每个学习情境分担该课程部分能力要求，最

终实现工作过程知识的完整重构。同时，校企合作制定专业人才培养方案与各课程标准。

2．以来自企业的典型组件为载体组织教学内容

在选择内容时，针对机电设备和自动化生产设备中机械零部件的装配与调试这一典型工作任务，以源于企业、经过教学改造的典型组件为载体，解构了原有的理论与实践课程体系，重构了体现机电设备和自动化生产设备的操作管理、安装调试及运行维护的工作过程性知识与技能体系的理实一体化课程。同时，在选择教学内容时，吸收先进装配技术，保证机械组件的装配内容的先进性与实用性。

3．以职业成长规律序化教学情境

在设计以典型组件为中心的教学情境时，注重将知识与技能的学习置于装配的工作过程之中，加强知识与能力的关联训练。在序化教学情境时，以单一到综合、简单到复杂的职业成长规律为依据，在进行教学情境的实施时，按照每个典型组件机械装配的完整工作过程进行训练，通过系统化案例的反复训练，逐步加强学生的机械装配专业能力训练，同时，通过系统化的案例训练，使教学从一开始的"教师主导"逐步转变为"学生自主"的学习。

4．以工学结合的思路设计教学过程

为了使机械装配的学习过程与工作过程相结合，在教学设计中，以案例为中心，理论教学与实践教学一体化，教室与实训室合一，学生在学中做，做中学，既有利于提高学生的学习兴趣，又有利于机械组件的装配过程性知识的学习。

七、教学内容

（一）课程的针对性

机械组件的装配课程是针对机电一体化专业所指向的典型工作任务——机电设备和自动化生产设备中机械零部件的装配与调试教学加工得来的理实一体化课程。因此，机械组件的装配课程的内容应以典型工作任务为依据进行选择，根据机电设备和自动化生产设备中的机械零部件装配与调试岗位所需要的知识、技能与素养来要求，具体内容见表 10-2。

表 10-2　机械零部件的装配与调试所需要的知识、技能与素养

序号	主要工作内容	技能	知识	素养
1	识读装配图与资料	理解装配产品的装配技术要求	装配图的识读、装配技术要求	
2	装配组织	会编制装配工艺	装配方法、装配技术语言和装配组织形式、装配工艺编制原则	
3	无尘室的操作	能根据无尘室的要求进行正确操作	无尘室的等级、污染与控制措施、穿衣要点	
4	零件的清洗	会选择正确的清洗工艺并能正确的操作	零件的清洗工艺、清洗剂与清洗方法、清洗安全知识	1. 积极的心态 2. 良好的职业行为习惯 3. 团队合作能力 4. 沟通协调能力 5. 时间管理能力 6. 学习能力 7. 组织能力 8. 创新能力
5	设备装配	能选择合适的装配工具和测量工具，按照规定的装配技术要求和装配工艺进行设备的装配	装配工具的操作原理，测量技术，紧固件、轴承、密封件、传动机构、直线导轨、滚珠丝杠等零件的装配技术	
6	设备调整与试车	能检查并调整零部件的重要参数，能进行设备试车	各类零部件参数的测量、检测与调整方法，设备试车方法与要求	
7	设备的故障分析	能正确诊断、排除设备故障并进行记录	设备故障分析的方法	
8	设备的拆卸操作	能选择合适装配工具，按照规定的拆卸技术要求和拆卸工艺进行设备的拆卸	设备拆卸工艺过程、原则与拆卸方法，故障分析方法与处理故障的顺序	
9	现场生产管理	会进行 5S 活动	5S 的含义与操作要点	

（二）课程的适用性

1. 载体建模

为了适应高职学生以形象思维为主的特点，让学生在"做中学"，我们通过任务驱动的方式组织教学。为此，课程内容的建设关键是选择合适的载体。载体承载着课程教育目标，它不但要承载装配知识与技能的训练，还要承载一个职业人所需要的软技能训练；它不但要体现装配工作的完整过程，注重工作过程性知识与技能的学习，还要重视装配技术人员所应具备的思维训练。同时，载体不应是具体的部件，而应该是开放性的，这样有利于各学院根据地区经济特点、学生基础等因素进行技术模型的具体化。基于这些认识，机械组件的装配课程载体的技术模型如图 10-4 所示。

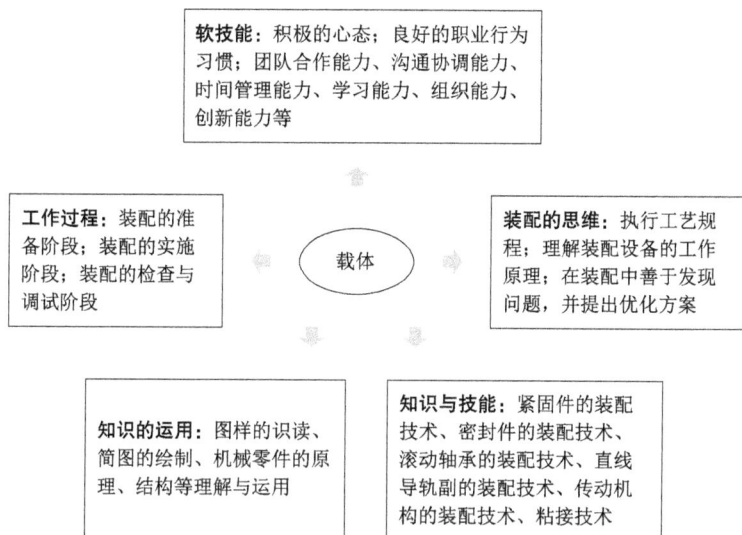

图 10-4　机械组件的装配课程载体的技术模型

2. 解构与重构

　　根据专业培养目标要求，具体落实机械组件的装配课程教学目标，以来自企业并经教学加工的典型组件作为知识与技能学习的载体，将典型组件的工作过程及其要素作为教学内容，并根据典型组件工作的需要对机械装配的知识与技能进行解构与重构，具体内容见表 10-3，以典型组件的装配工作过程为参照系，针对典型组件行动顺序的每一个工作环节来传授相关的课程内容，实现实践技能与理论知识的整合、陈述性知识与过程性知识的整合，从而实现"做中学"，突出工作过程性知识的学习。同时，根据学生的认知规律与职业成长规律，我们以机械组件的结构复杂度为教学内容的序化依据，将课程教学目标具体落实在每个教学情境的学习目标中，从而促进学习职业能力不断发展。

表 10-3　机械装配知识的解构与重构

知识与技能点	典型组件							
	1	2	3	4	5	6	7	8
装配的基础知识	√	√	√	√	√	√	√	√
无尘室基本知识						√	√	√
设备拆卸与故障分析				√			√	√
零件的清洗	√	√	√	√	√	√	√	√
固定连接的装配	√	√	√	√	√	√	√	√
滚动轴承的装配		√	√	√	√	√	√	√

续表

知识与技能点	典型组件							
	1	2	3	4	5	6	7	8
密封件的装配				√			√	√
传动机构的装配		√	√		√	√	√	√
粘接技术							√	√
直线导轨副的装配						√	√	
装配中的 5S 操作规范	√	√	√	√	√	√	√	√

3. 以组件为载体

根据机械组件的装配课程教学目标，本课程以组件为载体，选择了来自企业但经过教学加工的八个典型组件作为教学内容，八个组件如图 10-5 所示。

图 10-5　八个典型组件

在八个体现了工学结合特征的典型组件中：

（1）调整块是入门训练内容，是紧固件的操作训练，并涉及一些基本调整技术，结构比较简单，技术要求也不太高，并且给定装配工艺，学生完成起来相对比较容易，这不仅能满足学生的成就感，还有利于激发学生学习本课程的兴趣。

（2）链传动机构与齿轮传动机构是基本传动零件——链条与齿轮的装配，涉及两轴平行的调整，结构稍微有点儿复杂，技术综合性稍有提高，而且只给出装配操作要点，通过这部分学习有利于逐步提高学生的综合运用能力和学生的专业技能与装配操作的经验。

（3）减速器、同步带传动机构与平导轨引导机构的结构较复杂，逐步加入滚动轴承、联轴器、导轨及同轴度的校准训练，老师只给出了主要工艺环节，由学生完善装配工艺，再进行装配训练，这样的半开放环境，有利于提高学生的知识、技能与素养，以及学生工艺编制能力。

（4）直线导轨引导机构与直线轴承引导机构的零件数量多，结构最复杂，技术要求相对较高，由学生自行编制工艺，再进行装配操作，在这样的开放环境中，可进一步提升学生获取知识、运用知识、发现知识、传播知识与共享知识的能力，从而促进学生可持续发展能力的提高。

总之，通过由简单到复杂的八个典型组件的装配操作，使学生的装配操作技能、装配过程性知识、装配工艺编制能力、装配作业习惯养成、团队合作等综合职业能力得到进一步的提高。

虽然八个组件选取自通用机械设备，技术要求与综合能力要求也较高，但在模具等其他类型产品的装配中，其装配工艺编制、装配与调试操作技能、分析问题与解决问题的方法是一样的。

4．学习情境建设

机械组件的装配课程通过行动导向的学习情境使其具体化和细化。学习情境是项目化的小型主题学习单元，它将理论知识、实践技能、职业素养与实际应用环境结合在一起。本课程学习情境以载体为中心，将工作对象（装配图、装配工艺文件、装配产品等）、工具（机械装配工具与装配设备、装配用量具等）、方法（装配的组织方法、装配工艺编制方法、零件的装配方法、装配工具的选用与使用方法、装配产品的检查与调整方法、5S 的操作方法等）、工作要求（机械产品装配技术要求、操作安全规范、5S 规范等）等生产要素融入学习与工作的全过程，建立机械装配的学习情形与环境，从而达到陈述性知识与过程性知识以工作过程为参照系整合、理论知识学习与实践技能训练整合、专业能力培养与职业素质培养整合、工作过程与教学过程融合。

5．机械组件的装配这门课程的特征

特征就是让学生通过每个学习情境的"整体、连续"的行动过程，让学生学到普适性的机械装配工作思路，掌握工作过程性知识，适应机械装配的完整工作过程，在工作过程中形成良好的装配作业养成习惯。同时，本课程又通过八个由简单到复杂，由单一到综合的机械部件的"反复、提高"行动过程，使学生的专业能力、方法能力、社会能力得到逐步提高。

课程描述见表 10-4。

表 10-4　机械组件的装配课程描述

理实一体化课程 5 学习难度范围 2	机械组件的装配		学时：72	
职业行动领域： 在生产企业或车间接受机械产品的装配订单或任务后，装配操作工等生产及技术人员能根据装配图了解装配技术要求，并结合现有技术条件、设备条件和技术资料等，编制出机械装配工艺，能组织实施机械产品的装配组织工作，进而进行机械设备的装配操作与调试工作，获得符合技术要求或产品说明书要求的机械产品				
学习目标： 1. 理解装配产品的装配技术要求。如产品的结构、零件的作用、连接关系等 2. 根据生产类型和设备复杂程度，选择装配工作组织形式 3. 选择装配方法和工艺装备，设计机械装配工艺过程 4. 运用装配技术术语，编制机械装配工艺规程并评价，完善工艺方案 5. 遵守操作规范，使用机械装配工具和设备进行各类机械零件的装配操作与调试 6. 进行机械产品装配后的检查、调整和试车 7. 运用机械装配专业英语进行交流 8. 与小组成员合作完成装配任务 9. 进行 5S 管理活动				
学习情境	载体技术模型	难度	学时	能力目标
调整块的装配	1. 主要零件：紧固件、防松元件 2. 训练内容：调整 3. 技术要求： ①平行度：0.02 mm ②垂直度：0.05 mm ③直线度：0.05 mm ④位置尺寸精度：0.05 mm	1	12	1. 能进行紧固件的装配 2. 能对平行度、垂直度进行调整 3. 能对装配工量具进行使用 4. 能编制机械装配工艺规程
链传动机构的装配	1. 主要零件：链轮、链条、张紧轮 2. 训练内容：链传动的装配 3. 技术要求： ①轮子在水平与垂直方向的偏差量不超过 0.10 mm ②最大下垂量：按《机械装配技术》教材 P93 图 5.14 确定 ③轴的平行度：0.10 mm	1	12	1. 能进行链条的装配 2. 能对轴平行度进行调整 3. 能对 Y 轴承进行装配 4. 能对轮子进行校准 5. 能编制机械装配工艺规程

续表

学习情境	载体技术模型	难度	学时	能力目标
齿轮传动机构的装配	1. 主要零件：齿轮 2. 训练内容：齿轮的装配 3. 技术要求： ①轮子在水平与垂直方向的偏差量不超过 0.10 mm ②齿侧间隙：按相关教材确定 ③轴的平行度：0.10 mm	1	8	1. 能进行齿轮的装配与齿侧间隙的测量与调整 2. 能对 Y 轴承进行装配 3. 能对轮子进行校准 4. 能对软脚进行测量与调整 5. 能编制机械装配工艺规程
减速器的装配	1. 主要零件：轴、键、齿轮、油封、滚动轴承 2. 训练内容：滚动轴承与油封的装配 3. 技术要求 ①齿侧间隙：按相关教材确定 ②滚动轴承游隙符合标准要求 ③油封不变形	2	8	1. 能进行拆卸操作并绘制装配简图 2. 能对滚动轴承进行装配 3. 能对油封进行装配 4. 能对键进行装配 5. 能进行 5S 操作 6. 能进行零件的清洗操作 7. 能编制机械装配工艺规程
同步带传动机构的装配	1. 主要零件：同步带、联轴器、电机 2. 训练内容：同步带与联轴器的装配 3. 技术要求： ①同步带张紧量：带的振动频率 60 Hz ②轮子的偏移量：小于 0.10 mm ③同轴度：0.05 mm ④平行度：0.02 mm	2	8	1. 能对 Y 轴承进行装配 2. 能对联轴器进行装配 3. 能对同轴度、平行度进行校准 4. 能对同步带的装配与张紧量进行调整 5. 能对软脚进行测量与调整 6. 能编制机械装配工艺规程并进行评价
平导轨引导机构的装配	1. 主要零件：平导轨 2. 训练内容：平导轨的装配与调整 3. 技术要求： ①传动丝杠轴向间隙：0 mm ②滑块间隙：0 mm ③水平：0，2/100 mm	2	8	1. 能进行平导轨的装配 2. 能对丝杆副进行装配 3. 能进行装配后的检查与调整 4. 能进行 5S 操作 5. 能编制机械装配工艺规程并进行评价
直线导轨引导机构的装配	1. 主要零件：直线导轨、滚珠丝杠、传感器 2. 训练内容：直线导轨的安装、运动的控制、故障排除 3. 技术要求： ①水平：0，1/1 000 mm ②导轨平行度：0.02 mm	3	8	1. 能进行直线导轨的与装配 2. 能对滚珠丝杠进行装配 3. 了解无尘室的操作要求 4. 了解系统故障分析方法 5. 能编制机械装配工艺规程并进行评价

续表

学习情境	载体技术模型	难度	学时	能力目标
直线轴承引导机构的装配	1. 主要零件：直线轴承、滚珠丝杠、同步带、蜗轮蜗杆、传感器、电机 2. 训练内容：直线轴承、蜗轮蜗杆的装配，综合训练 3. 技术要求： ①水平：0，1/1 000 mm ②导轨平行度：0.02 mm ③传动丝杠轴向间隙：0 ④蜗轮蜗杆间隙：小于 0.05 mm	3	8	能进行直线轴承的装配；轴的平行度校准；同步带的装配；滚珠丝杠的装配；蜗轮蜗杆的装配；能进行设备的调整操作；能进行零件的清洗操作；能编制机械装配工艺规程并进行评价
对象	工具、方法及工作组织			要求
1. 装配图 2. 装配工艺文件 3. 装配部件	工具： 1. 机械装配工具与装配设备 2. 编制装配工艺的规范、图表、手册 3. 编写装配工艺文件的标准 4. 装配工具及装配设备使用说明书 5. 装配用量具 6. 通用计算机 方法： 1. 装配的组织方法 2. 装配工艺编制方法 3. 零件的装配方法 4. 装配工具的选用与使用方法 5. 装配产品的检查与调整方法 6. 5S 的操作方法等 工作组织： 1. 小组分工协作 2. 不同工作部门之间的合作			1. 符合机械产品装配技术要求和产品说明书的要求 2. 符合操作安全规范 3. 工作现场符合 5S 规范的要求 4. 符合成本节约要求

八、教学内容的组织与安排

在每个学习情境的设计中，以载体为中心，融入实际生产要素：工作对象、使用工具、工作方法、组织和工作的要求，形成机械组件装配的学习情形与环境，使学生在真实的环境中养成职业习惯，在真实的工作过程中掌握工作过程性知识，构建属于自己的知识体系，进而提高学生的综合职业能力。

（一）学习情境的安排

学习情境的安排体现在对教学内容组织的纵向安排上，依据人的学习认知规律和职业成长规律对学习情境进行排序，八个教学情境按照装配技术从单一到综合、部件结构从简单到复杂的原则进行排序，先从简单调整块开始，再学习链传动、齿轮传动的装配，进而学习较复杂的减速器的装配，最后进入精度要求高且综合性强的平导轨引导机构、直线导轨引导机构和直线轴承引导机构的装配，此过程逐步强化了学生机械装配工艺与操作的综合能力培养。

（二）教学内容的组织

教学内容的组织体现在教学内容组织的横向安排上，采用行动导向的教学方法，按照工作过程的六个步骤：资讯、决策、计划、实施、检查、评价进行组织教学，以八个典型装配组件的工作过程为依据整合、序化教学内容，从识读装配图、工艺分析、制定工艺、装配操作到最后的检查与调试组织教学内容，涵盖各组件的装配组织、工艺、装配技能、调试等内容，并根据工作流程中的环节需要实施理论与实践的整合教学，培养了学生的以不变应万变的职业能力，具体的组织与安排如图 10-6 所示。

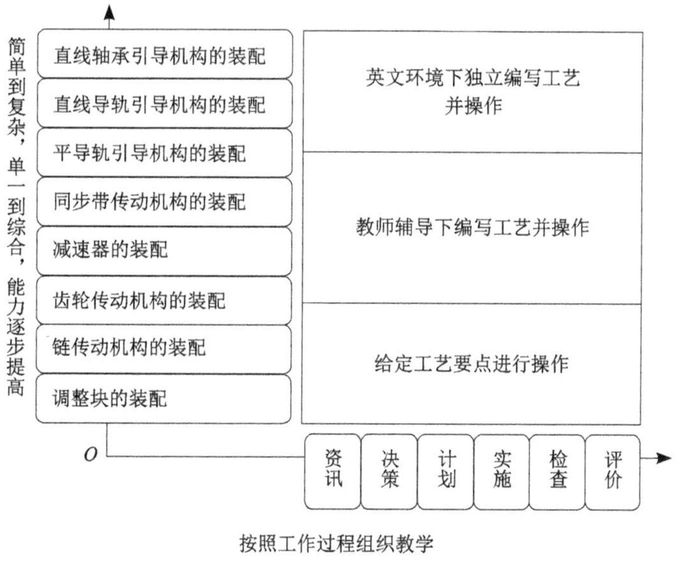

图 10-6　教学内容的组织

对于八个学习情境进行教学内容选择、教学方法和手段选择、教学组织安排后，教学实施时的学习任务难度、教师指导工作量、学生独立完成任务的程度将呈现如图 10-7 所示的规律。

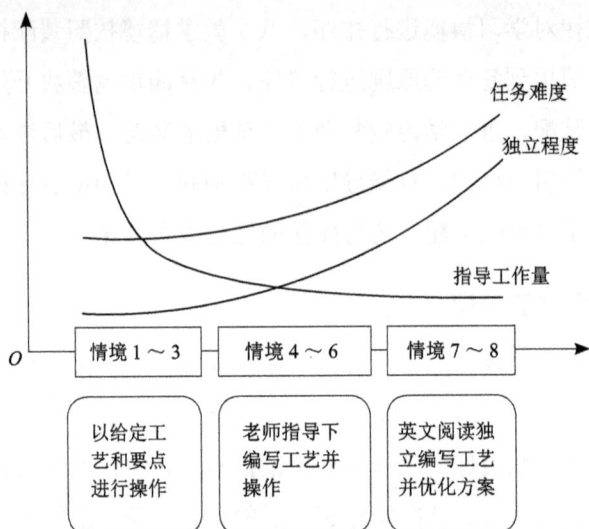

图 10-7　学习情境教学曲线

下面以第七学习情境为例，说明教学内容组织与安排，具体内容见表 10-5。

表 10-5　学习情境 7

学习情境 7：直线导轨引导机构的装配		学时：8	
1. 学习目标 根据给定的装配图样进行直线导轨引导机构装配工艺分析，编制装配工艺并进行评价；能进行直线导轨的装配；能进行滚珠丝杠的装配；能进行传感器的装配与调试；能进行系统故障的分析与排除；了解无尘室的操作要求；能进行 5S 操作			
2. 教学方法建议 案例教学法、分组讨论法、讨论辅导法、角色扮演法、六步教学法			
3. 教学实施			
行动过程	工作任务	教学组织	学时
资讯	分析装配图信息、理解装配技术要求；了解机械装配的编制规则、标准；了解机械零件的相关知识；其他信息	公布任务，教师协调下的学生自愿分组，明确分工；提出资讯建议，提供获取资讯的方法与途径信息；关注装配工艺过程、装配术语；重视直线导轨与滚珠丝杠的特点分析	1
决策	拟定装配工艺过程，确定装配工具	对工艺过程方案，提出可行性方面的质疑，提供指导意见；帮助形成工艺方案结论；关注装配工具的选用与使用	

续表

行动过程	工作任务	教学组织	学时
计划	编制装配工艺规程，填写工艺文件，制订工作计划等	关注工艺规程编制中的基本知识，关注使用手册等工具的能力，关注学生对装配工艺规程的评价，制订重要节点的项目进度检查计划	2
实施	按照装配工艺规程进行装配与调整操作	关注直线导轨的装配；关注滚珠丝杠的装配；关注直线导轨与底板的平行度测量与调整；关注设备运行与故障分析及排除；关注现场 5S；控制工作进度	4
检查评价	对照评价表进行自评、互评与师评，分析工作过程，提出改进措施等；技术文档归档；完成实训作业	评价任务完成质量；关注团队合作、沟通与协调、5S 的评价等	1

4. 对象
装配图、装配工艺文件、运动控制程序、直线导轨引导机构

5. 工具
装配图、装配工具（内六角扳手、扭矩扳手、开口扳手、塑料锤、平板、弹性挡圈钳、套筒、起子）、量具（百分表、水平仪），编制加工工艺的规范、图表、紧固件标准手册、直线导轨标准手册、滚珠丝杠标准手册、编写工艺文件的标准、通用计算机、课件、白板、多媒体等

6. 教学重点
直线导轨的装配与调整技术；滚珠丝杠的装配技术；系统故障分析方法

7. 考核与评价
软技能与装配思维能力的考核占 40%；装配知识运用、装配工艺与技能考核占 60%

九、教学方法与手段

（一）教学模式的设计

1. 先会后懂

以实践为先导，以任务为本位，将理论与实践的顺序颠倒过来，先通过实践去完成任务，体验真实的职业情境，并总结出属于自己的经验，然后再去学习理论，探索与拓展知识，从而激发学生的学习动机。

2. 教学工厂

为了避免机械装配理论与机械装配技能的割裂，促进学生机械装配经验的形成，从而有利于学生机械装配技术知识的建构。因此，机械组件的装配教学将课堂与实训室合二为一，实现课堂与实训室一体化，完全营造真实的机械装配生产

环境，形成教学工厂型实训基地，从而让学生在真实的环境中进行机械组件装配学习。

3. CDIO 模式

在机械组件的装配教学中，以案例为中心，以行动过程为导向组织教学，通过"资讯、决策、计划、实施、检查、评价"六个行动过程，采用"做中学、做中教"的教学方法，注重知识与能力的关联，从而提高教与学的效果及学生获取知识、运用知识、团队合作与沟通等职业能力。在课外，以学期项目为载体，综合运用机械装配等课程的知识，在培养学生专业技能的同时，培养学生获取知识、运用知识、共享知识与发现知识的能力。

（二）教学模式的创新

1. 软技能的渗透教育

（1）将企业的 5S 管理引进机械装配实训之中，强调物品及时归位，关注工作环境，注重学生的作业养成教育，培养良好的职业行为习惯。

（2）注重小组合作训练，加强学生的合作能力、沟通能力、组织能力等职业能力的培养。

（3）加强职业道德教育，在教学中引进企业案例，加强爱岗敬业、吃苦耐劳的良好思想。

（4）品德教育促进积极心态的形成。这是素质教育进课堂的创新，也是企业文化引进课堂的创能。

2. 自主学习能力的培养

在机械组件的装配课程学习中，以案例为学习载体，以电子化学习中心为平台，在课堂中，以学习指南为工具，让学生在案例学习中发现问题，在学习指南等学习资源中获取知识，弄清设备工作原理、装配方法等，从而为机械组件的装配学习提供帮助；在课后，学生通过网络课程进行复习巩固与拓展学习，从而培养学生的自主学习能力，这是学习方法上的创新。

3. 知识的综合运用

学生在装配操作中，学习和综合运用以前机械图样的识读与绘制、机械零部件的选型与设计等课程的有关知识，起到了巩固、消化和运用所学知识的作用，做到理论与实践的紧密结合，这是课程改革的一个重要创新。

十、教学方法运用

在理实一体课程中，要充分发挥学生在教学中的主体地位，充分调动学生的学习兴趣，加强老师与学生的互动交流，特别是要注重学生综合运用能力的培养，因此行动导向的教学方法就成为必然选择。在教学方法上，通过案例教学、分组训练、讨论辅导、经验分享、角色扮演法与六步教学法等多种教学法的组合使用，来提高学生的学习能力，具体运用方式如图 10-8 所示。

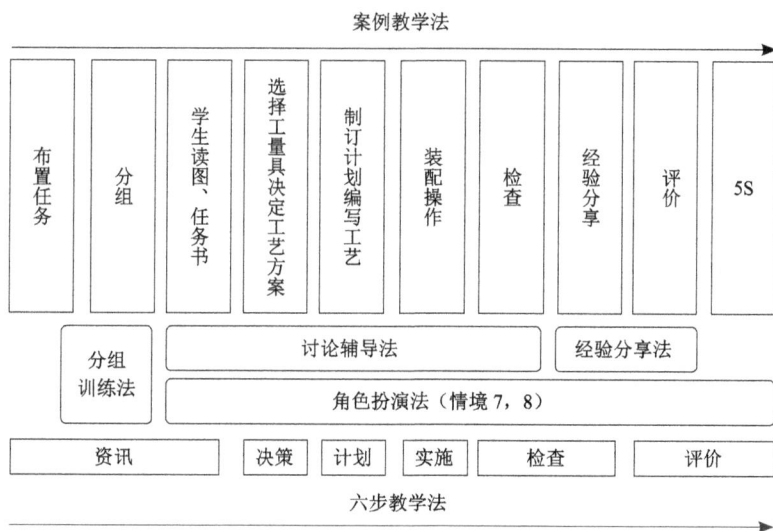

图 10-8　多种教学方法的组合使用

1．案例教学法

所谓案例教学法，实际上是一种"做中学"的形式，以企业中一些典型组件的装配工艺作为案例，让学生按照案例的工作过程进行学习与训练，使理论知识、实践技能、职业素养与实际应用环境结合在一起，从而达到工作过程与教学过程的融合。

2．分组训练法

采用小班制（24 人）组织教学，通过 4 个学生组建成一个学习小组，进行一个项目的合作训练，使学生学会计划、学会分工、学会共处、学会协调、学会做人，并在讨论中掌握知识，提高动手能力。

3．讨论辅导法

在学生进行操作时，指导老师通过问答式等交流形式，对学生进行知识与技能的辅导，加强师生讨论与交流，注重探究式学习，提高教学质量。

第 11 章　检测技术及仪表

一、课程设置

(一)课程性质

1. 检测技术及仪表课程是生产过程自动化技术专业的一门核心课程

生产过程自动化技术专业办学定位为高等职业教育,人才培养目标是生产过程自动化行业生产第一线的高等技术技能型人才。具体定位于工业仪表及自动控制系统的安装、调试、操作、维护和自动化仪表设备的销售、售后服务等岗位。

该课程是生产过程自动化技术专业的一门重要核心课程,是完成专业培养目标必修的专业课之一,是该专业学生接触的第一门核心专业技能课程。在高职生产过程自动化技术专业的知识、能力和素质结构中,本课程占有重要地位。

在生产过程自动化技术专业基于工作过程的课程体系中,本课程的前续课程有"机械制图与识图""低压线路安装与维修""电子产品组装与调试""单片机接口技术""电子测试技术"等,前续课程主要为本课程的学习提供必要的工程识图、电子线路分析测量仪器使用、智能仪表的设计等知识和技能基础;后续课程有"控制仪表与系统""控制系统设计与维护""热工仪表修理工技能综合训练""总线控制系统设计与调试""DCS 控制系统设计与调试"等,后续课程为其提供必需检测仪表的选型、安装、调试、应用等技术技能基础。

2. 该课程是热工仪表修理工中、高级证书对应的核心课程

生产过程自动化技术专业毕业生主要就业岗位是仪表及自动化系统的安装工、操作工和维修工,热工仪表修理工中、高级证书是从事这些职业所必备的职业资格证书之一,该职业资格证书考核提出的应知、应会知识中,检测技术及仪表课程内容占 40% 以上。

3．该课程是培养学生职业素质的重要课程

通过该课程教学中对学生进行仪表安装、调试、性能分析等规范化训练，达到开展职业化素质教育的目的。具体措施有：

（1）通过撰写报告、规范操作、分析总结，培养学生严格执行行业标准，养成严谨细致、认真务实的职业素质。

（2）通过在企业仿真环境中，企业化管理，组织完整的工作过程，培养学生岗位责任感和敬业精神。

（3）实训中，采用分组讨论、分组实训的方法，使学生相互间合作，逐步培养团队意识和团结协作精神。

（二）课程作用

该课程以日常生活中的实用案例为载体，将生产过程自动化技术专业从事自动化仪表的选型、安装、调试、操作等工作所需要的知识、技能和职业素养融入工作任务中进行培养，同时培养学生团结协作、计划组织、自主学习的素质，使学生逐渐适应"仪表工"的岗位。

二、课程设计的理念与思路

（一）课程设计理念

生产过程自动化技术专业通过对行业和企业的深入调研，借鉴国内外先进的职业教育课程开发理念和开发方法，结合现代制造业人才需求，参照仪器仪表行业职业标准，结合"仪表工"的岗位群特点，以职业活动为中心，依据高职教育目的，进行典型任务分析、行动领域的归纳和学习领域的设计，开发了符合现代职业教育规律和学生认知规律的课程体系。

1．以企业真实工作对象为载体，基于"工作过程"进行课程开发，设计学习情境

"仪表工"的工作任务主要是各种参数测量仪表的选型安装和调试（维护），因此以真实的企业案例和生活中的实用仪表为载体，设计了蒸汽温度的测量、热电偶温度变送器的调试等学习情境，再按照企业的工作过程进行具体的项目实施，保证学生在校期间完成岗位技能和知识的充分积累，使学生毕业后马上

胜任工作岗位。

2. 加强"工学交替"，科学有效地利用企业现场、理实一体化教室、仿真实训室等教学环境，采取"企业—学校—企业"三段式教学法。

经过多年的校企合作，在组织每个学习情境时，首先带学生到企业现场实习一天，明确"仪表工"的岗位职责，了解该学习情境应该掌握的知识和技能，明确工作任务，再回到学校的理实一体化教室或仿真实训室，在教师的指导下完成工作任务，掌握操作技能，充实理论知识，最后在四个基本的学习情境完成后，再安排一周集中的综合实训，让学生在企业真实的环境中再熟练操作，巩固在学校所学的基本技能，进一步提高操作水平，具体的"工学交替"构建内容如图 11-1 所示。

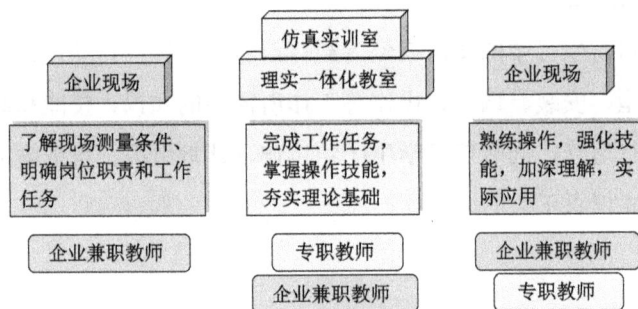

图 11-1 "工学交替"构建

在这样三段式的教学过程中，我们注意协调企业兼职教师和学校专职教师，充分利用了教师资源。在企业现场教学时，以兼职教师为主，专职教师为辅；在学校教学过程中则以专职教师为主组织教学，充分发挥各自的优势。

3. 以"行动导向"组织"项目教学"，以学生为主体实施"理论实践一体化"教学

在过去系统化的教学模式中，我们追求的是知识的系统性，所以学习某种测量仪表时是按照常规的讲解规律进行教学，顺序是原理—结构—性能分析—选型安装—调试。学生在前面理论知识学习时，不清楚学习的目的，没有学习兴趣和动力。

以"行动导向"设计教学过程是按照"仪表工"的实际工作程序来组织教学，即了解工作任务—查找资料、现场参观—设计操作步骤—实际操作—总结归纳。在这个教学过程中根据需要来讲解补充必要的理论知识，实现"理论实践一

体化"教学。

在"行动导向"的教学过程中，坚持以学生为主体，让学生主动去收集资料、汲取知识、寻求解决问题的途径。教师只是一个引导者、组织者和评价者，在整个教学过程中根据工作任务进程的需要给予"必要的、适度的"项目指导和知识传授，保证工作过程顺利有序进行，从而促进学生技能水平与理论水平的同步提升，具体的对比关系如图 11-2 所示。

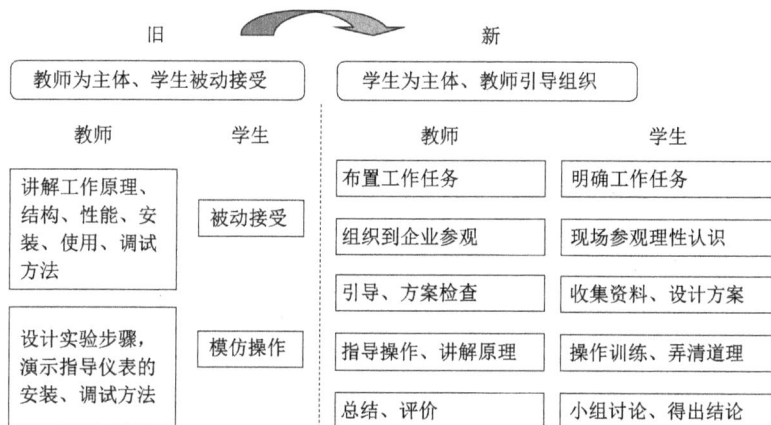

图 11-2　项目教学对比

4. 以"强化能力、重在应用"为指导思想，理论知识够用为度

理论不再作为基础铺垫在实训操作前一并教授给学生，而是在学生实训过程中，产生对理论知识的需求和渴望时再进行"适度、适时"的传授，这样不仅能充分调动学生的求知欲，还可以提高学习效率和教学效果。

（二）课程设计思路

首先进行充分的企业调查，明确岗位知识、能力、素质和工作任务，其次对工作任务细化分解，确定典型工作情境，再次融合职业标准确立课程的能力目标和知识目标，以"必需够用"为度，选取教学内容，设计"理论实践一体化"教学模式，最后根据企业的工作过程，选择合适的载体，设计学习情境，确立教学单元目标，设计教学方法，制定教学流程，大力进行教学条件建设，具体的思路和步骤如图 11-3 所示。

课程设计中，课程组做到了与企业深度合作，广泛采纳行业专家、企业技术人员的意见，紧紧围绕岗位需求选取教学内容，融"教、学、做"为一体，以学生为中心，以能力培养为重点，突出职业技能训练和职业素质培养。

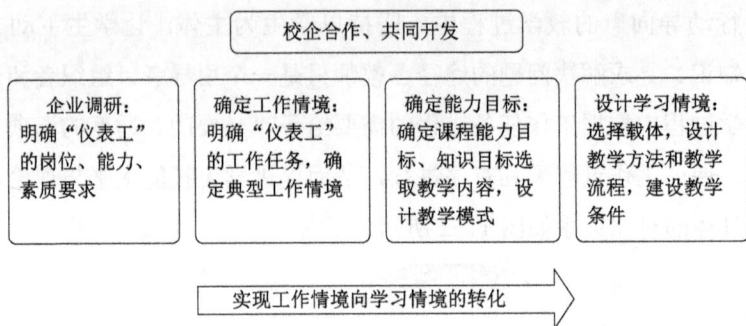

```
              ┌─────────────────────┐
              │   校企合作、共同开发   │
              └─────────────────────┘
```

┌──────────────┐ ┌──────────────┐ ┌──────────────┐ ┌──────────────┐
│企业调研：   │ │确定工作情境：│ │确定能力目标：│ │设计学习情境：│
│明确"仪表工" │ │明确"仪表工" │ │确定课程能力目│ │选择载体，设计│
│的岗位、能力、│ │的工作任务，确│ │标、知识目标选│ │教学方法和教学│
│素质要求   │ │定典型工作情境│ │取教学内容，设│ │流程，建设教学│
│   │ │   │ │计教学模式   │ │条件   │
└──────────────┘ └──────────────┘ └──────────────┘ └──────────────┘

        ┌─────────────────────────────────┐
        │   实现工作情境向学习情境的转化   ═══▷
        └─────────────────────────────────┘

图 11-3　课程设计思路

（三）能力、素质目标设计

通过广泛深入的企业调研，我们将生产过程自动化技术专业毕业生的主要工作岗位定位于仪表检修工、仪表装配工、自动控制系统维护工等，在该行业中，一般统称为仪表工。

仪表工应该具备仪表的生产、使用、维护和控制系统的安装、调试、操作能力，还应该具备严谨细致、认真务实的职业素质。

该课程作为学生接触的第一门重点专业课程，即是学生岗位能力培养的关键一环，也是进一步培养其他岗位能力的基础。通过该课程学生要达到如下的课程目标：

1．能力目标

（1）根据测量条件和测量对象选择合适的测量元件或仪表。

（2）熟悉相关的规范和标准，能够正确安装、使用各种测量仪表。

（3）熟悉各种测量仪表的特性，能够规范地完成仪表调校工作。

（4）能够熟练使用稳压电源、电子电位差计、万用表等测量仪器，完成仪表调试。

（5）能够根据控制系统的要求，正确选择仪表的精度等级。

（6）能够通过现象分析查找检测仪表的故障。

（7）能够制定合理的安装、调试、检修方案。

（8）能够正确进行数据分析，书写仪表调试、检修报告单。

2．知识目标

（1）掌握仪表的结构和原理。

（2）掌握各种仪表的功能和特性。

（3）理解和掌握仪表选型、使用、调校的规范要求。

（4）理解和掌握仪表维护、管理的要求。

（5）掌握故障分析、处理的基本方法。

（6）掌握数据处理、分析，书写报告单据的标准。

3．素质目标

（1）语言表达、自我表现能力。

（2）团队协作与沟通能力。

（3）爱岗敬业、严谨细致、认真务实的工作品质。

（4）实事求是、吃苦耐劳的工作作风。

（5）分析问题、解决问题的能力。

（6）采用丰富的网络资源收集资料、自主学习能力。

（四）课程内容设计

在"仪表工"的工作任务中，与该课程相关的工作任务主要是仪表的选型、安装、使用、调试、检修等，而仪表的种类繁多，有用于温度、压力、流量、物位测量的各种仪表，因此每种典型仪表的安装、使用、调试、检修就构成了"仪表工"典型工作情境中的一部分。

检测仪表主要应用于企业自动控制系统，而热电厂是仪表应用最为集中和全面的地方，日常生活中也有一些应用，因此，我们以 150T/H 蒸汽锅炉自动控制系统中的检测仪表为主要载体，以日常生活中仪表为辅助载体，设计了学习情境。

根据每个学习情境的特点确定教学单元的目标，将学习情境根据复杂程度分解为 2～4 个子学习情境。在教学过程中，再将子学习情境转化为 1～4 个具体工作任务来实施。对于每个具体工作任务再进行具体的教学方法设计，选择合适的教学地点，安排企业兼职教师或学院专职教师进行教学。对于不够完善的教学条件及时完善和改进，具体内容见表 11-1。

表 11-1　工作内容的设计

学习情境	子学习情境	知识点	工作任务	学时
温度测量仪表的使用	室温的测量	直读式温度计	温标、玻璃管温度计使用	2
	蒸汽温度的测量	热电偶温度计的应用	企业现场实习	8
			热电偶温度计选型安装训练	4
			一体化温度变送器的安装接线训练	2
			热电偶温度变送器调试训练	2
	汽包进水温度的测量	热电阻温度计的应用	热电阻温度计安装接线训练	4
			热电阻温度变送器调试训练	2
	移动人群体温测量	辐射测温技术应用	辐射测温仪表选型安装训练	2
压力测量仪表的使用	管道压力的现场指示	弹簧管压力计的使用	企业现场实习	8
			弹簧管压力计选型训练	2
			弹簧管压力计校验训练	4
	汽包压力的测量与远传	压力变送器	压力变送器的调试	4
			电气式压力计的设计、使用	2
流量测量仪表的使用	汽包进水流量的测量	节流式流量计	企业现场实习	8
			节流式流量计安装使用	4
			差压变送器的操作规程训练	2
	空气流量测量	转子流量计	转子流量计安装与校验训练	4
	电厂用水总量测量	速度式流量计	速度式流量计安装使用	2
	家庭用煤气、用水量的测量	体积式流量计	体积式流量计应用	2
物位测量仪表的使用	汽包水位测量	静压式液位计	企业现场实习	8
			静压法液位测量中零点迁移量确定	2
			液位测量用差压变送器的调试训练	2
	油箱油量测量	浮力式液位计	浮力式液位计调试	2
	粮仓的储量测量	电容式液位计	电容式液位计应用	2
	豆浆机的防溢控制	导电式液位计	导电液体的液位测量与控制	2
检测仪表综合应用训练	—	综合训练	企业综合实训一周	30

（五）课程考核方法设计

改革课程考核方法，要做到九个结合，即过程考核与终结考核相结合；理论考核与实践考核相结合；口试、笔试、操作相结合；开卷、闭卷、上机考试相结合；卷纸与报告总结相结合；技能考核与素质考核相结合；校内教师评价与企业教师评价相结合；学生自评、互评相结合；课程考核与职业技能鉴定相结合。

课程考核通过过程考核和终结考核的形式对学生知识、能力、素质进行综合评价。其中，过程考核是在课程学习过程中的日常考核，重点考核学生的专业能力、方法能力和社会能力，由专职教师、企业兼职教师、学生共同参与。终结考核是课程结束后的综合考核，考核形式可以采用开卷、闭卷、操作考核等多种形式，重点考核学生职业行动的完整性、规范性和职业素质，考核内容要与职业技能鉴定内容紧密衔接，由专职教师、企业兼职教师参与，具体考核内容、方式及权重见表 11-2。

表 11-2　评价与考核

考核分类	考核方式	权重
过程考核（50%）	教师评价平均值	30%
	学生自评互评平均值	20%
终结考核（50%）	理论考核（开卷、闭卷、上机）	25%
	技能考核	25%

过程考核中的教师评价、学生自评互评是在每个学习情境实施过程中完成的，具体评价体系分别见表 11-3、表 11-4。

表 11-3　教师评价表

学习领域	检测技术及仪表		总学时：116		
学习情境			学时		
子学习情境 1-1			学时		
工作任务 1-1-1			学时		
班级		团队负责人			
团队成员					
评价项目		A	B	C	D
资讯	技术资料收集能力	15	13	11	9
决策	系统方案制订、决策能力	15	13	11	9
计划	工作计划制订能力	15	13	11	9
实施	对方案实施并优化的能力	20	16	14	12
检查	发现问题并解决问题的能力	15	13	11	9
评价	工作成果展示能力	10	8	7	6
	对工作过程和成果的评价能力	10	8	7	6
总分					
检查教师（专职教师或企业兼职教师）			日期		
学生确认			日期		

表 11-4 学生自评互评表

学习领域	检测技术及仪表		总学时：116				
学习情境			学时				
子学习情境 1.1			学时				
工作任务 1.1.1			学时				
班级		团队负责人		团队成员			
评价项目		评定标准	自评	互评 1	互评 2	互评 3	团队
专业能力（50分）	应用工具能力	优（10）中（7）差（4）					
	规范操作能力	优（10）中（7）差（4）					
	操作技巧	优（10）中（7）差（4）					
	数据处理能力	优（10）中（7）差（4）					
	总结归纳能力	优（10）中（7）差（4）					
方法能力（30分）	独立学习能力	在教师指导下，借助学习资料，能够独立学习新知识、新技能，完成工作任务。 优（8）中（5）差（2）					
	分析并解决问题能力	在教师指导下，独立解决工作中出现的各种问题，顺利完成工作任务。 优（8）中（5）差（2）					
	获取信息能力	通过网络、期刊、专业书籍、技术手册等获取信息，整理资料，获取所需知识。 优（7）中（4）差（2）					
	整体工作能力	根据工作任务，制订、实施工作计划，工作过程和产品质量的控制与管理。 优（7）中（4）差（2）					
社会能力（20分）	团队协作和沟通能力	工作过程中，团队成员之间相互沟通与协商，具备良好的集体意识，通力合作，圆满完成任务。 优（7）中（4）差（2）					
	工作任务的组织管理能力	能完成工作过程中组织与管理，与相关人员协作，注意劳动安全。 优（7）中（4）差（2）					
	工作责任心与职业道德	具备良好的工作责任心、社会责任心、集体意识和职业道德。 优（6）中（4）差（2）					
		小计					
		总分 = 自评 ×30%+ 互评 ×30%+ 团队 ×40%					
检查教师			日期				
学生确认			日期				

终结考核中技能考核是由教师选定最具代表性的七个训练项目，学生从中抽取两个项目考核，评价标准都是针对具体操作技能要求而制定。如差压变送器调校项目评价标准，具体内容见表 11-5。

表 11-5　考核要求及评分标准

	序号	考核要求及评分标准	配分	扣分	得分
试卷（1）差压变送器调校（25分）	1	接线	3		
	2	稳压电源使用	2		
	3	问题 1：（根据操作情况，由考评教师随机提出）	2		
	4	问题 2：（根据操作情况，由考评教师随机提出）	2		
	5	零点调整，确定范围	2		
	6	量程调整，确定范围	2		
	7	零点迁移调整	2		
	8	升、降行程规程	2		
	9	毫安表、压力表读数	3		
	10	测量基本误差和变差	3		
	11	测量基本误差和变差计算结果	2		

P 输入 MPa										
IO（理论）										
IO（实际）	升	降	升	降	升	降	升	降	升	降

基本误差		变差	
基本误差、变差处理过程：（包括计算公式）			
本题总得分　　　考评员签字　　　月　日			

三、教学内容

1. 教学内容选取充分考虑生产过程自动化技术专业毕业生就业岗位能力需求

生产过程自动化技术专业毕业生主要就业岗位是电力、机械制造等各行各业自动控制系统的操作和维护岗位，学生需要掌握仪表及自动控制系统的安装、操作、维护、维修等知识和技能。通过对该课程的学习，学生就是要掌握有关检测仪表的知识和技能，养成严谨细致、认真务实的工作作风。

2. 课程内容具有应用性、针对性

课程内容以企业仪表应用的典型实例和日常生活中的实例为教学载体进行情境教学，针对实际的测量对象、测量条件，针对真实的故障，在真实的环境中培养学生实际分析问题、解决问题的能力。掌握的知识和技能能够满足在任何行业企业进行仪表安装维护的需求，就业后能够直接应用。课程内容具有应用性和针对性。

3. 考虑学生职业生涯的发展和职业的迁移性

课程内容根据检测仪表安装、操作、调试、维护和维修职业岗位在行业生产发展中的实际作用，由行业专家和课程组教师根据生产过程中的任务、岗位能力进行归纳提炼而成。按照这个教学内容培养的学生不仅具备"仪表工"必需的岗位能力和知识，还能够为进一步学习控制系统的维护使用等后续知识、技能奠定坚实的基础，能够为应对今后工作岗位中可能遇到新仪表、新技术、新问题储备能力和素质。

四、教学内容的组织与安排

（一）组织教学内容

本课程内容具有典型的模块化特点，即学习温度、压力、流量、物位四大典型参数的测量方法。掌握相关各种仪表的应用技能，四大参数的测量方法间互相没有联系，同一参数的不同测量方法间也是相互独立。因此，该课程的教学情境设计是按照参数类型不同划分成了五个基本学习情境，即温度测量仪表的使用、压力测量仪表的使用、流量测量仪表的使用、物位测量仪表的使用和检测仪表综合应用训练，具体内容如图 11-4 所示。

该课程所设计的学习情境和工作任务都是以 150T/H 蒸汽锅炉和身边的实际环境为载体，完成不同对象、不同介质的热工参数的测量任务。以温度测量仪表的应用为例，根据温度计在锅炉系统和日常生活中的用途不同，将其分为四个子学习情境，即室温的测量、蒸汽温度的测量、汽包进水温度的测量、移动人群体温测量。再根据子学习情境的复杂程度，按照实际工作过程，将其分解为 1 ~ 4 个工作任务来组织教学。

学习情境　　　　　　　　　子学习情境

检测技术及仪表

温度测量仪表的使用
- 室温的测量
- 蒸汽温度的测量
- 汽包进水温度的测量
- 移动人群体温测量

压力测量仪表的使用
- 管道压力的现场指示
- 汽包压力的测量与远传

流量测量仪表的使用
- 汽包进水流量的测量
- 空气流量测量
- 电厂用水总量测量
- 家庭用煤气、用水量的测量

物位测量仪表的使用
- 汽包水位测量
- 油箱油量测量
- 粮仓的储量测量
- 豆浆机的防溢控制

检测仪表综合应用训练

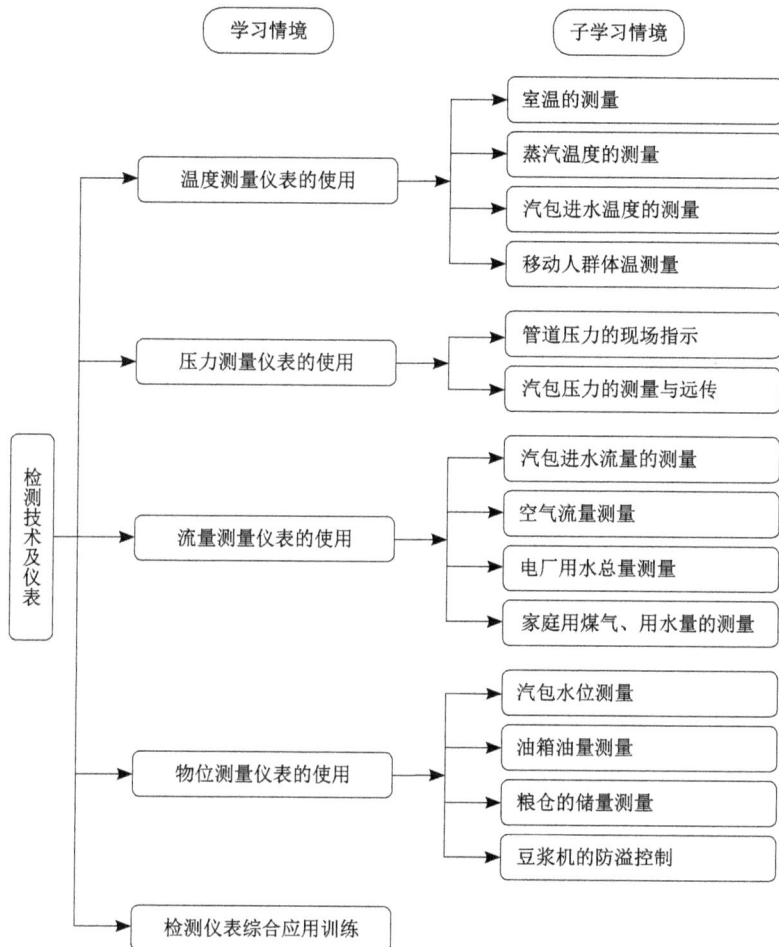

图 11-4　学习情境构建

（二）基于工作过程构建教学过程

本课程的教学内容包括基本知识（仪表的测量原理、结构、特性）、基本技能（仪表安装、调试、操作的过程和方法）和分析方法（根据现场观察的现象或实际测量的数据进行综合分析判断和处理故障，对仪表性能给出准确的评价）。但是教学内容并不是按照系统化教学中的"基本知识→基本技能→分析方法"这样一个顺序来组织的，而是从感性到理性，从简单到复杂，基于工作过程构建教学过程。即通过具体的项目训练，使学生掌握操作技能和规范，再适时地补充相关的知识，让学生知道为什么要这样操作，从感性认识升华到理性认识；项目的设计是从简单到复杂，先是仪表的选型与安装，再到仪表的调试、故障处理，逐步深入，适应学生的认知规律；项目的实施是按照行业规范的工作过程来有序进行，符合行动导向的原则。

教学团队遵循职业岗位规范，教学过程中采用行动导向的教学方法，把课堂放到理论实践一体化教室、企业现场、仿真实训环境中，把理论教学与实践教学有机结合起来，边讲边练，做得"教学做一体化"。

教学按照工作过程六步法进行，即资讯、计划、决策、实施、检查与评估，将生产过程自动化技术专业学生胜任"仪表工"岗位所需要的知识、技能和职业素质融入十四个子学习情境中培养，使学生能够掌握仪表的选型、安装、维修、维护的综合技能，同时培养学生团结协作、计划组织、自主学习的能力，养成严谨认真的职业习惯。

（三）教学方法与手段

该课程的教学情境设计首先是按照参数类型不同划分成五个学习情境，再根据同一种测量参数的典型测量对象和测量条件将学习情境划分十四个子学习情境，最后按照完成子学习情境的工作过程来设计成对应的 1～4 个具体工作任务。每个工作任务按照工作过程来序化内容，课堂教学与实训教学相结合，任务驱动，学练同步，做到理论与实践一体化，最终实现能力目标和知识目标。

本课程是在学生进入企业了解工作任务、工作环境及企业实际工作过程的基础上，以工作过程为导向，实施任务驱动、理实一体化的教学模式，以真实的职业实践环境、真实的工作过程、完善的学习资料、丰富的教学资源作为支撑，灵活采用现场教学、实物演练、项目教学法、引导文、角色扮演等教学方法，利用网络交互学习、模拟仿真实训等教学辅助手段，让学生作为课程学习的主角，由校内"双师素质"教师和企业兼职教师共同指导和组织教学，从而加强学生专业能力、方法能力和社会能力的培养。

本课程将检测技术及仪表的知识点和操作技能要点穿插到各个学习情境中进行学习。在"以工作过程为导向"的教学模式中，教师是工作过程的组织者和协调人，学生是学习工作的主体。在教学过程中，遵循"做中学、学中做"的教学原则，在学习性工作情境中，以完成项目为目标，以工作过程为主线，以企业工作组织形式，小组为团队，将学习过程映射为工作过程，在自主学习过程中完成指定任务。在整个学习过程中，教师要引导学生清晰地知道所学知识有什么用、怎么学、怎么学得更好。

1. 以"资讯、计划、决策、实施、检查、评价"完整的"六步骤"方法组织教学

（1）资讯：教师布置团队工作任务，小组讨论分析任务书，明确任务、目标，收集整理资料。

（2）计划：利用各种教学资源独立学习，小组讨论分析，拟订几个可行方案。

（3）决策：小组讨论比较几个可行方案，选择最佳方案，确定工作计划，这个过程中，指导教师要给予适当的指导和帮助，保证做出正确的决策。

（4）实施：按照既定的解决方案实施，记录实施过程的现象和数据。

（5）检查：按照职业标准进行检查，小组讨论进行评价工作完成过程中较好和不足的部分，分析总结数据，得出正确的结论。

（6）评价：组织学生自评和互评，教师对小组进行总评。

2. 教学过程的主要创新点

（1）学校教育与企业现场教学紧密结合。组织每个学习情境之前都组织学生到企业亲身体验工作过程，明确工作任务、工作性质和工作意义。

（2）强调协作学习，学生通过小组分工、协作，共同完成每一个项目，培养学生的综合分析、解决问题能力和创新能力。

（3）突出学生的主体地位，通过丰富的网络资源和情境教学，修改了过去教师控制整个教学环节的传统模式，为学生的探究性学习和自主学习提供了有效的资源，增强了学生学习的主动性。

（4）教学内容与热工仪表修理工中、高级职业技能鉴定紧密衔接，使学生检测仪表的维修、维护能力百分之百达到仪表中级工水平，还有约 90% 的学生能够达到高级工水平。

第 12 章　数控机床故障诊断与维修

一、课程设置

本课程是数控设备应用与维护专业课程体系经系统改革后所实施的专业主干课程。课程采用校企合作、基于工作过程的项目课程开发方法，构建以学生职业能力培养为主线，以工作任务为中心，以典型故障的诊断与维修为项目载体的课程内容，形成了"校厂一体、课程教学进车间、生产车间成课堂、教学做一体"的教学实施模式。

在对地区产业结构和毕业生就业情况广泛调研的基础上，结合以发展国家装备制造业产业特点和结构调整的需要，学院定期召开由行业专家组成的专业指导委员会会议与专题研讨会，论证企业所需本专业毕业生的工作岗位及职业标准，确定专业培养目标与人才培养方案。

数控设备应用与维护专业面向数控机床生产和应用企业的生产、管理、服务一线，培养从事数控机床装调和维修工作德、智、体、美全面发展并具有职业岗位（群）基础知识及专业技能与职业生涯发展基础的高技能应用型人才。

在专业培养目标与人才培养方案确定后，聘请企业技术与管理一线人员，召开专题研讨会，分析对应专业的专业基本能力、专项能力、综合能力与素质要求，确定本专业主要工作岗位、工作任务和能力要求，具体内容见表 12-1。

表 12-1　岗位工作任务与能力要求

岗位	工作任务	能力要求
机械装配	机械、液压、气动部件的装配与调整	1. 零部件与整机装配 2. 零部件与整机精度测试、调整 3. 液压、气动部件的安装与调整

续表

岗位	工作任务	能力要求
电气安装	安装与连接控制系统电气控制装置	1. 机床电器的安装与连接 2. CNC、伺服驱动、主轴驱动、PMC、变频器等控制装置的安装与连接
数控设备调试	数控设备的机、电、液、气的综合调试	1. 电气元件的检验 2. 强电控制线路的调试 3. CNC、伺服 / 主轴驱动、PM 等控制装置的调试 4. 液压、气动部件的调试 5. PMC 程序与编程
设备检验	1. 设备几何精度测量与定位精度测量 2. 螺距、反向间隙等的调整与补偿	1. 检测工具的正确使用 2. 几何精度测量与定位精度测量的测量方法 3. 螺距、反向间隙等的调整与补偿方法 4. CNC、伺服驱动、主轴驱动、PMC、变频器等的参数设定与调整
数控加工与用户服务	数控加工	1. 加工工艺、切削参数确定 2. 数控编程
数控设备的维修与用户服务	数控设备的故障诊断与维修	1. 机械、液压、气动的结构与原理 2. CNC、伺服驱动、主轴驱动、PMC、变频器等控制装置的工作原理与参数设定调整 3. PMC 程序的阅读与编辑

本课程以专业技术综合应用能力培养为目标，以关键能力的培养贯穿教学全过程，以实际应用为重点，培养学生数控设备的安装与调试、维修与维护、销售与服务能力。

通过对本课程的学习，使学生具备高素质劳动者和中高级数控机床装调维修人才所必需的基本知识和基本技能，初步形成解决实际问题的能力，为学习专业知识和职业技能打下良好的基础，注重渗透思想教育，逐步培养学生的辩证思维和创新能力，加强学生的职业道德观念。

在实践方面，加强实践环节训练，通过层次性的技能和技术训练，使学生对数控机床常见故障有一定的分析诊断与维修能力，同时对数控机床从选购、安装、调试、应用、维护及维修有一个系统掌握，并具有较深专业素养。

1．素质目标

（1）良好的职业素养（职业道德、工作仔细认真）。

（2）良好的团队合作意识。

（3）强烈的学习兴趣，树立终身学习愿望。

（4）良好的知识归纳与积累能力等。

2．知识目标

（1）阅读包括英文在内的各类数控操作、调整、维修说明书及技术资料。

（2）掌握数控机床故障诊断方法，能正确查找数控机床故障。

（3）能够根据原理确定故障部位，最终排除故障等。

3．能力目标

（1）使用数控机床维修常规工具、量具、仪器、仪表的能力。

（2）查阅技术资料的能力。

（3）分析问题、解决问题的能力等。

二、课程设计的理念与思路

本课程在课程设计上以工学结合为切入点，坚持以学生为本，根据课程目标与学生特点，对教学方法与教学评价体系进行了合理设计。

（一）学情分析

学院主要招收应届高中毕业生，其特点是：

1．基础教学条件不一，文化基础参差不齐。

2．地域范围广，个性化差异大。

3．学习认真、主动，能够通过教育提高学习积极性。

4．家庭条件普遍较差，面临的就业压力大，对技能的要求强烈等。

（二）课程的设计理念

1．以工程应用为背景，将能力培养作为课程教学的总体目标。

2．以真实的工作任务作为载体，构建知识、能力、素质三位一体的教学内容体系。

3．以学生为主体、教师为主导，工学结合为切入点，规划教学手段。

4．以综合学科知识、贯通专业课程为目的，整合课程内容。

5．工学交替、教学结合、讲用结合，实现从知识到能力、从学校到企业的过渡。

（三）课程设计思路

1．聘请行业专家进行论证，制定高标准的人才培养方案。

2．参照高技能应用型人才的标准，进行理论教学改革。

3．按"双证融通"的职业要求，进行实践教学改革。

4．凝练职业岗位的要求，精心设计教学内容。

5．按照项目教学的要求，利用工学结合的场所实施教学。

6．按照知识、能力、素质三位一体的要求，建立完善的考核与评价体系。

（四）课程设计结论

构建了以职业能力为主线，以职业生涯为背景，以社会需求为依据，以工作结构为框架，以工作任务为引领，以工作过程为基础，以项目课程为主体的高职课程体系。

1．课程实施体系

（1）以项目为导向，将课程教学的目标分解到项目、模块中。

（2）以任务为中心，展开所需要的相关理论、实践知识。

（3）通过与任务相关的拓展知识学习，扩大知识面。

（4）教学完成后进行综合练习与训练，实时进行学习结果评价。

2．教学组织形式

（1）教师指导与学生自主学习相结合。

（2）分组教学与集中教学相结合。

（3）规定项目训练与自主发展相结合。

3．教学评价体系

（1）教师评价与学生互评相结合。

（2）过程评价与结果评价相结合。

（3）课内评价与课外评价相结合。

（4）理论考察与能力评价相结合。

（5）校内评价与校外评价相结合。

4．教学团队

经过多年的不懈努力，课程教学整体素质不断提高、成员结构日趋合理，在学院的人才培养、专业建设上所发挥的作用日益显现。目前，已经形成了一支团队带头人素质高、影响力强，团队成员工程背景厚实、结构合理、专兼结合、优势互补、团结奋进的双师结构教学队伍。

5. 工学结合场所

课程依托职教城产教合作优势，设计了基本能力训练、单项能力训练、综合能力训练、创新能力培养四个层次的实践教学环境。

三、教学内容

（一）课程教学的针对性

课程教学内容的安排以职业能力为最终目标，坚持"能力本位"课程观，来进行课程结构、教学内容、教学实施和评价方法的设计。在教学内容的安排上统筹考虑了前后课程的衔接，以"必需与够用为度"为原则，对课程教学内容进行了如图 12-1 所示的组织与安排。

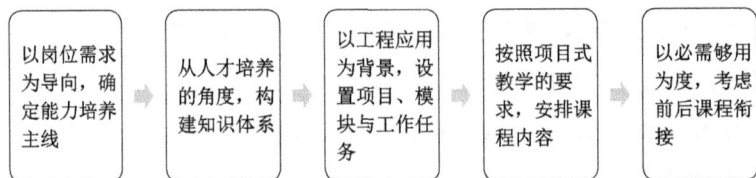

以岗位需求为导向，确定能力培养主线 ➡ 从人才培养的角度，构建知识体系 ➡ 以工程应用为背景，设置项目、模块与工作任务 ➡ 按照项目式教学的要求，安排课程内容 ➡ 以必需够用为度，考虑前后课程衔接

图 12-1　教学内容的组织与安排

1. 以岗位需求为导向，确定能力培养主线

通过对岗位能力的分析，确定了本课程的能力培养方向为数控设备的故障诊断与维修，就业岗位为数控机床调试、维修与售后服务，由此确定了课程所需要的专业素质为强电，数控（CNC），伺服驱动、主轴驱动、机械、气动、液压的检查与维修，误差测量与精度调整等，具体能力培养主线如图 12-2 所示。

2. 从专业人才培养目标出发，确定课程内容

本课程作为数控设备应用与维护专业的主干专业课程，需要以技能型人才的能力培养为目标，课程设计突出知识的综合应用与素质培养，具体内容如图 12-3 所示。

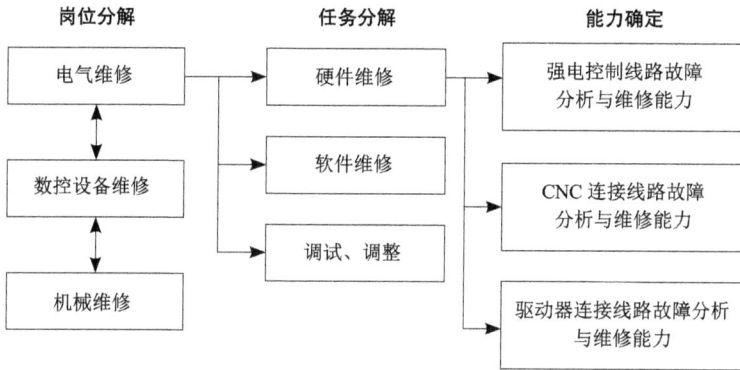

图 12-2　能力培养主线

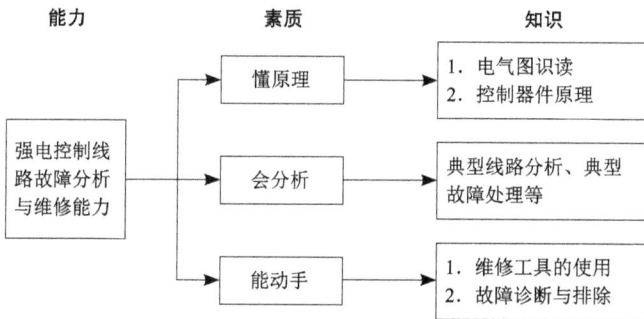

图 12-3　能力知识素质分解

3．以工程应用为背景，设置项目、模块与工作任务

本课程的项目教学全部以当前工程实际中所广泛应用的真实设备为背景，在确定项目、模块与任务时，本课程主要考虑了以下因素：

（1）教学内容必须紧跟技术发展方向。

（2）项目划分统筹考虑数控设备故障诊断与维修需要。

（3）每一工作任务都有相应的实践教学条件。

（4）工作任务安排有明确的主线，内容前后连贯，知识由浅入深。

4．按照项目教学的要求，安排课程内容

本课程采用项目教学模式，教学实施以真实的产品、真实的任务为载体；知识展开通过项目、模块、工作任务逐级进行；每一项目均有较为完整与相对独立的知识体系，主线清晰、前后连贯；每一模块均有真实的载体；每一任务均有明确的目标，具体的课程安排如图 12-4 所示。

项目　　　　　模块　　　　　　　课程内容

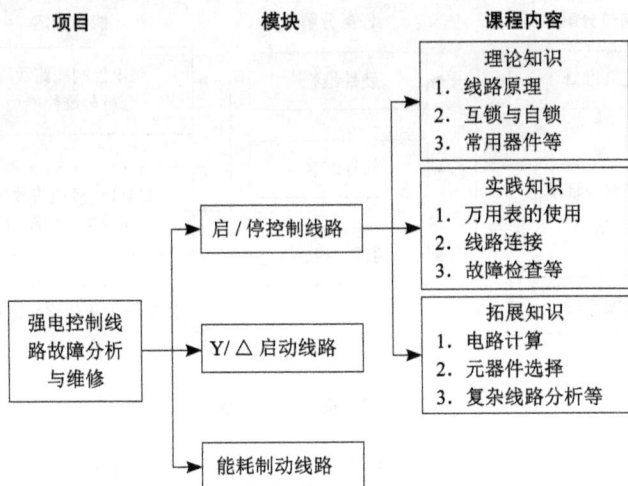

图 12-4　安排课程内容

5．以必需够用为度、考虑前后课程衔接

每一工作任务都安排有面向工程实际的、必需的理论与实践知识；内容的选择结合始终考虑到前后课程的衔接，课程重点是进行知识的综合与系统设计；理论与实践知识以够用为度进行内容取舍。

（二）课程适用性

本课程所面向的是以制造业为支持产业的制造业企业，适应从事数控机床安装与调试、数控机床维护、数控设备销售服务等职业岗位的知识与技能要求，培养掌握数控编程、数控机床安装与调试、数控机床维护等技术的数控设备应用与维护的紧缺人才。

本课程根据人才培养目标，通过对岗位与任务的分解，确定了课程的能力培养主线；通过对能力的分解，确定了人才素质与知识体系，并以工程应用为背景精心设计了课程的项目与模块；课程始终考虑到前后课程的衔接，重点是进行知识综合；理论与实践知识以够用为度进行内容取舍，因此课程内容可以适应如下要求：

1．适应数控设备应用与维修岗位对基础知识的要求。

2．适应数控设备应用与维修岗位对专业技能的要求。

3．适应数控设备应用与维修岗位对综合素质的要求。

四、教学内容的组织与安排

（一）项目化课程结构

本课程采用项目化课程结构，按照知识的系统性和逻辑性进行组织。在项目课程中，为了使学生具有数控机床调试与维修能力，我们按照岗位工作分析时获得的各级工作任务来构建若干项目，项目之间的结构根据具体工作过程来确定。通过实践可以看出，学生学习兴趣和知识的系统性大大增强，进一步缩短了与就业岗位之间的距离。为了便于教学实施，我们将项目分解为若干模块，模块按照由易到难、由简单到复杂、由浅入深的顺序设置，具体的课程结构见表 12-2。

表 12-2　项目化课程结构

项目	内容	模块
项目一	数控机床强电控制回路故障诊断与维修	1. 启动 / 停止控制线路 2. 正反转控制线路 3. Y/△启动与能耗制动线路
项目二	数控系统的连接与检查	1. CNC 连接与检查 2. 伺服驱动连接与检查 3. 主轴驱动的连接与检查 4. CNC 诊断功能的应用 5. CNC 参数的检查与调整
项目三	PMC 检查与诊断	1. I/O-Link 从站的配置与连接 2. PMC 的程序分析 3. PMC 的故障诊断
项目四	数控机床机械部件的结构与维修	1. 机床主传动系统的结构原理与维修 2. 进给传动系统的结构原理与维修 3. 数控转台的结构原理与维修 4. 自动换刀装置的结构原理与维修
项目五	数控机床典型故障与维修实例	1. CNC 电源无法接通故障 2. 手动无法进行故障 3. 回参考点故障 4. 驱动系统故障 5. 主轴系统故障 6. 换刀系统故障
项目六	误差分析与调整	1. 几何精度的测量与调整 2. 定位精度的测量与调整 3. 加工误差的测量与调整

（二）教学内容安排（表 12–3）

表 12-3 教学内容安排

内容	学时	教学场所
数控机床强电控制回路故障诊断与维修	14	数控机床电气实训中心
数控系统的连接与检查	20	FANUC 数控系统应用中心、SIEMENS 数控系统培训中心
PMC 检查与诊断	24	FANUC 数控系统应用中心、SIEMENS 数控系统培训中心
数控机床机械部件的结构与维修	18	数控机床机械拆装实训中心
数控机床典型故障与维修实例	24	FANUC 数控系统应用中心、SIEMENS 数控系统培训中心
误差分析与调整	12	广州数控设备有限公司（校企一体）

（三）教学组织实施

每一个学习模块都是以一个完整的模拟或真实的项目工作过程实施教学，通过基于工作过程的项目学习，既培养学生的专业能力同时也培养学生的职业素养（社会能力、方法能力）。每一个模块教学分为任务呈现、主题讲解、技能训练、总结检查四个阶段。课程的后一个项目在包含前一个项目的基础上增加新的知识点，教学难度层层推进，有序地实现教学目标。

项目课程的教学实施按照"工作任务由简单到复杂"这一主线来进行，有序提高学生的综合能力；每个项目以学生为主体，总体按任务呈现、主题讲解、技能训练、总结检查进行，学生分组进行安装与调试，故障维修，教师进行引导点评及补充，同时通过开放实训室，课程中适当穿插赴企业现场参观与技术服务，让学生身为"准员工"体验工作环境和工作过程。

五、教学方法与手段

（一）课程教学模式的设计

本课程采用项目教学模式，其实施过程将以学生为中心开展，老师要完成从讲授者到指导者的角色转换；学生通过自主学习、讨论、研究获得知识与技能。教师的职责重要的是为学生活动提供帮助，激发学生的学习兴趣，使其形成良好的学习习惯，为学生创造学习情境。

1．制定项目任务书

项目任务书是向学生下达的工作任务，本课程的任务书按照以下标准格式制定。

项目任务书

项目任务书
1．工作任务名称：电机正反转控制电路的故障检测与维修
2．学生应完成的任务：完成电机正反转电路的连接、调试与故障诊断
3．学生应准备的内容： （1）复习感应电机的工作原理 （2）三相感应电机正反转的实现方法 （3）断路器、接触器、按钮的作用 （4）万用表的使用
4．教师讲解的内容： （1）电气控制电路的安全设计准则 （2）电气控制线路的自锁与互锁原理 （3）正反转控制电路的设计 （4）多地控制的正反转线路等
5．工作过程记录（学生填写）：
6．考核与评价（教师填写）： （1）理论知识的掌握程度 （2）工作任务完成质量 （3）分析、解决问题能力 （4）工作过程记录与表现 （5）团队合作精神

2．项目教学

本课程实施项目教学包括以下基本内容：

（1）任务呈现：利用实际电路图引出工作任务。

（2）主题讲解：介绍相关的实践知识与理论知识。

（3）技能训练：技能训练的步骤如下：第一，常见、典型故障现象记录。第二，学生自主学习、分组讨论、分析可能的原因，制订维修计划。第三，汇总意见、教师指导、点评与补充。第四，检查原因、故障维修。

（4）总结检查：填写、检查维修记录单，教学评估、总结。

3．课程考核

课程考核采用综合评价法，课程的总成绩由过程性考核成绩、阶段性考核成绩和综合性考核成绩组成，按3∶3∶4的比例分配。

（1）过程性考核：对每个模块中的完成质量、工作过程、工作表现等方面进行考核。

（2）阶段性考核：以项目为单位，通过综合理论与实践考核，内容包括该项目所涉及的全部知识、技能与掌握程度。

（3）综合性考核：对课程综合能力的测评，考核按照职业岗位的要求，进行应知（基本知识），应会（基本技能）综合能力与素质的测评。

六、教学模式的创新

课程进行了"课程改革项目化、实践环境企业化、质量监控闭环化、师资培养市场化、效果评价社会化"的创新与实践。

1．课程改革项目化

精品课程的建设必须进行教学教育改革。本课程始终贯彻"以职业能力为主线，以职业生涯为背景，以社会需求为依据，以工作结构为框架，以工作任务为引领，以工作过程为基础"的项目课程开发原则，构建了"以工作任务为中心、以项目课程为主体"的高职课程体系。

2．实践环境企业化

高技能人才的培养需要有真实的环境。本课程采取灵活的方式整合校企资源，统筹校内外实训基地的建设。课程围绕数控设备应用与维修教学，不断开发、制造产品，提高实训设备的技术含量与实用性、增加设备台套数，营造了一个企业化的实践教学情境。

3．质量监控闭环化

教学质量的监控必须采取有效的措施。本课程借鉴了ISO 9000标准等质量管理的理念，构建了以过程控制为核心的质量管理体系，树立了现代教育服务观和高等教育大众化背景下的质量观，以职业素质教育和全方位为学生成才提供有效服务为基点，以"过程控制"为重点构建具有我院特色的"二线三层次"教育教学质量管理与监控体系。

4．效果评价社会化

人才培养质量需要经得起社会的检验。经过多年建设，本专业毕业生持"双证书"比例、就业率、毕业生的起薪、专业对口率等各项指标均在同类院校中名列前茅，社会声誉好，深受用人单位欢迎，并在各级、各类技能大赛中屡创佳绩，人才培养赢得了社会各方面的广泛肯定。

七、多种教学方法的运用

项目教学把工作过程设计成学习过程，提倡"学习即工作，工作即学习"的理念。在项目教学方法中，以学生为中心，目的是让学生在工作过程中得到职业情境的熏陶和工作过程的体验，从而真正掌握就业所必备的技术知识和职业能力。项目教学目前已经有多种基本教学方法可供选择与参考，本课程教学主要是根据课程内容、教学条件、学生素质等情况，因材施教，重点解决"如何教"与"如何学"的问题，从而使教学能够真正做到"以学生为本"，充分调动学生的学习积极性与主动性。

（一）本课程教学方法选择与运用原则

1．以学生为本，教、学结合。

2．以技能为重，讲、用结合。

3．方法创新、技术示范、应用多样。

（二）教学方法

1．案例教学法

案例教学法始终贯穿授课的全过程，每个模块教学的工作任务提出后，首先分析问题、设想解决问题的方法，最终做出正确的决定并解决问题，然后学习相关的理论知识，让同学在消化所学理论知识的同时，促进对实践知识的理解和掌握。

2．角色互换法

按照以下步骤，让学生充当课堂的主导者，从而调动学生学习积极性。

（1）建立小组：把班级同学划分成若干个组（团队），每一小组有一名组长。

（2）提出目标：布置任务，任务明确到组（团队），由组自行分配。

（3）课堂讲授：明确分工后，各组（团队）派代表上台讲授知识，其他成员补充。

（4）师生点评：学生讲完后，先由其他学生点评，然后由老师点评。

（5）成绩评定：通过比较，确定相应的成绩。

通过角色互换，锻炼了学生的表达能力；增加了同学之间的团队意识；保证了预习、讲述、练习与实践四个过程；巩固了所学的知识。

3．行为导向法

设置综合讨论题目，通过小组讨论，分析并通过实践进行训练。让学生成为学习的主体，创造学生发表自己学习体会和研究成果的条件，从而调动学生的主观能动性，使教与学融为一体，讲与用融为一体。

4．综合评价法

课程的总成绩由过程性考核成绩、阶段性考核成绩和综合性考核成绩组成，按 3：3：4 的比例分配。

第 13 章　矿山机械设备电气控制系统运行、维护与检修

一、课程性质

矿山机械设备电气控制系统运行、维护与检修是矿山机电专业必修的一门核心课程，也是培养学生面向矿山通风、压气、排水、提升、运输等设备的电气操作、运行、维修、维护等机电岗位服务的专业课程，具有很强的知识性、技能性和实践性。学生通过对本课程的学习，可以掌握煤矿大型设备的运行管理、维护检修的理论知识与专业技能，为毕业后从事煤矿企业的维修电工、机电区队技术员等工作打下良好的基础。

本课程的前续课程是"机械零件测绘""电工、电子电路分析与制作""电动机维修工艺""液压传动系统的维护与检修""PLC 控制设备的应用与检修""矿山机械参数检测""电力电子设备运行与维护"，后续课程是顶岗实习、毕业设计。

二、课程作用

矿山机械设备电气控制系统运行、维护与检修课程作为专业核心课程，主要为煤炭行业培养矿山机械设备电气控制系统使用操作、安装、维护、检修、运行管理方面的技术人才。

按照职业岗位标准和工作内容的要求，通过对本课程的学习，使学生掌握机电区队技术员和矿井维修电工的应知理论、应会技能和必备的职业素养，成为满足煤矿企业机电技术岗位的高技能人才。

1．能力目标

（1）具备安全操作与安全生产的能力。

（2）具有正确地进行电缆接线的能力。

（3）掌握通用机电设备的电气安装、调试方法与步骤。

（4）具备对矿山主要大型机电设备的安装、调试、故障诊断、检修维护的能力。

（5）具备对矿山主要大型机电设备的技术改造及管理的能力。

（6）能够熟练利用专用检测仪器诊断矿山主要大型机电设备常见的机械、电气故障。

（7）具备新技术的推广应用能力。

（8）具备新设备的使用能力。

（9）具有生产组织、管理和技术指导的能力。

2．知识目标

（1）熟悉《煤矿安全规程》的各项要求。

（2）掌握电气控制的基础知识。

（3）掌握电气图的视图、绘图知识。

（4）掌握电气接线规范、要求。

（5）理解鼠笼型异步电动机各种启动控制、制动控制及调速控制的原理。

（6）理解绕线型异步电动机各种启动控制、制动控制及调速控制的原理。

（7）掌握矿井提升机的提升速度图的含义。

（8）掌握交直流电气控制系统的用途、功能、主要电气设备及工作原理。

（9）熟悉隔爆知识，掌握常用隔爆电器的性能参数。

（10）理解PLC工作原理及有关指令，熟悉其常用故障代码及其常用控制程序。

（11）理解变频原理，熟悉其常用接线端子。

（12）理解同步电动机各种启动控制、制动控制及调速控制的原理。

3．情感目标

（1）安全生产意识强，能自觉遵守安全操作规程。

（2）养成独立思考的习惯，能对所学内容进行较为全面的比较、概括和阐述。

（3）养成严谨细致的工作态度。

（4）具有热爱科学、实事求是的学风和创新意识、创新精神。

（5）具有良好的人文素质和职业道德，能够与人和睦相处，团队意识强。

（6）热爱煤炭事业，了解国内煤矿机电新技术的应用情况，具有献身煤炭建设与发展的信念。

三、课程设计的理念及思路

（一）课程设计的理念

以毕业生就业能力培养为导向，培养适应煤炭企业机电岗位群工作的高技能型人才，充分体现"源于煤矿，服务于煤矿"的课程设计理念。

课程教学改革的目的在于为煤炭企业生产服务，培养出大量具备高素质的技能应用型人才。课程以煤矿机电技术工作岗位的职业能力培养为重点，立足煤矿大型机械设备电控系统的运行维护与检修技术岗位；以岗位职业标准和工作任务为依据，通过职业技能分析与课程能力分析使教学过程与工作任务一一对应，突出学生的职业能力培养。

课程内容源于煤矿机械设备的安全运转规程和矿井维修电工职业标准，以煤矿典型机械设备——通（通风）、压（压气）、排（排水）、提（提升机）、采（采煤机）、掘（掘进机）、运（运输机）的电控系统为载体，精选并序化课程内容。

在教学模式上，以工学结合为途径，注重工作经验的积累。课程教学采用"校矿结合四阶段"教学模式，并且采用柔性学时，这样不仅符合学生的认知规律，也兼顾生产现场的生产安排，使得课程的现场教学部分更加合理高效，从而达到课程设计的实践性、开放性要求。

（二）课程设计的思路

课程设计的思路如图 13-1 所示。

社会调研岗位确定 ⇒ 职业岗位要求分析 ⇒ 教学目标内容确定 ⇒ 教学载体选定 ⇒ 学习性任务开发 ⇒ 教学模式方法设计

图 13-1　课程设计思路

通过广泛调研，了解煤矿机电岗位对人才的需求状况，由煤矿工程技术人员、技术骨干等所组成的专家论证会讨论确定课程面向的工作岗位，对课程面向的主要岗位进行职业能力分析，充分考虑职业资格取证的需要，把矿井维修电工职业资格考核中与煤矿机械设备电气检修有关的应知应会内容纳入课程中。

以煤矿典型机械设备——通（通风）、压（压气）、排（排水）、提（提升机）、采（采煤机）、掘（掘进机）、运（运输机）的电控系统为载体，精选并序化课程内容，形成十个学习任务。

充分发挥校内、外实习实训基地设备的资源优势，实施"校矿结合四阶段"教学模式。

课程考核采用过程考核和结果考核相结合的方式。

四、教学内容

课程内容选取是以就业为导向，以矿山机电专业人才培养目标为依据，以矿井维修电工的职业岗位标准和机电队技术员的工作职责为标准，以煤矿机械设备电气控制系统的安装、维护及检修方法和技术管理的能力培养为目标，满足工作岗位对人才能力的要求，进行面向岗位的课程设计。

课程内容的选取，按以下四个步骤进行：第一步，岗位调研；第二步，职业能力分析；第三步，教学载体选取；第四步，学习任务开发。

（一）岗位调研（图13-2）

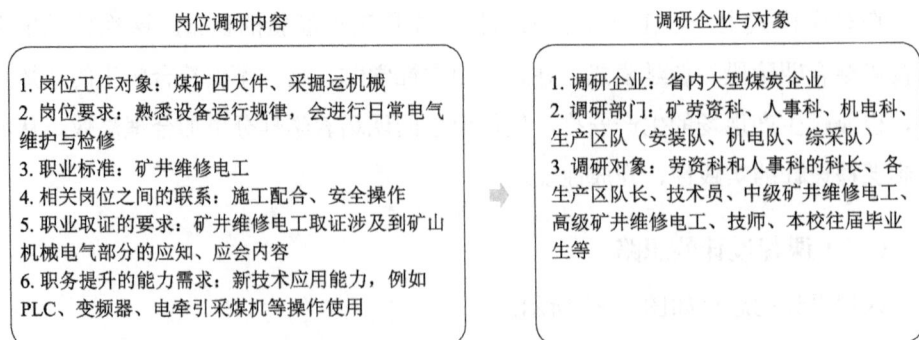

图 13-2 岗位调研

1．本课程面向岗位

通风、压气、排水、提升、运输、综采、综掘设备电气维修岗位。

2．本课程面向工种

矿井维修电工（机电队维修电工、机运队维修电工）和机电技术员。

3．调研内容

调研内容主要有岗位工作对象、岗位要求、职业标准、相关岗位之间的联系、职业取证的要求和职务提升的能力需求等。

（二）职业能力分析（表 13-1）

表 13-1　职业能力分析

岗位工种	工作内容	技能要求	相关知识	职业素养
中级矿井维修电工	从事矿井大型专用设备及矿井电气设备的维护、检修	1. 能进行矿山机械设备电控系统的质量检查与验收 2. 能检查、排除晶体管电路的故障 3. 能进行矿山机械设备电控系统的安装、调试 4. 根据电气设备的试验结果，能正确判断设备的故障状况 5. 能绘制设备的常用电气控制线路图 6. 能编制简单的 PLC 控制梯形图并进行外部接线	1. 熟练掌握有关电工电子的基础理论知识 2. 能熟练掌握煤矿电工学、工业电子学及电力拖动知识 3. 掌握机修、钳工、铆焊的工艺知识 4. 具有固定设备的微机监测、监控知识 5. 初步了解 PLC 技术在煤矿生产中的应用	1. 养成独立思考的习惯，能对所学内容进行较为全面的比较、概括和阐述 2. 养成严谨细致的工作态度 3. 具有良好的人文素质和职业道德，能够与人和睦相处，团队意识强 4. 具有热爱科学、实事求是的学风和创新意识、创新精神 5. 热爱煤炭事业，了解国内煤矿机电新技术的应用情况，具有献身煤炭建设与发展的信念
高级矿井维修电工	从事矿井大型固定机械设备及采掘运机械设备电气系统安装、维护与检修	1. 能进行矿山机械设备电控系统的质量检查与验收 2. 能检查、排除矿山机械设备电控系统及晶体管电路的故障 3. 能进行矿山机械设备电控系统的安装、调试及验收工作 4. 根据电气设备的试验结果，能正确判断设备的故障状况 5. 能绘制设备的常用电气控制线路图 6. 根据检修计划能够编写材料预算和工时定额 7. 能编制简单的 PLC 控制梯形图并进行外部接线	1. 熟练掌握有关电工电子的基础理论知识 2. 能熟练掌握煤矿电工学、工业电子学及电力拖动知识 3. 掌握机修、钳工、铆焊的工艺知识 4. 具有固定设备的微机监测、监控知识 5. 熟悉的 PLC 技术在煤矿生产中的应用	

岗位工种	工作内容	技能要求	相关知识	职业素养
机电技术员	1. 组织煤矿机械设备电气控制系统的安装施工 2. 进行电控系统调试、验收 3. 进行煤矿机械设备电气控制系统故障分析处理 4. 制定施工措施、安全措施 5. 对技师、中高级维修电工进行针对性培训 6. 进行设备的设计选型及保护整定计算	在高级矿井维修电工的基础上，能熟练完成如下工作： 会写： 1. 能正确填写电气设备的健康档案 2. 能根据设备缺陷情况，制定检修方案、计划、施工措施和安全措施 3. 结合工作实际，能够撰写专业技术论文 会看： 1. 矿山机械设备电控系统的安装布置图、接线图、工艺布置图及电气原理图 2. 矿山机械设备电控系统的电子控制及保护原理图 3. 正确查阅电气设备的技术资料 4. 能整理电气设备的技术资料 5. 了解新技术的动向及有关技术资料 会干： 1. 能够对矿井低压供电及控制系统中保护装置进行整定计算 2. 能够根据控制要求编制 PLC 控制梯形图并进行接线、调试 3. 能利用新技术进行设备的技术改造	在高级矿井维修电工的基础上，还应掌握的基础知识： 1. 熟练掌握有关电力电子的基础理论知识 2. 熟练掌握变频器的工作原理 3. 熟悉 PLC 结构、原理，熟悉常用 PLC 系列产品，熟悉 PLC 的指令 4. 具有 PLC 控制技术知识 应了解的原理： 1. 交直流电机及变压器的工作原理 2. 电器设备控制的分类及控制原理 3. 矿井主要大型设备的接线原理及各种继电保护的控制、保护原理 4. 主要大型设备的机械、液压系统的基本原理 5. 了解直流调速系统原理 6. 了解 PLC 的工作原理 7. 了解产生高次谐波的主要原因及治理方法 应熟知的规定： 1.《矿井电气设备的检修规程》和《质量标准》 2.《煤矿电气设备试验规程》规定 3.《煤矿安全规程》的有关规定	1. 养成独立思考的习惯，能对所学内容进行较为全面的比较、概括和阐述 2. 养成严谨细致的工作态度 3. 具有良好的人文素质和职业道德，能够与人和睦相处，团队意识强 4. 具有热爱科学、实事求是的学风和创新意识、创新精神 5. 热爱煤炭事业，了解国内煤矿机电新技术的应用情况，具有献身煤炭建设与发展的信念

（三）教学载体选取

矿井维修电工岗位的主要工作对象是煤矿四大件（通风机、空压机、排水设备、提升机）和采掘运机械设备的电控系统，因此，本课程就以这七种类型设备的电控系统作为教学载体，进行课程内容的设计。

（四）学习任务开发

在选取的七类矿山机械设备中，每一类都有多种拖动控制方式，进行学习任务开发时，每一类机械设备选择一种拖动控制方式，尽量不重复。

全部课程内容以煤矿典型机械设备——通（通风）、压（压气）、排（排水）、提（提升机）、采（采煤机）、掘（掘进机）、运（运输机）的电控系统为载体，精选并序化课程内容，形成十个学习任务，其中考虑到提升机在矿山生产中的重要性和电控系统的复杂性，安排了四个学习任务。

在课程内容设计中，我们充分考虑职业资格取证的需要，将中、高级矿井维修电工职业资格取证的相关内容融入课程内容中，学生通过课程的学习可参加国家职业资格鉴定考试获取中级维修电工证书，毕业前可获取高级维修电工证书。

五、教学内容的组织与安排

（一）教学内容的整合与重构

按照设备日常操作和维护工作过程中各项任务的要求，在重构课程的教学内容体系中，每个任务涵盖若干知识点、能力点和情感点，由能力训练带动知识点的学习，理论为实践服务并融于实践训练的过程之中。

整个教学内容的构建过程，是按照生产现场的实际工作过程，并结合企业技术人员的意见，遵照由浅入深的教学规律，校矿一体共同将该课程的教学内容设置成十个学习任务。根据工作任务并参照职业岗位标准要求，提出了具体知识学习内容和技能训练内容，对每个任务的实施进行了细致描述，具体内容见表 13-2。

（二）教学组织与安排（表 13-3）

1. 教学模式：课程采用"校矿结合四阶段"教学模式

第一阶段为获取任务，初识任务载体；第二阶段为讲解与示范；第三阶段为仿真训练；第四阶段为现场巩固。每一个任务都按照四个阶段进行教学安排。

2. 教学学时：建议 240 个学时，其中 40 个柔性学时

每个任务的第四阶段教学，需要根据生产现场的检修安排具体时间，所以这一阶段的学时安排为柔性学时。

表 13-2　知识技能分解

任务名称	能力点	知识点	情感点
1. 通风机电控系统的安装、维护与检修	1. 会进行通风机及其电气系统启动前的检查 2. 能对转子回路串频敏变阻器的起动控制系统进行接线、调试 3. 能对转子回路串电阻的起动控制系统进行接线、调试	1. 绕线式电动机转子回路串频敏变阻器的起动控制系统的电路组成、主要设备 2. 绕线式电动机转子回路串电阻的起动控制系统的电路组成、主要设备	1. 热爱煤炭事业，对机电技术发展有兴趣，希望了解煤矿机电技术现状 2. 积极主动进行实际操作，乐于探究电气控制目的实现手段 3. 培养学生主动学习的习惯 4. 培养学生安全意识及独立工作的胆识 5. 增强学生学好矿山机械设备电气控制技术的兴趣和信心 6. 培养学生细致的工作作风 7. 培养学生的探究精神 8. 使学生有学好矿山机械设备电气控制技术的信心，能够将电气控制技术与其他学科相互结合、渗透 9. 能够克服学习中、实践中所遇到的困难，愿意主动向老师或同学求教 10. 严谨细致的工作态度 11. 能体会学习中的乐趣，乐于接触控制技术读物 12. 能在学习过程中积极与他人合作，相互帮助，共同完成学习任务 13. 加强职业道德和工作责任心的培养 14. 在学习中有较强的合作精神，愿意与他人分享各种学习资源 15. 在学习过程中能理解并尊重他人的情感 16. 培养学生团结协作精神 17. 加强职业道德和工作责任心的培养 18. 养成查阅资料的习惯 19. 善于通过网络等途径了解国内外控制技术新手段
2. 空压机电控系统的安装、维护与检修	1. 会进行空压机及其电气系统启动前的检查 2. 能进行同步电动机晶闸管励磁的调试 3. 能判别同步电动机及控制系统的常见故障，并能对其进行维护和检修	1. 晶闸管励磁装置的主要特点 2. 同步电动机晶闸管励磁的电控系统工作原理	
3. 排水设备电控系统的安装、维护与检修	1. 能说出矿井主排水设备启动控制的不同方式 2. 能进行 Y/△降压启动控制系统的接线维护与检修 3. 能进行自耦变压器降压启动控制系统的接线维护与检修	1. Y/△降压启动控制系统的电路组成、工作原理 2. 自耦变压器降压启动控制系统的电路组成、工作原理 3. 转子回路串电阻的起动控制系统的电路组成、主要设备	
4. 小型提升绞车电控系统的安装、维护与检修	1. 能阅读和绘制相关技术图纸、查阅相关技术资料 2. 会安装使用轴编码器 3. 能分析和处理系统的常见电气故障 4. 能对绞车五级磁力站控制系统进行接线、调试	1. 电气原理图、接线图、安装图的绘制原则、阅读方法 2. 电工测量仪表的结构、原理、使用方法 3. 本安电路基本原理； 4. 绕线式电动机串电阻起动的工作原理 5. 五级磁力站控制系统设备组成、应用和原理	
5. TKD-A 单绳提升机电控系统的安装、维护与检修	1. 能看懂提升工作图（速度图） 2. 能说出控制系统的各个环节 3. 能进行 TKD 电气控制系统的调试与维护检修 4. 能进行各种脱扣器、各种继电器的整定及测速发电机、可调闸、动力制动、电气限速板等装置的调整	1. 提升工作图绘制方法、阅读方法 2. TKD-A 单绳提升机电气控制系统的电路组成、工作原理	

续表

任务名称	能力点	知识点	情感点
6. JTKD-PC 单绳提升机电控系统的安装、维护与检修	1. 能说出 JTKD-PC 型可编程控制器电气控制系统的各个环节 2. 能进行 JTKD-PC 型可编程控制器电气控制系统的接线、调试、维护检修	JTKD-PC 单绳提升机电气控制系统的电路组成、工作原理	1. 热爱煤炭事业，对机电技术发展有兴趣，希望了解煤矿机电技术现状 2. 积极主动进行实际操作，乐于探究电气控制目的实现手段 3. 培养学生主动学习的习惯 4. 培养学生安全意识及独立工作的胆识 5. 增强学生学好矿山机械设备电气控制技术的兴趣和信心 6. 培养学生细致的工作作风 7. 培养学生的探究精神 8. 使学生有学好矿山机械设备电气控制技术的信心，能够将电气控制技术与其他学科相互结合、渗透 9. 能够克服学习中、实践中所遇到的困难，愿意主动向老师或同学求教 10. 严谨细致的工作态度 11. 能体会学习中的乐趣，乐于接触控制技术读物 12. 能在学习过程中积极与他人合作，相互帮助，共同完成学习任务 13. 加强职业道德和工作责任心的培养 14. 在学习中有较强的合作精神，愿意与他人分享各种学习资源 15. 在学习过程中能理解并尊重他人的情感 16. 培养学生团结协作精神 17. 加强职业道德和工作责任心的培养 18. 养成查阅资料的习惯 19. 善于通过网络等途径了解国内外控制技术新手段
7. 直流提升机电控系统的安装、维护与检修	1. 能画出双闭环调节控制系统框图 2. 会根据要求进行拖动系统的调试 3. 会进行半速全载与全速全载的转换 4. 能对电枢调速控制柜进行维护检修 5. 能对励磁调节柜进行维护检修 6. 能熟练进行直流切换柜的操作 7. 能对直流切换柜进行维护检修	1. 晶闸管变流装置触发电路组成、原理 2. 调节器组成、原理 3. 检测单元：电流检测电路、速度检测电路、电平检测电路 4. 电动机电枢回路及其控制部分工作原理 5. 电动机励磁回路及其控制部分工作原理 6. 直流切换柜的主要电路组成、工作原理	
8. 采煤机电控系统的安装、维护与检修	1. 能对井下电牵引采煤机的鼠笼电动机控制系统进行接线、调试与维护检修 2. 能对地面降压启动的鼠笼电动机控制系统进行接线、调试与维护检修 3. 能对 PLC 控制的采煤机电控系统进行维护检修 4. 能对电牵引采煤机的变频控制系统进行接线、调试与维护检修	1. 井下电牵引采煤机的鼠笼电动机控制系统的电路组成、工作原理 2. 地面降压启动的鼠笼电动机控制系统的电路组成、工作原理 3. PLC 控制的采煤机电控系统的电路组成、工作原理 4. 电牵引采煤机的变频控制系统电路组成、工作原理	
9. 掘进机电控系统的安装、维护与检修	1. 能说明 EBJ-120TP 型掘进机矿用隔爆型电控箱的结构、工作原理 2. 能准确判断矿用隔爆型电控箱常见故障，熟练处理故障	1. 矿用隔爆型电控箱的结构、电气线路组成及工作原理 2. 矿用隔爆型电控箱常见故障及处理方法	
10. 胶带输送机电控系统的安装、维护与检修	对可伸缩胶带输送机的电气控制系统进行维护检修	可伸缩胶带输送机电气控制系统电路组成、工作原理	

表 13-3　电气控制系统运行维护与检修课程教学安排

序号	学习性任务	教学目标	学时安排	实施地点
1	通风机电控系统的安装、维护与检修	1. 会进行通风机及其电气系统启动前的检查 2. 能对转子回路串频敏变阻器的起动控制系统进行接线、调试	20	平煤四矿
		3. 能对转子回路串电阻的起动控制系统进行接线、调试		校内通风设备实训室
2	空压机电控系统的安装、维护与检修	1. 会进行空压机及其电气系统启动前的检查 2. 能进行同步机可控硅励磁的调试	24	平煤四矿
		3. 能判别同步电动机及控制系统的常见故障，并能对其进行维护和检修		校内压气设备实训室
3	排水设备电控系统的安装、维护与检修	1. 能说出矿井主排水设备启动控制的不同方式 2. 能进行 Y/ △降压启动控制系统的接线维护与检修	20	平煤四矿
		3. 能进行自耦变压器降压启动控制系统的接线维护与检修		校内排水设备实训室
4	小型提升绞车电控系统的安装、维护与检修	1. 能阅读和绘制相关技术图纸、查阅相关技术资料 2. 会安装使用轴编码器 3. 能分析和处理系统的常见电气故障	20	平煤七矿
		4. 能对绞车五级磁力站控制系统进行接线、调试		校内提升设备实训室
5	TKD-A 单绳提升机电控系统的安装、维护与检修	1. 能看懂提升工作图（速度图） 2. 能说出控制系统的各个环节 3. 能进行 TKD 电气控制系统的调试与维护检修	20	平煤七矿
		4. 能进行各种脱扣器、各种继电器的整定；测速发电机、可调闸、动力制动、电气限速板等装置的调整		校内提升设备实训室
6	JTKD-PC 单绳提升机电控系统的安装、维护与检修	1. 能说出 JTKD-PC 型可编程控制器电气控制系统的各个环节	36	平煤四矿
		2. 能进行 JTKD-PC 型可编程控制器电气控制系统的接线、调试、维护检修		校内提升设备实训室

续表

序号	学习性任务	教学目标	学时安排	实施地点
7	直流提升机电控系统的调试维修	1. 能画出双闭环调节控制系统框图 2. 会根据要求进行拖动系统的调试 3. 会进行半速全载与全速全载的转换 4. 能对电枢调速控制柜进行维护检修 5. 能对励磁调节柜进行维护检修 6. 能熟练进行直流切换柜的操作 7. 能对直流切换柜进行维护检修	32	平煤八矿 校内提升设备实训室
8	采煤机电控系统的安装、维护与检修	1. 能对井下电牵引采煤机的鼠笼电动机控制系统进行接线、调试与维护检修 2. 能对地面降压启动的鼠笼电动机控制系统进行接线、调试与维护检修 3. 能对 PLC 控制的采煤机电控系统进行维护检修 4. 能对电牵引采煤机的变频控制系统进行接线、调试与维护检修	28	平煤十二矿 校内综采设备实训室
9	掘进机电控系统的安装、维护与检修	1. 能说明 EBJ-120TP 型掘进机矿用隔爆型电控箱的结构、工作原理 2. 能准确判断矿用隔爆型电控箱常见故障，熟练处理故障	20	平煤十二矿 校内综采设备实训室
10	胶带输送机电控系统的安装、维护与检修	能对可伸缩胶带输送机的电气控制系统进行维护检修	20	平煤十二矿 校内综采设备实训室

（三）改革评价方式，重视形成性评价，以考评促教学

课程考核采用过程考核和结果考核相结合的方式。过程考核为每个任务学习过程中的作业评价，结果考核为课程完成后的综合考核。

1. 过程考核

每个学习性工作任务都是按照"校矿结合四阶段"教学模式进行，每个阶段都设计一份任务单作为作业，学生只有在完成任务的过程中才能逐步填写任务单中的内容。每个阶段的主讲教师根据任务单中的任务实施计划、方案的科学性与可操作性，以及学生在任务实施中的表现等，了解学生在知识技能方面的掌握程度。四个教学阶段完成后，取各阶段作业评价的成绩作为该任务的考核成绩，所有任务考核成绩的平均值即该生的过程考核成绩，任务考核表见表 13-4。

表 13-4 任务考核表

任务名称_____

班级_____   姓名_____   学号_____

学习阶段	考核标准及成绩系数		学生成绩	教师签名
第一阶段 20分	A（1.0） 目标明确，学习态度积极主动，积极向现场教师求教，学习记录翔实，任务单内容正确、丰富			
	B（0.8） 目标明确，学习态度比较积极，学习记录较翔实，任务单内容正确、丰富			
	C（0.7） 目标基本明确，学习态度积极，学习记录不够翔实，任务单内容基本正确			
	D（0.5） 目标不明确，学习态度不够积极，没有学习记录，任务单内容简单			
第二阶段 20分	A（1.0） 求知欲强，听讲认真，仔细观察教师示范，积极与他人合作，制定的方案合理可行，工具仪表选用正确			
	B（0.8） 求知欲较强，听讲较认真，仔细观察教师示范，制定的方案合理，工具仪表选用正确			
	C（0.7） 听讲基本认真，观察较为仔细，制定的方案基本合理，工具仪表选用基本正确			
	D（0.5） 听讲不够认真，不仔细观察教师示范，制定的方案不够合理，工具仪表选用有误			
第三阶段 30分	A（1.0） 严格遵守安全操作规程，正确使用工具和仪器仪表，操作方法正确熟练，工作任务完成好			
	B（0.8） 能自觉遵守安全操作规程，正确使用工具和仪器仪表，操作方法比较熟练，工作任务完成较好			
	C（0.7） 能遵守安全操作规程，使用工具和仪器仪表基本正确，按要求基本完成工作任务			
	D（0.5） 安全意识差，违反安全操作规程，不能正确使用工具和仪器仪表，工作任务完成较差			

学习阶段	考核标准及成绩系数	学生成绩	教师签名
第四阶段 30 分	A（1.0） 听从现场教师安排，积极参与实际检修操作，严格遵守安全操作规程，正确使用工具和仪器仪表，操作方法正确熟练，工作任务完成好		
	B（0.8） 听从现场教师安排，能够参与实际检修操作，遵守安全操作规程，正确使用工具和仪器仪表，操作方法比较熟练，工作任务完成较好		
	C（0.7） 能参与部分实际检修操作，遵守安全操作规程，使用工具和仪器仪表基本正确，工作任务完成一般		
	D（0.5） 嫌脏怕累，不积极参与实际检修操作，不遵守安全操作规程，操作方法有误，工作任务完成差		
合计			

2. 结果考核

当所有教学任务完成后，由专兼职教师共同按照矿井维修电工的应知应会内容和岗位要求进行课程考核。充分体现以岗位能力需求为目标的课程设计理念。

根据专业人才培养目标和课程目标，矿山机械设备电气控制系统运行、维护与检修课程的结果考核成绩由知识（应知）、技能（应会）、情感态度三大部分组成。

（1）知识部分主要考核学生对基本理论、基本概念的掌握程度，可采用抽题口试方式，也可进行综合项目的设计，编写施工方案，并进行答辩，由教师及同学根据正确程度给出相应的成绩，该部分占总成绩的 40%。

（2）持能部分主要考核学生基本技能、核心技能的掌握程度，可进行故障排除、设备安装、运行操作或综合项目设计方案论证等方式，由教师及同学根据成果质量情况给出相应的成绩，该部分占总成绩的 50%。

（3）情感态度由学习态度、合作互助、职业道德、实践操作过程的表现等进行评定。由教师及同学给出相应的成绩，该部分占总成绩的 10%。

课程考核成绩为过程考核与结果考核的加权平均值，过程考核和结果考核成绩的权重为 6 : 4，即各任务考核的平均成绩占总成绩的 60%；结果考核成绩占总成绩的 40%。

（四）课程标准开发

1. 通过调研确定课程所对应的岗位（岗位或工种等级的定位）。

2. 依据各课程所对应岗位（工种）的职业资格标准或工作内容，按照应知与应会的要求，进行职业技能分析和课程能力分析，并使之一一对应。

3. 召开现场专家论证会，根据岗位的需求，确定课程的能力项目和每个项目所对应的任务，并以工作任务为驱动，按照完成任务的工作过程或操作步骤形成课程标准并进行时间分配。

4. 课程标准初稿由来自现场的工程技术人员和技术骨干进行论证与修改，由学校教师进行归纳、汇总，对课程标准进行进一步补充、完善，并投入实施。

5. 在实施的过程中针对课程人才培养目标，制定课程考核方案和评分标准，制定评课程、评教、评学的反馈（在校生、毕业生、用人单位）机制，通过评教和意见反馈，不断地修正课程内容，始终使教学内容与社会需求、企业发展和学生情况保持一种动态平衡的关系。

六、教学方法与手段

（一）教学模式的整体设计

矿山机械设备电气控制系统运行、维护与检修课程采用"校矿结合四阶段"教学模式。

1. 第一阶段：获取任务，初识任务载体

到生产厂矿（或通过视频短片）了解本次任务中的机械设备载体在煤矿生产中所处的地位和设备的安装位置、生产流程、操作步骤、安全规程、日常维护检修的项目、需要的有关工具及仪表、各环节的完好标准。

2. 第二阶段：讲解示范

在学校，由教师讲解与示范任务完成的全过程。讲解原理、示范操作、强调要点、安排讨论、确定方案。

3. 第三阶段：仿真训练

在校内实训基地完成模仿真训练。学生分成若干工作小组，根据任务要求，进行模仿试做，教师做点评，学生互评，使学生掌握每一步的操作要点。

4．第四阶段：现场巩固

到生产厂矿，将学生分组，利用厂矿设备检修时间，由企业兼职教师安排学生随队参与具体的工作任务，理论联系实际、应用于实际，体验真实的职业氛围、职业环境和职业文化，并将职业道德和情感态度有机融合，进一步巩固各项能力。

在第四阶段实施柔性学时，由现场兼职教师根据煤矿安排的检修计划，挑选任务量、技术含量适当的检修任务让学生参与完成，以便更加合理有效地实施教学。

通过教学模式的设计与创新，让学生始终在浓厚的职业氛围中以完成学习任务的学习，将有关知识、技能与职业道德和情感态度有机融合，完成由学生到员工的过渡。

（二）课程单元教学方案设计

按照完成煤矿机电岗位工作的规范步骤进行每一个学习性工作任务教学实施过程的设计，通过多次强化，使学生掌握完成一项工作任务的途径、步骤和方法，从而提高其适应真实工作岗位的能力。

以课程任务 5 "TKD-A 单绳提升机电控系统维护与检修" 为例进行单元教学设计，具体的设计方案见表 13-5。

（三）以 "教、学、做" 一体化教学模式开展训练，有利于学生的综合职业能力培养

摒弃理论和实践独立的教学方式，把教室放在实训室和生产现场，以学习任务为中心，融 "教、学、做" 为一体。教师与学生通过边教、边学、边做来完成教学过程，让学生在生产环境中进行综合性的技术训练，在生产实践过程中发现问题、思考问题、分析问题、解决问题，从而充分调动学生的积极性与主动性。

（四）加强校矿合作，共同考核学习效果

职业教育走校矿合作的道路，有利于提高煤矿人才培养的针对性，实现学校和煤矿的 "双赢"。煤矿的需求是学院确定矿山机电专业人才培养目标的根本依据。为此，在人才培养方案的执行过程中，我们不断对人才市场进行调研，根据

表 13-5　单元教学方案设计

TKD-A 单绳提升机电控系统维护与检修	学时：20 学时

学习目标：

1. 能说出 TKD 型电控系统用途、功能、主要电气设备
2. 学会对检修设备进行停送电的操作方法
3. 掌握具体电气设备的检修方法
4. 通过学习进一步熟悉电气元件的结构、组成、性能和作用
5. 掌握在工作过程中遇到特殊问题的处理方法

学习内容	教学实施过程
TKD 型电控系统的主要设备：高压开关柜、高压换向接触器、电磁控制站、制动电源装置、磁放大器和自整角机检修内容、方法、步骤及完好标准	本单元采用"校矿结合四阶段"教学模式，立足于加强学生实际操作能力的培养，让学生在操作过程中，学会电气设备检修的全部工作过程，掌握所涉及电气元件的结构、组成、性能和作用 1. 采用的教学法：宏观上采用任务驱动教学法，微观上在不同阶段分别采用启发讲解、示范操作、教学做一体化教学方法 2. 教学过程分四个阶段 第一阶段：获取任务，初识载体（4 学时） 带领学生到生产厂矿，由兼职教师现场讲解 TKD 型电控系统安全操作规程、目前的应用情况、主要电气组成、运行规律、日常检修项目、检修工具和仪表、完好标准 第二阶段：讲解与示范（8 学时） 教师汇总分析学生第一阶段的任务单后，有针对性地对 TKD-A 电控系统各环节进行原理讲解，让学生对照电气原理图进行操作过程分析、图形符号与实物对照、故障分析与处理，并示范检修操作，然后学生分组，教师引导学生制定检修方案。 第三阶段：仿真训练（4 学时） 利用校内实训基地的设备，教师提前设置一些常见故障，学生按照既定方案进行仿真训练，在这个过程中教师要注意观察学生的操作，对于不正确、不规范的操作及时给予指导 第四阶段：现场巩固（4 学时，柔性学时） 利用煤矿矿井提升机的检修时间，由现场兼职教师安排学生随队检修，使学生体验真实的生产操作过程。任务结束后，学生填写任务单，讨论交流实践心得 在整个教学实施过程中，教师应注意观察每个学生的学习过程，及时听取学生的反馈信息，并对学生工作情况进行作业评价，并给出任务考核成绩

人才类型的需求变化进行一定的调整，不断优化培养方案，使其较好地贴近毕业生岗位需求实际。

　　学生所完成的学习性任务都是企业的实际生产任务，教学实施结合现场实际工作岗位进行，聘请现场专家、能工巧匠指导学生实践训练。学生完成学习任务的过程，根据企业上岗资格要求进行即时考核，整个课程结束后参考职业技能鉴定应知应会内容组织考试，充分体现以就业为导向，以职业能力培养为目标的高职教育教学理念。

七、多种教学方法的运用

矿山机械设备电气控制系统运行、维护与检修课程是矿山机电专业的核心专业课程，课程内容体系以煤矿典型机械设备电控系统为载体，以工作任务为中心而构建。课程涉及的设备多，每一个学习性工作任务的性质、特点有所不同，设计的能力训练项目所需要的教学场景也不相同，因此在"校矿结合四阶段"教学模式的实施过程中，根据课程内容的不同，会灵活应用不同的教学方法。

1. 操作示范法

煤矿机电工作岗位的工作内容主要有矿井通风设备、压气设备、排水设备、提升设备四大件电气系统安装、调试、检修，采煤机、掘进机、运输机电气系统安装、调试、检修等。依据这些岗位对知识、能力和素质的要求，构建了由十个学习性工作任务组成的课程内容体系，每一个任务下达后，教师要对具体的操作进行示范教学，以便学生掌握行业标准要求的规范操作方法步骤，刚开始要对全部的操作做示范，到后面的任务时，只对操作要点进行示范就可以了，学生作为完成任务的主体，所要进行的操作越来越多、越来越复杂，教师作为任务实施过程中的指导者，以完成任务的效果与质量来评价学生的学习成果。

2. 案例分析教学方法

在教学的过程中，将各任务的工程实例和事故案例引入教学内容中，针对这些实例和案例组织学生进行实例和案例分析。通过工程案例和事故案例的分析不仅可以极大地激发学生的学习兴趣，还可以提高他们编制施工方案的能力与安全组织施工的使命感和责任心。

3. 角色扮演法

在具有电气设备安装、运行操作、维护维修的工作任务的实施过程中，模拟煤矿机电队的劳动组织方式，将学生分成班组并以班组为单位进行组织管理，每组 5～8 人，分别由学生担任组长、记录员和组员。各成员分工明确，在任务实施之前由班长组织召开班前会，传达学习及操作任务、要求、劳动分工及安全注意事项，劳动监管与检查、考评等，任务结束后召开班后会，总结任务完成的情况与考评结果。教师在这个过程中仅充当技术顾问进行巡回指导。

4. 教学做一体化教学法

充分利用校内实训基地的设备资源条件，将教室设在实训室，实施教学做一体化，使学生在教中学、学中做、边学边做，使知识、技能与职业素质同步增长。突出技能的培养，从而有效地提高学习效率。

5. 开展专题讲座

为了使学生进一步拓宽视野，了解国内外煤矿机电新技术、新设备及学科前沿技术的应用情况，增强学生热爱矿山，献身煤炭的建设与发展事业。在课程教学的过程中，定期聘请煤矿企业机电技术专家做专题讲座。专题讲座与课程教学相结合，不仅使学生增长了见识，还使他们树立了扎根煤矿的坚定信念。

第14章　零件的计算机辅助编程与调试

一、课程设置

（一）课程性质与作用

1.专业背景

制造业是经济增长和发展的原动力，在工业经济中有着举足轻重的地位。在推进新型工业化、打造现代制造业基地的进程中，数字化设计与制造类高技能人才的缺乏，已成为制约发展的瓶颈，这对数控技术专业和课程建设的改革提出了迫切的要求。

作为重点建设专业，数控技术专业的目标是培养出数控加工程序编制、数控加工工艺编制、数控设备操作、产品质量控制、数控设备调试维护等岗位的高素质技能型专门人才。其培养特色是培养的学生具有较高的数控加工程序编制能力。

2.课程性质

零件的计算机辅助编程与调试是数控技术专业的核心课程，是在明确了该专业人才培养目标和专业技术领域就业岗位的任职要求后，以学生职业能力培养和职业素养养成为重点，采用基于工作过程的课程开发思路，与企业共同开发的一门"教、学、做"一体化的课程。

本课程将"计算机辅助设计、计算机辅助制造（以下简称 CAD/CAM）""数控仿真加工""数控加工技术"课程进行重组优化，同时将国家数控程序编制员、工艺员职业资格标准企业标准及企业文化等融合于课程教学内容中，以典型机械零件的计算机辅助编程与调试为载体来设计、组织和实施教学，充分体现数控专业人才培养目标和从业岗位群的任职要求，是一门提升学生综合素质，增强学生的职场竞争力和适应性的工作领域专业顶点课程。

3．课程作用

零件的计算机辅助编程与调试课程是围绕数控技术专业学生主要职业岗位应具有的职业能力和职业素养培养的要求而重点开发和实施的课程。通过本课程的学习，可以培养学生利用企业常用 CAD/CAM 软件完成典型零件的工艺方案设计、三维数字建模、计算机辅助编程、后置处理、数控仿真、程序管理和传送、零件加工指导、质量控制、程序调试等工作任务的能力，保证数控程序编制员等岗位需要的核心职业能力，同时，可以培养学生在企业化运作条件下，根据项目生产计划与预算来完成任务、根据企业产品设计与加工程序优化来提高生产效率、根据员工角色定位与认同来参与团队合作等方面的社会能力与方法能力。

（1）主要就业岗位与职业能力结构分析

经过系列实践专家研讨会和行业、企业的调研，对数控技术专业职业岗位工作进行了整体化的分析与描述，明确了主要就业岗位、典型工作任务与职业能力，为开发基于工作过程的专业课程体系提供了充分的依据。主要就业岗位与典型工作任务见表 14-1，职业能力分析如图 14-1 所示。

表 14-1　主要就业岗位与典型工作任务

主要就业岗位	典型工作任务	学习领域课程
1. 数控程序编制员 2. 数控工艺编制员 3. 数控设备操作工 4. 产品质量检测员	1. 机械零件图纸的读绘 2. 操作普通机床加工零件 3. 操作数控车床加工零件 4. 操作加工中心加工零件 5. 操作数控铣床加工零件 6. 使用常用量具、量仪检测零件 7. 零件加工工艺的编制 8. 机械零部件的测绘 9. 机械零部件的三维造型 10. 机械零部件的手动与自动编程 11. 机械零部件的计算机仿真加工 12. 数控设备的维护与保养	机械零件的工程图读绘 使用普通设备的零件加工 机械产品的精度检验 机械加工工艺文件的识读与编制 数控程序手工编制与实施 使用数控车床的零件加工 零件的三维建模与装配设计 使用加工中心的零件加工 典型零件数控加工工艺编制及实施 数控设备的维护和管理 零件的计算机辅助编程与调试

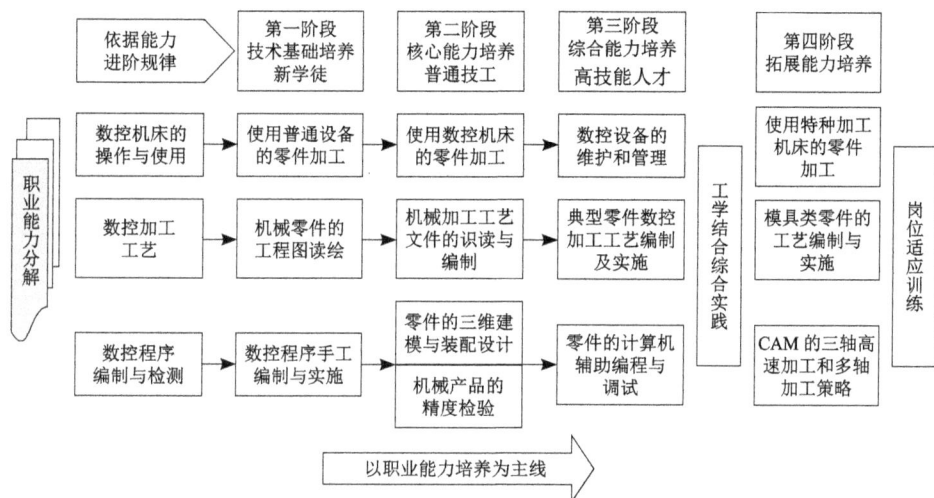

图 14-1　数控技术专业职业能力结构

（2）在专业课程体系中的作用

从表 14-1 和图 14-1 可看出，本课程与前续课程"机械产品的精度检验""数控程序手工编制与实施""使用数控车床的零件加工""使用加工中心的零件加工""零件的三维建模与装配设计""典型零件数控加工工艺编制及实施"等，以及后续的毕业综合实践和顶岗实训课程完全对接。课程的开发为后续"CAM 的三轴高速加工和多轴加工策略"、"模具类零件的工艺编制与实施"及毕业综合实践奠定了良好的理论和实践基础，对提高数控技术专业人才培养质量、提升学生职业能力与职业素养具有明显的促进作用。

（二）课程设计的理念与思路

1．设计理念

零件的计算机辅助编程与调试课程设计以学生为中心，依据"区域经济发展、学院办学定位、专业人才培养目标""企业、学生、教师"三位一体需求导向，借鉴国内外先进职教理念和课程开发模式，坚持"过程导向·做学一体、自主管理·角色互换、情境真实·教学工厂"原则，以数控程序员、工艺员等职业岗位综合能力培养为核心，与中外企业、特别是国外著名企业，合作开发以工作过程为导向的学习领域，力求把本课程建设成为"理论够、内容新、起点高、应用多、学得活"，适应企业对高素质技能型专门人才需要、充分体现"高等性""职业性""开放性"相融合的、以"工学结合"为特色的"学生乐学，教师乐教"课程，具体的设计理念如图 14-2 所示。

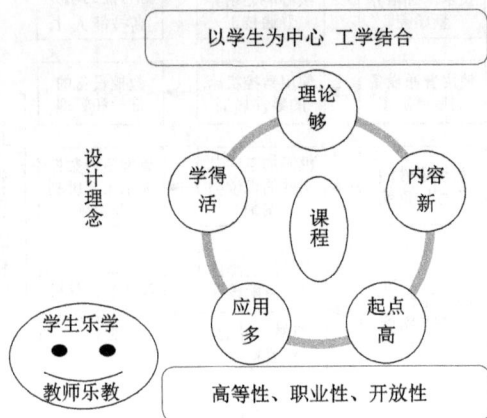

图 14-2　课程设计的理念

2. 设计思路如图 14-3 所示。

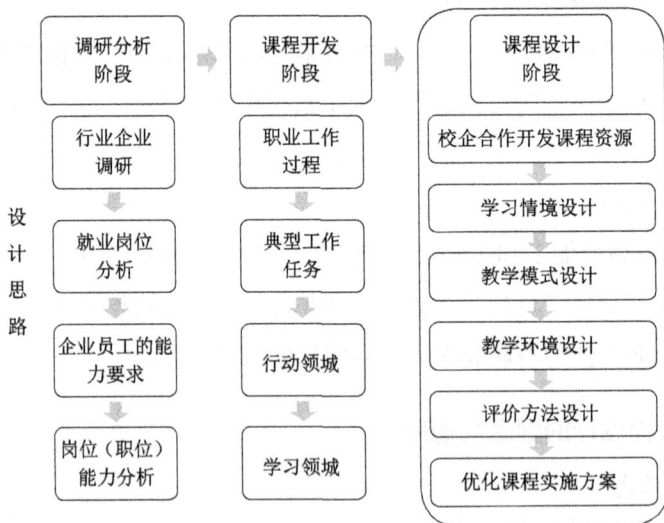

图 14-3　课程设计技术路线

（1）校企深度耦合，开发课程资源

校企岗位互聘，组建一支专兼结合的优秀课程教学团队。企业的数控程序
编制技术专家担任本课程的兼职老师，一方面指导和解决学生在程序调试过程中
遇到的技术难题；另一方面与课程团队中专任教师共同切磋 CAM 软件的新功能
等。学校的专任教师被企业聘为工程师、技术顾问，一方面与企业工程技术人员

一起解决产品生产过程中遇到的实际问题；另一方面承担与企业合作的横向课题
（项目）等。

校企合作开发教材。邀请中外企业数控方面的技术专家与课程专家一起制定
课程标准、共同开发教材，课程所有案例均来自外资企业，将企业中常用的计算
机辅助编程方法设计成七个学习情境，每个学习情境都配有相应的教学资源与
学习资源，其中所涉及的图纸、工艺卡、任务单、程序调试反馈单等均来自企业
的原版，确保学生所学知识"有用、实用"。

课程资源开发流程如图 14-4 所示。

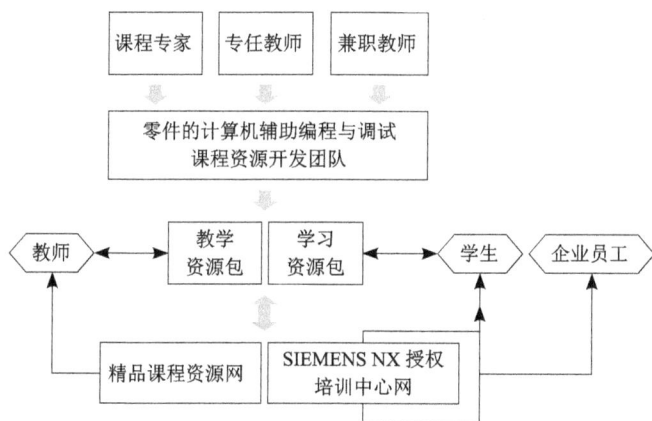

图 14-4　校企合作开发的教学资源

（2）遵循认知规律，设计学习情境

遵循学生的认知规律，按照由"简单到复杂，从单一到综合"的排列梯度，
选取了涵盖数控程序员必需的平面铣、型腔铣、固定轴曲面轮廓铣、点位加工、
车铣复合等高等级岗位技术的七个典型学习情境组成整个学习领域（课程），具
体的学习情境设计如图 14-5 所示。

（3）采用"做中学"教学模式，让学生"学起来"

根据学生现状，结合数控程序编制员等岗位的任职要求，采用"做中学"教
学模式，考虑合适的教学策略，即教师角色由传统的"主动"变为"主导"，成
为工作过程中的"合作者""引导者""参与者"；学生角色由传统的"被动"
变为"主动"，成为项目驱动下的"设计员""工艺员""程序编制员"。采用
灵活多样的教学方法，从而激发学生的学习兴趣。

零件的计算机辅助编程与调试——学习情境设计

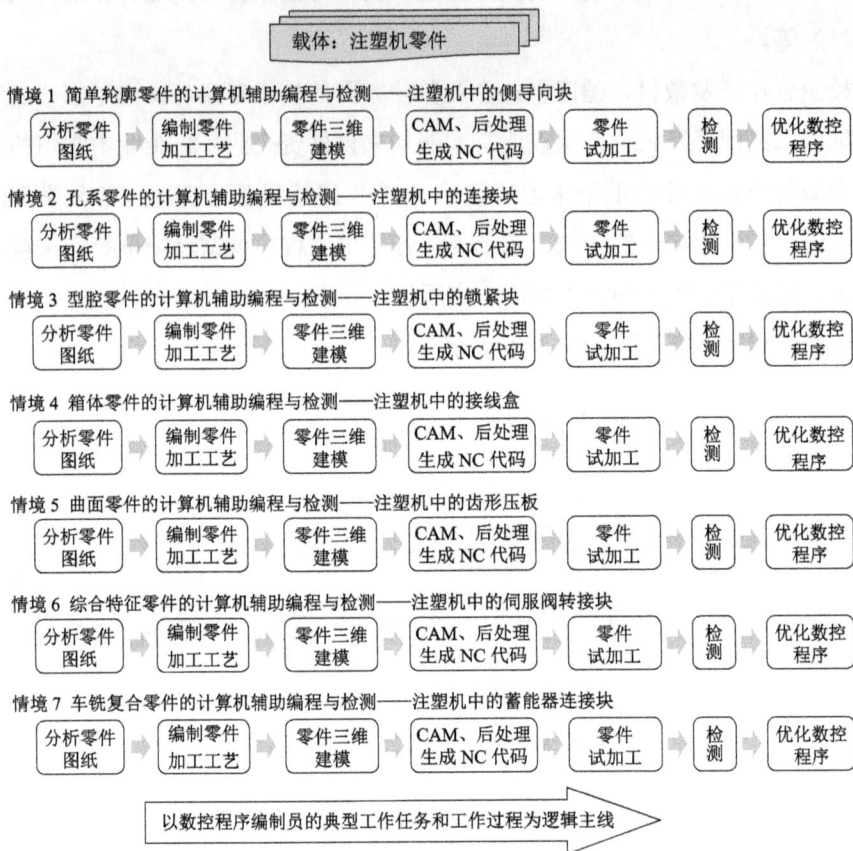

载体：注塑机零件

情境 1 简单轮廓零件的计算机辅助编程与检测——注塑机中的侧导向块

分析零件图纸 → 编制零件加工工艺 → 零件三维建模 → CAM、后处理生成 NC 代码 → 零件试加工 → 检测 → 优化数控程序

情境 2 孔系零件的计算机辅助编程与检测——注塑机中的连接块

分析零件图纸 → 编制零件加工工艺 → 零件三维建模 → CAM、后处理生成 NC 代码 → 零件试加工 → 检测 → 优化数控程序

情境 3 型腔零件的计算机辅助编程与检测——注塑机中的锁紧块

分析零件图纸 → 编制零件加工工艺 → 零件三维建模 → CAM、后处理生成 NC 代码 → 零件试加工 → 检测 → 优化数控程序

情境 4 箱体零件的计算机辅助编程与检测——注塑机中的接线盒

分析零件图纸 → 编制零件加工工艺 → 零件三维建模 → CAM、后处理生成 NC 代码 → 零件试加工 → 检测 → 优化数控程序

情境 5 曲面零件的计算机辅助编程与检测——注塑机中的齿形压板

分析零件图纸 → 编制零件加工工艺 → 零件三维建模 → CAM、后处理生成 NC 代码 → 零件试加工 → 检测 → 优化数控程序

情境 6 综合特征零件的计算机辅助编程与检测——注塑机中的伺服阀转接块

分析零件图纸 → 编制零件加工工艺 → 零件三维建模 → CAM、后处理生成 NC 代码 → 零件试加工 → 检测 → 优化数控程序

情境 7 车铣复合零件的计算机辅助编程与检测——注塑机中的蓄能器连接块

分析零件图纸 → 编制零件加工工艺 → 零件三维建模 → CAM、后处理生成 NC 代码 → 零件试加工 → 检测 → 优化数控程序

以数控程序编制员的典型工作任务和工作过程为逻辑主线 ➡

图 14-5　学习情境设计

（4）教学实施场所，尝试校企共建模式

本课程根据现有学生上课规模，依托省级数控实训基地的资源优势，设计既能达到预期的教学效果又能降低教学成本的教学环境，尝试校企共建模式。学习情境中资讯、计划、决策阶段内容的授课地点设在数控技术交流活动中心，实施阶段即 CAD/CAM 内容的授课地点设在 CAD/CAM 实训室和 SIEMENS NX 授权培训中心，试加工、检测、调试数控程序阶段设在与住校企业共建的数字化制造中心内完成。

（5）评价方法设计

围绕"以学生为主体"的教学思想设计各学习情境的评价环节，突出评价主体互动化、评价内容多元化、评价过程动态化等特征，注重过程考核与终结考核相结合。校企共同参与教学评价，将企业对员工的考核标准与学校考核要求相结合。设计一套合适的切实可行的教学评价方案。

（6）优化课程实施方案

教师根据不同班级、不同专业的实际情况，在实施课程前与实施过程中对课程内容进行二次开发，优化已存课程方案。扩充相关的教学资源包，建设以"教材为核心"的资源库，让学生"乐学"，教师"乐教"。

二、教学内容

（一）教学内容的针对性与适用性

1. 教学内容的针对性

（1）课程内容的选取，充分考虑数控技术类毕业生"首岗适应、多岗迁移"的培养要求，强调就业岗位、强调数控程序员、工艺员等的职业标准，强调载体选择的典型性、普适性及实用性、针对性。

（2）课程组经与工程技术专家的反复论证后，确定了以注塑机典型零部件为载体的"识读图样、三维建模、CAM 编程、仿真加工、零件试加工后检测优化程序"这一典型工作任务。

（3）此类零件的图纸采用的是几何尺寸和公差（以下简称 GD & T）标准，全英文的第三角投影工程图，涉及现代制造业领域的计算机数字化制造的核心知识。在数控加工企业中，有很多此类零件或类似产品生产，具有典型性和普适性的特点，有助于学生适应苏州地区国际化先进技术企业对高素质技能型专门人才的需要，有助于学生将来的就业与岗位迁移。

（4）根据专业人才培养要求，依据学生认知规律和能力形成特点，将计算机辅助制造技术与数控程序员的实际工作任务相结合，将涉及的"公司生产标准、GD & T 标准""国家数控程序员、工艺员认证标准""CAD/CAM 技术""数控仿真加工""数控加工技术"等多方面的内容进行重组，优化成为本课程的课程内容。

（5）以校企合作企业 SIEMENS NX 公司的 NX 主流软件为开发平台，并借鉴零件成组分类法形成七个学习项目，重构了基于工作过程和基于知识应用的行动体系课程，教学内容具有工作过程知识与技能的实用性和针对性。

2．教学内容的适用性

课程采用项目化的结构，所有七个项目均来自企业生产一线。从企业接受订单开始，到企业检讨（中外图纸识读）、零件加工工艺编制、零件三维建模（CAD）、计算机辅助编程（CAM）生成 NC 代码、转送 NC 代码给 CNC 操作员，零件首件试加工到程序调试，涵盖了数控程序员典型工作任务的技术链，学习内容完全与企业同步，遵循了普适性的工作过程结构（资讯、计划、决策、实施、检查、评价）的六步骤，体现了工学结合的特征。

项目实施流程企业化：按照企业生产过程（分析图纸—CAD 三维建模—CAM 编程—试加工零件—检测零件—调整优化程序），采用真实化教学情境（场地设在校企共建的数控技术交流中心—CAD/CAM 技术中心—数字化制造中心），教师是企业主任工程师、工程师——校企岗位互聘，学生是企业设计员、工艺员、编程员、调度员、机床操作员、质检员，使学生直接参与企业真实的生产项目，通过若干项目"做中学"，明显缩短了学生与企业的距离，较好地满足本区域对数控技术类职业岗位的综合能力需要。

（二）教学内容的组织与安排

1．以数控程序编制员的典型工作任务和工作过程为逻辑主线，整个课程采用项目化结构，构建了七个螺旋上升教学情境，具体的教学情境及学习重点见表 14-2。七个载体的形状由简单到复杂，工艺类型由单一到复合、编程技术由基础到综合。各情境按照"六步法"（资讯、计划、决策、实施、检查、评价）实施教学，教学实施时的学习任务难度逐步增加，教师的指导工作量逐步减少，从而使学生的独立程度逐步上升。

表 14-2　课程教学情境及学习重点

情境（项目）	学习重点	载体		学时
简单轮廓零件的计算机辅助编程与调试	NX CAM 的基本操作 NX CAM 平面铣操作 NX CAM 仿真加工 NX CAM 后处理（以 FANUC 为例） RS232 通信（以 FANUC 为例） 注塑机侧导向块加工及程序调试 零件检测及程序优化、学习项目汇报	侧导向块		12

续表

情境（项目）	学习重点	载体		学时
孔系零件的计算机辅助编程与调试	NX CAM 孔系加工操作 NX CAM 环形槽加工操作 NX CAM 公制螺纹加工操作 NX CAM 英制螺纹加工操作 NX CAM 镗孔操作 NX CAM 孔加工优化 NX CAM 后处理（以 FANUC 为例） RS232 通信（以 FANUC 为例） 注塑机连接块加工及程序调试 零件检测及程序优化 学习项目汇报及资料归档	连接块		12
型腔零件的计算机辅助编程与调试	X CAM 型腔铣操作 NX CAM 余料型腔铣操作 NX CAM 等高轮廓铣操作 NX CAM 后处理（以 SIEMENS 为例） RS232 通信（以 SIEMENS 为例） 注塑机锁紧快加工及程序调试 零件检测及程序优化 学习项目汇报及资料归档	锁紧块		12
箱体零件的计算机辅助编程与调试	NX CAM 加工策略使用技巧 NX CAM 中 IPW 操作 NX CAM 中拐角控制技巧 NX CAM 后处理（以 SIEMENS 为例） RS232 通信（以 SIEMENS 为例） 注塑机接线盒加工及程序调试 零件检测及程序优化 学习项目汇报及资料归档	接线盒		12
曲面零件的计算机辅助编程与调试	NX CAM 固定轴曲面加工操作 NX CAM 区域铣加工操作 NX CAM 参考刀具加工操作 NX CAM 参考刀具清根加工操作 NX CAM 后处理（以 FADAL 为例） RS232 通信（以 FADAL 为例） 注塑机齿形压板加工及程序调试 零件检测及程序优化 学习项目汇报及资料归档	齿形压板		16

续表

情境（项目）	学习重点	载体		学时
综合特征零件的计算机辅助编程与调试	NX CAM 曲面驱动铣加工操作 NX CAM 流线加工操作 NX CAM 高速加工技巧 NX CAM 后处理（以 FADAL 为例） RS232 通信（以 FADAL 为例） 注塑机伺服阀转接块加工及程序调试 零件检测及程序优化 学习项目汇报及资料归档	伺服阀转接块		16
车铣复合零件的计算机辅助编程与调试	NX CAM 的车、铣复合加工操作 车、铣复合加工程序编制 NX CAM 后处理（以 HAAS 为例） RS232 通信（以 HAAS 为例） 注塑机蓄能器连接块加工及程序调试 零件检测及程序优化 学习项目汇报及资料归档	蓄能器连接块		16

2. 在每个学习情境之后，学生需在网站资源库中选择适合自己水平的类似产品零件 CAM 加工，将自己的成果在数控技术交流中心与老师和同学分享经验、交流问题、讨论程序是否合理、高效。

3. 课程教学组织流程是根据零件图技术要求和生产批量，依据行业和生产企业的相关标准，查阅相关资料（资讯），设计数控加工工艺方案（决策），编制工艺卡等数控加工技术文件（计划），使用 CAD 软件对零件进行三维建模，CAM 软件编程，仿真加工，后置处理，生成 NC 程序并传输给 CNC 操作员（实施）、程序调试、零件试加工，对加工结果进行检测并填写检测报告（检查），根据检测结果优化工艺参数调试程序、项目汇报、文件存档（评价）。

下面以项目 1：简单轮廓零件的计算机辅助编程与调试为例来介绍教学的组织与安排，具体内容见表 14-3。

表 14-3　项目 1 教学内容的组织与安排

教学内容组织与安排				
课程：零件的计算机辅助编程与调试				
授课教师		授课班级		参考学时：12
情境 1	载体名称	工作载体		授课地点：
		产品模型	真实产品	
简单轮廓零件的计算机辅助编程与调试	注塑机中的侧导向块			数控技术交流中心 CAD/CAM 技术中心 数字化制造中心 （校企共建）
任务描述	根据给定的注塑机侧导向块零件图，设计数控加工工艺方案，编制工艺卡等数控加工技术文件，使用 NX 软件对注塑机侧导向块进行三维建模，CAM 软件编程，仿真加工，后处理，生成 NC 程序并传输给 CNC 操作员，使用加工中心对注塑机侧导向块进行试加工，对加工结果进行调试并填写检测报告，根据检测结果优化走刀路线和程序，并存档			
教学设计	根据学生的认识规律，从零件的台阶面加工着手，将对零件表面铣数字化加工所涉及的知识：图纸分析、加工工艺制定、NX CAM 表面铣操作、NX CAM 加工仿真、NX CAM 程序后处理、RS232 通信、零件加工检测等知识分别掺入注塑机铝制滑块的台阶面加工的过程中来进行讲解，本项目分 8 学时完成。其教学流程采用六步法：资讯—计划—决策—实施—检查—评价。布置课后任务和下次课的任务			
教学资源	教材：《零件的计算机辅助编程与调试》校企联合开发 教学资源： 1. NX 软件 2. 注塑机铝制滑块零件图 3. 注塑机铝制滑块加工视频、电子课件 4. NX 软件使用手册（电子版） 5. 数控设备加工中心 6. 相应夹具、刀具、量具 7. 数字资源：NX6_CAST_CN 文件；NX6_html_files 文件；词汇表、CAM 加工补充学习资料、案例 1：侧导向块加工操作图解、案例 2：内凹零件加工操作图解等 Word 文件；1_1.prt、1_2.prt 等 UG part file；内凹零件加工操作 .avi、侧导向块加工操作 .avi 等视频文件；PPT 课件；UGCAM 网站论坛等			
教学目标	知识目标		能力目标	素质目标
	1. 掌握 NX CAM 的基本操作 2. 掌握 NX CAM 编程的一般流程 3. 掌握 NX CAM 中坐标系、几何体、刀具、加工方法的创建 4. 掌握 NX CAM 中表面铣操作 5. 掌握 NX CAM 中仿真加工方法 6. 掌握 NX CAM 后处理方法 7. 掌握 RS232 通信		1. 能正确使用 NX CAM 中的基本操作 2. 能在 NX CAM 中创建坐标系、几何体、刀具、加工方法 3. 能在 NX CAM 中创建表面铣操作 4. 能在 NX CAM 中后处理程序 5. 能在 NX CAM 中仿真加工 6. 能把程序传输到加工中心中	1. 培养学生自主学习，独立完成任务的能力 2. 培养学生的创新精神和实践能力 3. 培养学生的团队合作能力

项目任务分解	任务 1. 分析零件图纸，建立零件三维模型 任务 2. 查阅 GD&T 标准手册，编制零件加工工艺 任务 3. 使用 NX 软件自动生成零件加工轨迹，并做仿真加工 任务 4. 后处理加工程序，并做电脑与数控机床通信 任务 5. 零件试加工 任务 6. 检测并优化程序
教学方法	角色扮演法、激励法、项目教学法、层次结构法等

资讯（1 学时）

教学提纲	主要内容	教学方法	学生活动	参考时间（min）	备注
任务描述	下发任务书，描述项目学习目标	1. 角色扮演法 2. 项目法	1. 听讲 2. 接受任务书	10	下发引导文
布置任务	1. 交代项目任务 2. 发放相关学习资料	3. 激励法 4. 提问法	1. 听讲 2. 接受学习资料	6	—
指导、答疑	指导、回答学生提问	5. 讲授法 6. 演示法	学生讨论并提出疑问	7	—

决策、计划（2.5 学时）

教学提纲	主要内容	教学方法	学生活动	参考时间（min）	备注
分析图纸	1. 分析零件图并进行数据及加工 2. 信息处理 3. 数据处理	1. 角色扮演法 2. 项目法 3. 工作过程思维导图法	学生分组讨论，查阅 GD&T 标准	15	—

决策、计划（2.5 学时）

教学提纲	主要内容	教学方法	学生活动	参考时间（min）	备注
制订零件加工控制计划	1. 确定零件加工方案 2. 制订零件加工控制计划	1. 角色扮演法 2. 项目法 3. 工作过程思维导图法	1. 制订加工控制计划 2. 口头汇报加工方案	25	教师对各组汇报的加工方案汇总，制订零件加工控制计划
制订零件加工工艺	1. 选用刀具 2. 选用夹具 3. 设置加工参数 4. 填写工艺卡		学生查阅加工手册，刀具手册，制定加工工艺，并做汇报	45	每组制定各自的加工工艺，并推荐一人做汇报

续表

加工工艺审核	教师审核各组加工工艺，保证工艺的可行性	1. 角色扮演法 2. 项目法	学生根据需要，更改加工工艺	15	各组填写工艺卡
小组分工	各组根据任务，组内进行分工	3. 工作过程思维导图法	小组讨论，进行分工	7	各组填写组内分工表

实施（5 学时）

教学提纲	主要内容	教学方法	学生活动	参考时间（min）	备注
零件三维建模	各组根据零件图纸，使用 NX 软件进行三维建模	1. 演示法 2. 练习法 3. 角色扮演法 4. 项目教学法 5. 激励法	按组内分工，部分同学进行三维建模，部分同学做机床上的加工准备	45	学生自主完成，教师技术支持
编制零件加工刀具加工轨迹	1. NX CAM 基本操作 2. NX CAM 编程流程 3. 创建坐标系、几何体、刀具、加工方法 4. 创建表面铣加工 5. 设置表面铣加工参数 6. 生成注塑机铝制滑块加工轨迹 7. 注塑机铝制滑块仿真加工		学生完成注塑机铝制滑块的 CAM 编程和仿真加工	135	教师对同学的操作进行指导和检查，保证程序安全、可行
程序后处理	1. 后处理的基本操作 2. 注塑机铝制滑块加工轨迹进行后处理，得到 NC 代码	1. 演示法 2. 情景教学法	学生完成注塑机铝制滑块加工轨迹的后处理	20	以 FANUC 系统为例后处理
程序传输	1. RS232 通信相关知识 2. 将注塑机铝制滑块加工 NC 代码传入加工中心		学生完成 NC 代码的传输	25	—

检查（3 学时）

教学提纲	主要内容	教学方法	学生活动	参考时间（min）	备注
零件试加工	1. 零件试加工 2. 设备保养	激励法层次结构法	学生操作加工中心加工零件	60	学生自主完成，教师技术支持
零件检测	对试加工结果进行检测并填写检测报告		学生检测零件、填写检测报告	30	学生自主完成，教师技术支持
程序优化	根据检测结果优化走刀路线和程序，并存档		优化程序、存档	45	学生自主完成，教师技术支持

续表

评价（0.5学时）					
教学提纲	主要内容	教学方法	学生活动	参考时间（min）	备注
结果评价	1. PPT汇报：学生汇报本项目的整个实施过程和经验分享，并进行自我评价 2. 互评：以小组为单位，分别对其他组做的工作结果进行评价和建议 3. 教师评价：教师对互评结果进行评价，指出每个小组及其成员的优点，并提出改进建议	1. 角色扮演法 2. 激励法	学生制作PPT并总结汇报	30	教师就质量、效率、安全等问题提出建议，并填写评价单
资料整理	1. 学生提交所有技术文件 2. 学生整理项目所有资料，将相应资料归档		资料整理填写教学反馈单	15	填写教学反馈单
布置下个学习项目					
教师：发放项目零件图纸；提出项目实施要求；给出学习资源网站地址、相关案例加工视频、相关技术资料 学生：分组、阅读、分析零件图纸；查阅相关学习资料和技术资料；小组讨论并初步制定零件加工工艺方案和零件建模方案					

三、教学方法与手段

（一）教学模式的设计与创新

1. 教学内容与工作任务整合：坚持教学内容和生产技术零距离、知识学习和实践操作一体化、考核要求和职业标准相结合，教学和生产性实训一体化。根据工作任务设计七个学习情境，并设置相应的工作过程情节，融"教、学、做"为一体，按照"资讯、计划、决策、实施、检查、评价"的工作过程，在任务展开中教学、在问题解决中学习、在完成任务中提高。同时，将"责任模式""时间管理"等理念引入学习过程，将企业文化、岗位职责、专业能力、方法能力、社会能力等落实到教学环节中，促进实现与数控程序编制员等岗位典型工作任务的"零距离"对接。

2. 课程实施与企业生产融合：为体现工学结合的特点，依托学院省级数控实训基地，在产品数字化设计与制造中心的平台上，推行"教学工厂化"和"工厂教学化"，引入驻校企业的技术和产品，引进企业技术人员、企业文化与管理模式，师生以企业员工的身份进行真实的生产（教学）活动，实现产学一体化、情境真实化、人员职业化、设备生产化和管理企业化。贯彻"大手牵小手"理念，并融入课程实施中，进一步增强学生的职业能力培养与团队精神打造。

3. 教学评价与企业评价结合：围绕"以学生为主体"的教学思想设计各学习情境和评价环节，突出评价主体互动化、评价内容多元化、评价过程动态化等特征，注重过程考核与评价。吸收实习单位参与教学评价，将企业对员工的考核标准与学校考核要求相结合。借助省级数控实训基地、SIEMENS NX 授权培训中心等优势，在课程教学实施中将获取职业资格证书融入教学过程，强化学生职业素质和职业技能。全面改革考核方法，强调素质与能力，按照项目评估表，对学生每个工作过程进行评价，每一个项目进行考核，考核表见表 14-4，综合评定，体现能力优先。

表 14-4　考核表

教学内容	评价要点	评价标准	评价方式	考核方式	分数权重
项目 1	资讯	是否清楚领会项目内容及要求	小组成员互评	答辩	0.1
	计划、决策	工作流程是否正确	教师评价	口试	0.1
	实施	是否在规定时间内完成任务	教师评价	操作、口试	0.3
		是否独立完成	小组成员互评		0.1
	检查	是否完成任务要求			0.1
	评价	任务完成质量、工艺是否合理、程序是否正确	专兼职教师		0.2
		是否规范生产（5S 要求）			
		是否具有质量意识和经济意识			
		汇报质量	专兼职教师、各小组负责人	汇报、答辩	0.1
		工作过程是否具有创新性			
		团队协作情况			

（二）多种教学方法的运用

教学方法是否得当，直接关系到教学的效果。在学习领域课程中，要充分发挥学生在教学中的主体地位，充分调动学生的学习兴趣，注重学生综合运用能力的培养，采用基于行动导向的教学方法成为必然选择。根据本课程的性质及学生情况，本课程主要采用如下几种教学方法：

1. 角色扮演教学法：实施企业运作模式，教师是企业的工程师，学生是企业的员工，将学生分成 6 组，每组选举一名项目负责人，课前到老师处领任务，组织组内成员讨论探究，如有疑问可随时讨论或查询资料。同时组与组之间展开比赛，项目完成后各组负责人汇报总结。教师角色由传统的"主动"变为"主导"，成为工作过程中的"合作者""引导者""参与者"；学生角色由传统的"被动"变为"主动"，成为项目驱动下的"设计员""工艺员""程序编制员"。此方法可激发学生探究性学习的兴趣，培养学生实际工程运用能力，培养团队合作、创新精神和竞争意识。

2. 项目教学法：根据企业数控程序编制员、数控工艺员的岗位职责要求，本课程打破了传统的教学体系，设计了由易到难的七个教师主导教学项目，一方面可以使学生（初学者）快速地掌握 NX 中建模、加工等功能模块中平面铣、型腔铣、固定轴曲面轮廓铣、多轴加工等的使用方法与技巧；另一方面能实现与职业岗位无缝对接。

3. 激励教学法：邀请做得又好又快地学生展示自己的作品，介绍经验，肯定学生操作思路的优化、操作要领的到位、特征定位的准确、操作效果的完美，引导其他同学自由提问，为学生之间的交流、切磋创造环境，让学生在体验成功带来的快乐时也明白了学好 NX CAD/CAM 的关键是相信它、爱护它、关心它、研究它，不要怀疑它。学好 CAD/CAM 技术的秘诀是积极、乐观、充满理想。从而有效地调动了学生学习的积极性，即由传统的被动学习变为主动探索。

4. 层次结构教学法：学期结束，教师给出三个典型企业项目，学生可根据自身学习情况自选，项目的难度分别为一般、难、较难，学生结合个人学习掌握知识的情况，选择最能体现自己水平的项目，独立完成 CAM 编程，并与其他同学交流分享完成项目的操作思路、关键知识点及操作技巧等。寻找"不同层次的学生群体"和"课程结构性的知识"之间的切入点和结合点的项目是该教学方法的关键。该教学法能让每个学生都品尝到成功的喜悦。

（三）现代教学技术手段的应用

1. 使用多媒体教学

本课程已连续多年使用多媒体课件或软件进行教学，课件教学重点突出、教学方法恰当、文字内容精练、图片画面生动活泼，且易于操作，还配有大量实物图片、操作录像等，使教学更加形象、直观、真实。既可作为教师的教学课件，也可作为学生自学、复习的工具。丰富生动的多媒体教学资源，生动友好、多样化的交互方式，有效增强了学生的学习兴趣、提高了学习效果。

2．运用课程网站辅助教学

为了有效促进学生课外学习，我们依托学院网络教学平台，建立了相关的课程网站，面向学生全面开放。为实现开放式教学，课程网站设有大量的教学资料，并设有师生互动交流区，学生可以在课后根据需要随时观看和查询本课程的内容，提高自主学习的效果。

3．采用企业真实情境教学

课程以典型机电产品——注塑机零部件为载体，师生以企业员工的身份进行真实的生产（教学）活动，从而加深学生对设计、加工和程序调试的理解。同时，高端三维软件 NX 的应用，可对零件进行设计、加工、检测的模拟和仿真，检查加工工艺并进行优化加工程序，有效提高机床的加工效率和零件的加工质量。

第 15 章　零件的普通车削加工

一、课程设置

　　零件的普通车削加工课程是数控技术专业的一门核心课。依据数控技术专业人才培养目标，重点培养和训练学生运用普通车床进行零件加工、制定机械加工工艺方案及解决现场常见工艺问题的能力，对培养学生数控加工工艺的实施与设计能力起重要的支撑作用。数控加工的核心是工艺问题，而本课程正是采用循序渐进、手脑并用的方式，按照学生职业能力成长规律和学生认知规律，使学生通过亲身体验和感悟，理解和掌握工艺的内涵，为学习数控加工和今后从事数控加工奠定必要而坚实的基础。

　　1. 确定专业人才培养目标

　　数控技术专业的人才培养目标是能在装备制造业的相关企业中从事数控机床操作、数控机床调整、数控加工程序编制、数控加工工艺制定等工作，具有良好的核心职业素质（具有成本、质量、效益、团队合作意识、规范操作、吃苦耐劳精神），能熟练运用各种机械加工设备进行零件加工工艺实施的高素质技能型专门人才，数控专业培养目标如图 15-1 所示。

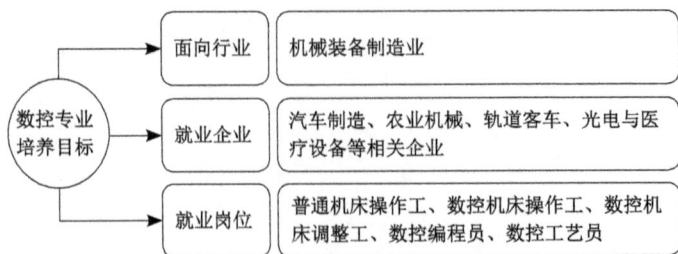

图 15-1　专业培养目标

2．紧盯核心工作岗位，兼顾拓展岗位，构建专业课程体系

通过到各种不同类型制造企业调研，经过整理，企业需要的数控技术人才分为三个层次的岗位群，不同类型的企业对三个层次的数控技术人才有不同的要求，具体内容见表 15-1。

表 15-1　岗位能力调研

人才层次	工作岗位群	岗位能力一般描述
高级	1．数控工艺员 2．技术主管	掌握数控加工工艺知识和数控机床的操作，熟练掌握三维 CAD/CAM 软件，熟练掌握数控的自动编程技术，并具有一定的车间管理和组织能力
中级	1．机械设备高级操作员 2．班组长	精通机械加工和数控加工工艺知识，熟练掌握机床的操作及数控机床手工编程，了解自动编程和机床的简单维护、维修
初级	机械设备操作员	在生产岗位上承担机械设备的具体操作，对零件的机械加工过程有一定认识的技术工人

为将学生从入学时的新手培养成为能熟练操作机械设备的操作者，再到能处理现场一般加工工艺问题的数控设备高级操作工，直到能进行生产组织、工艺制定、现场管理的车间工艺人员，构建了理论与实践、知识与能力及素质有机结合的"岗位能力渐进式"课程体系，体系构建如图 15-2 所示。

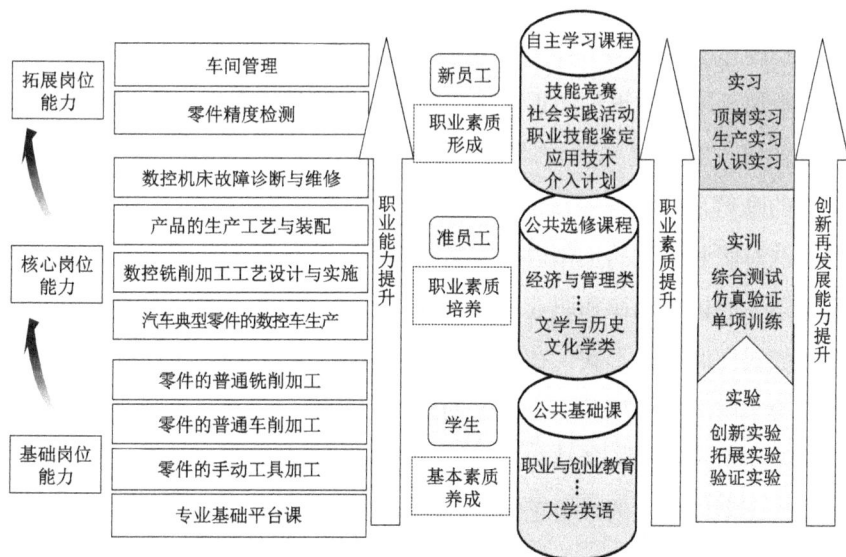

图 15-2　课程体系构建

3．本课程在专业课程体系中的作用

从课程体系中可以看出，零件的普通车削加工是数控技术专业课程体系中的

重要组成部分。

　　本课程是在学生已有基本的机械加工常识的基础上，通过农机系列轴及农机配件等项目的实际生产过程，采取项目教学法，进一步加强学生识读较复杂零件图能力及制定机械加工工艺（重点是车削加工工艺）的能力，同时训练学生运用车削加工方法进行零件生产的工作能力，为学生下一步的数控车削加工学习奠定一个较扎实的车削加工工艺基础和操作技能。

　　本课程的前续课程有"识图与制图""机械结构分析与设计""机械制造基础""零件的手动工具加工"，后续课程有"汽车典型零件的数控车生产"及生产实习和顶岗实习。因此，本课程对实现数控专业的人才培养目标起重要的支撑作用。

二、课程设计的理念与思路

　　本课程以培养学生车削加工工艺的执行能力、机械零件加工工艺的制定能力为目标，将成本、质量、效益、合作意识等核心职业素质的培养融于教学全过程，采用工作过程导向的课程建设理念，打破以知识传授为主要特征的传统的教学模式，构建以工作任务为中心、以实践技能提高为主线的"1-3-8-3"教学模式，将车削加工工艺的理论知识依据工作任务的需要分散到每个学习情境中，用理论指导实践，并促进实践技能的提高。学生在完成具体任务的过程中加深对所需理论的理解，并构建系统的应用知识，具体内容如图 15-3 所示。总的工作思路是通过对职业岗位的工作内容、工作过程、工作环境和评价方案加以分析提炼，遵循学生的认知规律和职业的成长规律，设计由易到难的学习情境。以"一体化、开放式"的教学形式，在每个学习情境中，学生都是在完成工作任务的过程中，获得车削加工及机械加工工艺的知识和技能，同时获得职业能力，为学生的可持续发展奠定基础，考核与评价借鉴企业评价员工工作质量的考核方法与形式，使学生逐渐向企业的准员工转化，实现培养目标。

　　具体做法如下：

　　1. 校企合作，共建课程

　　本课程通过与多家不同类型的企业合作，共同对普通车工岗位工作任务进行分析、归纳，得出岗位的典型工作任务，又通过分析典型工作任务所需要的职

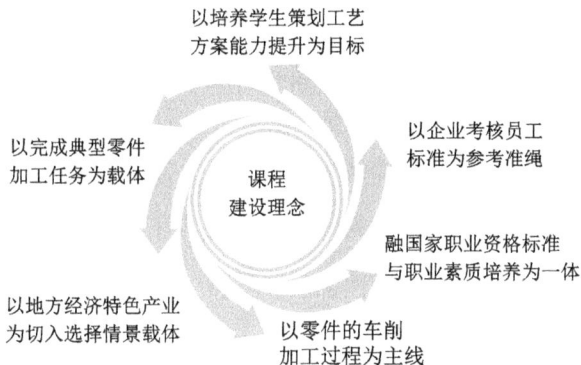

图 15-3 课程设计的理念与思路

业能力、素质要求，选取与组织教学内容，结合国家中级车工职业资格标准，确定本课程的课程标准；以企业生产的典型零件为载体，以典型零件的加工过程组织和安排教学，以培养学生综合能力为主线，让学生在完成具体工作任务的过程中，掌握车削加工的理论知识，从而增强及发展学生的职业能力。

2. 服务地方经济，分层次面向支柱产业选择教学载体

为拓宽学生的就业领域，增强学生的职业适应能力，数控技术专业在课程设置中，有针对性地依据地方经济产业的产品特点，按阶段选择了三类行业作为教学载体选择对象，具体内容如图 15-4 所示。

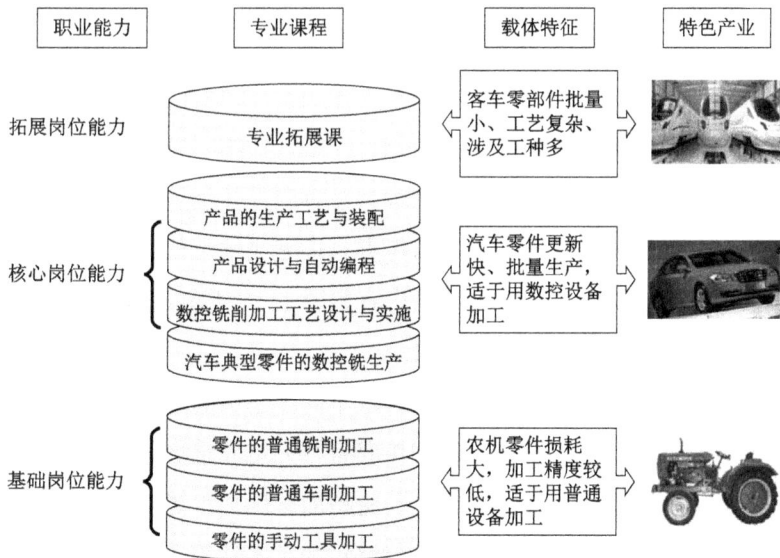

图 15-4 教学载体的选择

第一阶段主要培养学生对普通机械加工设备的运用能力和机械加工工艺制定

的初步能力，因此在这一阶段，课程主要针对因易损件较多，市场需求较大，但加工精度相对较低，运用普通机械加工设备即可完成并达到加工精度的农机配件生产作为教学载体，这样既可以服务地方经济，也符合学生的职业成长规律和学生的认知规律；第二阶段主要培养学生对数控加工设备的运用能力及数控编程能力，因此选择汽车零件作为训练的载体，使学生具有较强的专业核心能力；第三个阶段是学生综合能力提升、拓展能力形成阶段，教学载体选择轨道客车的零部件生产，进一步培养学生制定复杂零件的加工工艺方案与合理实施的能力。学生通过在三个阶段对三种产品零件的加工训练，从中学习到零件加工的普适性规律并了解地方特色产业的特点，达到举一反三的学习效果，使学生在毕业时可以从容面对各产业的加工制造工作。

3. 依据企业典型零件生产设计情境，实现教学与企业生产过程相互对应

本课程是学生学习过程中接触到的第一个涉及机械加工的学习领域课程，该课程不仅要在操作技能上得到训练，同时还要培养学生制定机械加工工艺的能力。为使学生对各类型企业的工作过程有一个较为全面的了解，我们以零件工艺文件的完整性为切入点，将选定的八个课程载体按照工艺文件的完备性序化为三个学习情境，即具备完整工艺文件的零件的加工、具备不完整工艺文件的零件加工和不具备工艺文件零件的加工。三情境下按载体设置的八个工作任务，承载由浅入深的知识和由易到难的技能，在每一个工作任务中，又依据零件的加工过程，将任务分解为工艺分析—工艺准备—工件加工—精度检验—误差分析—工艺方案完善六项分项任务，通过资讯、计划、决策、实施、检查、评价等教学环节组织实施，使教学过程与企业的生产过程相互对应，并且采用灵活的、开放式的教学方法，用分组实施及课外自主学习等方式来完成学习任务，从而锻炼学生的团队合作及自主学习能力，具体的对接内容如图15-5所示。

4. 分析职业岗位能力，明确课程目标

通过对企业里车工工作岗位及发展岗位车间工艺员的职业能力进行分析，结合国家职业资格标准，确定了本课程的培养目标为培养掌握轴类零件车削加工、套类零件车削加工、螺纹、蜗杆、锥面、特型面车削加工等基本技能，具有制定一般零件的车削加工工艺方案的能力，能够对加工零件的质量问题进行分析并提出解决方案，具备一定的方法能力和团结协作能力，有严谨规范的工作态度及吃苦耐劳、诚实守信等优良品质的高素质高技能型人才。

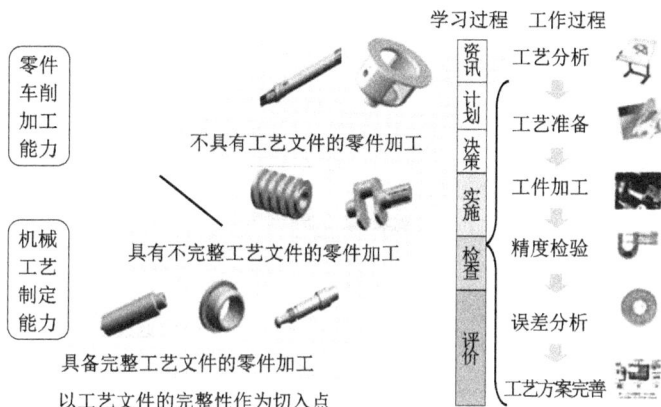

图 15-5　教学与企业生产过程对接

5．设计行动导向教学法，提高学生职业能力

教学方法是实现学生能力培养的重要手段。为了培养学生的职业能力，本课程在开放式教学模式的前提下，通过真实的生产过程，采用教、学、做一体的行动导向教学法，促进学生职业能力的提高。本课程通过应用示范、任务分析、小组讨论、案例分析、引导文、关键词卡片、可视化、演讲法等多种教学方法，使学生在生动、活跃的教学过程中形成自主学习能力，从而提高其社会能力。在教学手段上充分利用教学课件、教学录像、现场实践、网络资源等教学资源方便学生的自主学习和自我提高。

6．融入职业要素评价，促进学生职业素质提升

以过程考核为重点，以企业评价为主导进行课程成绩评定。采用过程性考核与终结性考核相结合，理论考核与学生加工零件质量考核相结合的原则。评价方式由"教师一锤定音"转变为"自我评价、小组评价和教师评价相结合"的评价方式。评价指标融入企业生产管理元素，从职业素质与态度、质量与效益、工艺策划与实施三大方面，分层次、有重点地对学生职业能力进行考核。职业素质与态度主要考查学生职业规范、职业习惯的形成状况，考核指标为学习工作态度、操作规范、出勤、团队合作、交接班及工作现场状况等，考核方式是以小组之间、小组内部、教师等方面共同形成评价；质量与效益重点考核学生的质量与效益意识，引进企业中三种交验零件的形式（一次交验合格率及交验时间；返修交验合格率及交验时间；让步接收率及交验时间），对学生进行评价；工艺策划与实施重点考查学生工艺方案设计与实施的能力，评价指标分别为资源装备利用、

工艺路线、辅助时间、切削用量选择及经济性评价五个方面，由专、兼教师团队
按不同的身份以不同的权重进行评价。

通过这种考核方式，使学生逐步适应企业对员工的考核模式，从而全面培养
学生的职业道德、职业素质。

7. 以职业能力培养为重点，突出职业性、实践性、开放性

本课程在设计开发过程中考虑机械加工车工岗位的任职要求，并选择企业
的真实项目作为学习的载体，充分体现职业性；课程在实施过程中，通过理实一
体的教学模式，采用教、学、做一体的典型零件加工实境训练，突出实践性；在
教学载体的选择上，充分考虑企业中先进技术、先进工艺及新材料的应用情况，
通过设置拓展任务，实现课程的外延，并随着技术的发展和进步，教学载体可替
换，又通过设置校外实习基地完成的工作任务和课外拓展项目及第二课程活动，
丰富学生的学习生活，开设的拓展项目有来自企业真实的生产产品，有教师根据
多年的教学经验精心设计的产品模型，也有同学们自己设计的小作品，通过这些
训练，培养了学生的创新思维和可持续发展的能力，形成了全方位、全时段、开
放式的学习环境，这体现开放性。

三、教学内容

1. 针对职业岗位确定教学内容

数控技术专业通过行业企业调研、企业专家研讨会、毕业生调研问卷等方
式，确定了毕业生主要就业岗位为数控设备操作工、数控编程员及数控工艺员。
在这些岗位中无论哪个岗位，其最基本的岗位能力都是对机械零件加工工艺的实
施与制定能力。数控技术专业课程体系中，针对基础岗位能力设置了三个学习领
域课程（零件的手动工具加工、零件的普通车削加工及零件的普通铣削加工），
其中，零件的普通车削加工课程是为了培养机械制造业普通车床操作工和机械工
艺员所开设的。

课程组成员先后到多家校企合作企业，针对本课程所对应的普通车床操作工
和机械工艺员岗位进行调研，与企业专家剖析了两个岗位完成工作任务所需的能
力、素质。同时我们还对车工国家职业标准进行分析，使选取的以工作任务为载
体的教学内容有效涵盖国家职业标准，以便学生通过本课的学习之后能够取得职

业资格证书，使课程内容的职业岗位针对性更强，具体的岗位要求见表 15-2。

表 15-2　岗位对应的能力、素质要求

岗位	能力	素质
普通车床操作工	1. 正确识读零件图的能力 2. 根据确定的加工方案调整机床，使其正常运转的能力 3. 轴类零件、套类零件、异型件的车削加工能力 4. 对所加工的零件按图纸要求进行检验的能力 5. 对机床进行日常的保养与维护能力	1. 安全意识 2. 规范意识 3. 系统意识 4. 质量意识 5. 环保意识 6. 吃苦耐劳的工作作风 7. 严谨细致的工作态度
机械工艺员	1. 根据工件材料的特性及可切削加工性能合理选择加工刀具的能力 2. 确定加工方案的能力 3. 根据零件的结构特性合理、安全的装夹工件的能力 4. 对加工零件的质量问题进行分析并提出解决方案的能力	1. 工程意识 2. 经济意识 3. 团队精神 4. 全局观念 5. 协调能力 6. 组织能力 7. 管理能力

2．结合地方经济选择教学载体

经过与企业专家共同探讨，考虑到本课程在专业课程体系中的地位，以及零件的经济性和实用性，同时兼顾车削加工类零件的普适性特点选择教学载体。在企业提供的大量图纸中，最终选定拖拉机转向器总成上蜗杆、水泵曲轴及半轴等八个农机类零件作为本课程的载体。这八个零件分别属于轴类零件、套类零件、壳体类零件及异型件，包括外圆、端面、阶台、沟槽、圆锥面、内外三角形螺纹、蜗杆、曲轴及细长轴等特征要素，同时涵盖车工职业技能鉴定标准所要求的知识和技能点。

所选择的载体既能结合企业实际，又能满足教学需要，学习项目中同时融入图纸的识读、工夹量具的选用、车床操作、工艺文件的执行、机械加工工艺的制定及对零件加工质量的控制等内容，而这些内容正是所有机械加工共同的工作过程，所以学生学完本课程后，能够深刻体会机械加工完整的工作过程，学会举一反三，更有利于学生职业生涯的可持续发展，课程的教学载体与知识技能见表 15-3。

表 15-3　课程教学载体及其承载的知识技能

序号	载体类型	载体所包含特征	载体名称	载体图示	涵盖职业标准的内容	
					知识	技能
1	轴类零件	外圆、端面、阶台、内孔（钻孔）	联合收割机减震器复原阀托盘支架		1. 台阶轴的车削方法 2. 钻孔的方法	1. 能车削 3 个以上普通台阶轴 2. 能进行钻孔加工
2	套类零件	内孔（钻、扩、镗）	联合收割机减震器复原阀托盘套		套类零件钻、扩、镗、铰的方法	能车削套类零件
3	轴类零件套类零件配合零件	圆锥、成形面、沟槽、三角形外螺纹	联合收割机减震器复原阀托	 	1. 普通螺纹的种类、用途及计算方法 2. 螺纹车削方法、检测方法 3. 套螺纹前杆径的计算方法 4. 圆锥的种类、定义及计算方法 5. 圆锥的车削方法 6. 成形面的车削方法	1. 能正确车削沟槽 2. 能车削普通螺纹、英制螺纹及管螺纹 3. 能车削具有圆锥面工件的锥面 4. 能车削球类工件、曲线手柄等简单成形面，并进行相应的计算和调整 5. 能正确使用滚花刀进行滚花
4	轴类零件	细长轴	拖拉机转向器蜗轮蜗杆轴		细长轴的加工方法	能车削细长轴并达到要求
5	蜗杆类零件	蜗杆	拖拉机转向器蜗杆		1. 蜗杆的种类、用途及尺寸计算 2. 蜗杆的加工方法、检测方法	能车削、检测蜗杆
6	偏心轴类零件	曲轴	拖拉机水泵曲轴		两拐曲轴的车削方法	两拐曲轴，并达到要求
7	壳体类零件	壳体、薄壁	拖拉机差速器壳体		利用大型车床加工零件的方法	理解大型工件的车削加工方法
8	轴类零件	阶台、外圆锥面、三角形外螺纹、成形面	拖拉机半轴			综合类零件的车削加工及工艺制定

3．学习情境设计

通过与行业、企业专家对机械工艺员、普通车床操作工岗位系统的分析，确定本课程的培养目标是培养学生机械工艺的制定能力和零件的车削加工能力，在课程设计时要兼顾这两方面的能力培养，通过分析各类型企业零件加工过程的特点，从中总结出按照给定工艺文件的完备性来设计学习情境，即具有完整工艺文件的零件加工、具有不完整工艺文件的零件加工和不具有工艺文件的零件加工，将选定的教学载体融入设定的情境中，使学生在完成由易到难零件加工的同时，机械工艺的制定能力也得到锻炼，从认识机械加工工艺文件到熟识工艺文件及制定工艺文件，将选取的生产中具有代表性且符合学习递进关系的八个零件作为教学载体设置工作任务，承载由浅入深的知识和由易到难的技能，在每一个工作任务中，又依据零件的加工过程，将任务分解为工艺分析—工艺准备—工件加工—精度检验—误差分析—工艺方案完善等分项任务，通过资讯、计划、决策、实施、检查、评价等教学环节组织实施，使教学过程与企业的生产过程相互对应，并且采用灵活的、开放式的教学方法，分组实施及课外自主学习等方式来完成学习任务，从而锻炼学生的团队合作及自主学习能力。

以上任务按照难度递增的学习规律排序，在前一个工作任务中获得的工作技能为后一个工作任务的开展搭建一个基础平台，后一个工作任务又在前一个工作任务的基础上进行技能训练的提升。

四、教学内容的组织与安排

教学内容的组织与安排遵循学生职业能力培养的基本规律，以零件的车削加工过程中真实的工作任务、工作流程为依据，整合工作过程知识，序化教学内容。

（一）课程总体描述

通过对零件的车削加工过程中真实的工作任务、工作流程分析，得出对本课程学习目标、工作与学习任务的描述，具体内容见表 15-4。

表 15-4　学习目标、工作与学习任务描述表

课程名称	零件的普通车削加工	第三学期 128 学时　8 学分

学习目标:

1. 制定零件加工工艺方案并实施

2. 学生在教师指导下或利用机械加工工艺师手册等资料,根据提供的零件图纸制定零件的机械加工方案并优化,之后实施、检查。在加工的过程中,使用工具、设备、加工方法和加工材料等符合劳动安全和环境保护规定

3. 在规定的时间内完成机床工作状态的调试、工件的装夹、刀具的安装、车床加工参数的调整、零件加工质量的检查等项目,工作时遵守操作规范。对已完成的工作进行记录、存档、评价及反馈,自觉保持安全、整齐、干净的工作环境

工作与学习内容		
工作对象: 1. 需完成的零件图或加工任务单 2. 工具、加工材料及工装的领取 3. 加工的经济性、安全性和生产效率	工具: 1. 图纸、机械加工工艺师手册等资料 2. 车床、车削加工常用刀具、量具、夹具、加工零件毛坯、质量检验标准 工作方法: 1. 与车间工段长或车间主任就零件加工内容的沟通与记录 2. 确定所需工装的形式、型号及数量	工作要求: 1. 从经济、安全、环保及满足客户要求来确定加工方案 2. 具有成本意识的加工工作 3. 安装工件、工具的摆放、机床调整和维护、工艺参数的确定等工作标准规范 4. 对已完成的工作进行记录存档,评价和反馈 5. 自觉保持安全作业及 5S 的工作要求

（二）具体教学设计及学时安排

1. 教学设计及学时安排

根据工作任务的难易程度及所承载的知识、技能、素质要求,进行学时分配。依据课程总的教学要求,对每一个学习情境进行教学设计,教学设计包含学习目标、主要学习内容、工作任务、主要教学方法、主要工具、考核方法等内容,具体内容见表 15-5。

每个学习情境都以一个完整的零件车削加工过程实施教学,既训练学生的职业能力,又培养学生的职业素养。每个学习情境既是相对独立的,又是相互关联的。在进行教学组织安排时,充分考虑学生的认知规律,将学习情境按照能力递进原则划分为不同的任务。每个任务都是按照完整的工作过程——资讯、计划、决策、实施、检查、评估来组织教学单元的,同时,每个教学单元的实施过程也遵循完整的工作过程。

表 15-5 教学设计及学时分配表

课程名称	零件的普通车削加工	总学时：128 学时
学习情境一	具备完整工艺文件的零件加工	学时：56 学时
任务一	联合收割机减震器复原阀托盘支架的车削加工	22 学时
任务二	联合收割机减震器复原阀托盘套的车削加工	12 学时
任务三	联合收割机减震器复原阀托及备帽的车削加工	22 学时

学习目标：
训练学生对普通车削加工机床基本操作技能和对机械加工工艺的初步认识
完成：
1. 认识工作环境
2. 车床的安全操作及工具的正确摆放
3. 工艺准备的基本内容
4. 理解生产产品的工艺流程
5. 一般量具的使用
6. 根据所给工艺方案，完成联合收割机减震器复原阀托盘支架（回转体外表面的端面、单台阶面、多台阶面、外圆表面及钻孔）的加工训练
7. 根据所给工艺方案，完成联合收割机减震器复原阀托盘套（钻孔、车孔、铰孔）的车削加工
8. 根据所给工艺方案，完成联合收割机减震器复原阀托及备帽（外圆锥表面、成形表面、三角形内外螺纹）的车削加工

联合收割机减震器复原阀托盘支架

联合收割机减震器复原阀托及备帽

联合收割机减震器复原阀托盘套

主要学习内容	主要教学方法	主要工具
1. 机械加工安全、车工操作规程 2. 机床型号、车床组成及功用 3. 外圆、端面的车削、阶台的车削方法 4. 车刀种类、组成 5. 刀具角度、车刀材料 6. 车刀的刃磨及装夹 7. 麻花钻的角度、刃磨及修磨方法 8. 内孔车刀的角度及刃磨 9. 内孔的加工方法及检测方法 10. 圆锥面的车削、检测方法 11. 成形面的车削、检测及滚花、修光方法 12. 三角形外螺纹车刀的角度及刃磨 13. 三角形外螺纹的车削及检测 14. 三角形内螺纹车刀的角度及刃磨 15. 三角形内螺纹的车削及检测 技能训练： 外圆、端面、阶台的车削 内孔的加工 圆锥面的的车削 成形面的车削 三角形内外螺纹的车削 滚花	1. 示范教学法 2. 四步骤法 3. 引导问题法 4. 讨论法 5. 分析法	CA6140 车床、卡盘、顶尖、外圆车刀、端面车刀、车槽刀、麻花钻、内孔车刀、三角螺纹车刀、滚花刀、游标卡尺、千分尺、内径千分尺、螺纹量规、圆锥量规、零件图纸、任务书及多媒体教学设施

续表

学习情境二	具备不完整工艺文件的零件加工	学时：48 学时
任务一	拖拉机转向器蜗轮蜗杆轴的车削加工	16 学时
任务二	拖拉机转向器蜗杆的车削加工	16 学时
任务三	拖拉机水泵曲轴的车削加工	16 学时

学习目标：

进一步训练学生的车削操作技能，逐步训练学生编制机械加工工艺文件的能力

完成：

1. 将拖拉机转向器蜗轮蜗杆轴的工艺方案制定完整

2. 完成拖拉机转向器蜗轮蜗杆轴（细长轴类工件）的加工

3. 将拖拉机转向器蜗杆的工艺方案制定完整

4. 完成拖拉机转向器蜗杆（蜗杆类零件）的加工

5. 将拖拉机水泵曲轴的工艺文件制定完整

6. 完成拖拉机水泵曲轴（曲轴零件）的加工

拖拉机转向器蜗轮蜗杆轴

拖拉机转向器蜗杆

拖拉机水泵曲轴

主要学习内容	主要教学方法	主要工具
1. 中心架与跟刀架的使用方法 2. 细长轴的车削要点 3. 梯形螺纹、蜗杆的尺寸计算 4. 梯形螺纹蜗杆的车削、检测方法 5. 曲轴的装夹、车削、测量方法 技能训练： 细长轴的车削 蜗杆的车削 曲轴的车削	1. 分析法 2. 示范教学法 3. 引导问题法 4. 讨论法 5. 引导文法 6. 可视化 7. 报告法	CA6140 车床、卡盘、顶尖、鸡心夹、中心架、跟刀架、外圆车刀、蜗杆车刀、量针、千分尺、游标卡尺、齿厚卡尺、零件图纸、任务书及多媒体教学设施

学习情境三	不具备工艺文件的零件加工	学时：24 学时
任务一	拖拉机差速器壳体	4 学时
任务二	拖拉机半轴的车削加工	20 学时

学习目标：

训练学生合理制定机械加工工艺，合理选择切削参数，提升学生的综合零件的操作技能

完成：

1. 拖拉机差速器壳体的工艺规程制定

2. 企业见习，认识其他车床的加工方法

3. 拖拉机半轴的机械加工工艺规程制定

4. 拖拉机半轴的工艺实施

拖拉机差速器壳体

拖拉机半轴

主要学习内容	主要教学方法	主要工具
1. 车削加工工艺制定的方法 2. 车削加工过程中各切削参数的合理选择 3. 车削过程中加工质量的控制 4. 其他车床的工件加工 技能训练： 综合零件的车削加工	1. 案例教学法 2. 分析法 3. 示范教学法 4. 引导问题法 5. 讨论法 6. 引导文法 7. 可视化 8. 报告法	CA6140 车床、刀具、量具、零件图纸、任务书及多媒体教学设施、汇报用白纸、记号笔等

2. 课程考核评价

本课程的考核采用过程性考核与终结性考核相结合，理论考核与学生加工零件质量考核相结合的原则，突出职业素质培养。评价采用自我评价、小组评价和教师评价相结合的方式。评价指标融入企业生产管理元素，从职业素质与态度、质量与效益、工艺策划与实施三大方面，分层次、有重点地对学生的职业能力进行考核。

（1）职业素质与态度内容见表 15-6。

表 15-6　职业素质与态度内容

考核指标	考核依据	考核主体	计分比例
团队合作	工作任务完成平均成绩	小组之间	2%
交接班	《实训中心交接班管理制度》	小组之间	5%
工作现场 5S	《实训中心 5S 管理制度》	小组之间	3%
学习工作态度	《关于学生实训"六队四话"的暂行规定》	小组内部教师	各 2%
操作规范	《普通车床操作规程》	小组内部教师	各 5%
出勤	学院学生请假制度和实训学员请假制度	小组内部教师	各 3%

（2）质量与效益评价考核标准。

根据学生完成任务的一次交验合格率及交验时间、返修交验合格率及交验时间、及让步接收及交验时间来评定，具体内容如图 15-6 所示。

（3）工艺策划与实施合理性评价

①评价由资源装备利用、工艺路线、辅助时间、切削用量选择及经济性评价五个单项构成，每项以 5 分计入，各单项合计分低于 12 分时，需进行工艺修改，再次提交时评定各单项合计分不得超过 12 分，具体的评价内容见表 15-7。

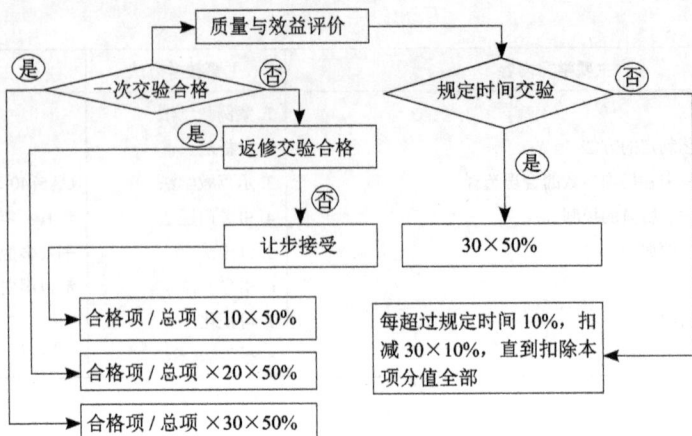

图 15-6 考核评价

表 15-7 工艺策划与实施合理性评价表

项目	教师				合计
	主讲教师	校内教师	校内教师	校外兼职教师	
资源装备利用					
工艺路线					
辅助时间					
切削用量选择					
经济性评价					
总计	$\sum 1$	$\sum 2$	$\sum 3$	$\sum 4$	

②分数计算

教学团队由校内专任教师 3 人及企业兼职教师 1 人组成，按校内主讲教师权重 2、校内教师权重 1+1、校外兼职教师权重 2 进行评价。

即：分数计算 $=[(\sum 1 \times 2 + \sum 2 \times 1 + \sum 3 \times 1 + \sum 4 \times 2)/(2+1+1+2)] \times 40\%$

（三）教学组织与安排

每个学习情境的学习过程都是由若干个学习任务构成，每个学习任务都是由工作任务的完成来实现，学生每完成一个学习任务，就经历了一次典型零件加工的全过程，这样可以在重复的工作过程中不断提升学生的职业能力。以学习情境一中的工作任务一为例来说明教学组织与安排，具体内容见表 15-8。

表 15-8 教学组织与安排

学习情境一	具备完整工艺文件的零件加工			学时 56
工作任务一	联合收割机减震器复原阀托盘支架的车削加工			学时 22
教学过程及学时	资讯 4 学时	计划、决策 1 学时	实施 16 学时	检查、评估 1 学时
教学内容	1. 课程简介 2. 安全生产、文明生产 3. 工作任务布置 4. 任务分析、图样分析 5. 车床结构 6. 车刀装夹、工件装夹的方法 7. 外圆、端面车刀的刃磨方法 8. 外圆、端面、阶台的车削方法	1. 工艺方案分析 2. 机床选择 3. 刀具选择 4. 夹具选择 5. 量具选择	1. 熟悉操作规范 2. 车床操作训练 3. 刀具刃磨 4. 加工前工装准备 5. 示范演示 6. 按照给定的工艺文件进行联合收割机减震器复原阀托盘支架的车削加工	1. 规范检查零件质量 2. 零件质量检查状况分析 3. 按要求填写任务检查记录单 4. 按照考核标准进行考核评估
职业能力培养	1. 了解本课程的目标、内容、教学方法、考核方法等 2. 安全生产意识文明生产习惯逐步养成 3. 图样分析能力 4. 信息收集能力	1. 分析能力 2. 工装的选定能力	1. 熟悉操作规范 2. 熟练操作车床的能力 3. 工艺文件执行能力 4. 外圆、端面、阶台的车削能力 5. 遵守劳动纪律	1. 质量意识 2. 记录的能力 3. 正确评价的能力
教学方法建议	讲授法、分析法、讨论法、测试法、引导问题法、任务教学法	分析法、讨论法	示范演示法、任务教学法、模仿练习法	演示法、模仿练习法
工具及媒介	任务书、图样、课件、讲义	工艺文件	车床、刀具、量具	检测单、检查记录单
教学场地	一体化教室	一体化教室	实训中心	实训中心
考核方法	职业素质与工作态度考核，主要对学习工作态度、操作规范、出勤、团队合作、交接班及工作现场状况几个方面进行考核，考核方式是以小组之间、小组内部、教师等方面共同形成评价；本工作任务在最终考核中权重为 1			

五、教学方法与手段

本课程通过典型工作任务将专业理论知识进行重组，形成一个相对于零件的普通车削加工过程的系统应用知识体系，采用任务驱动的"1-3-8-3"教学模式。

（一）"1-3-8-3"教学模式

如图 15-7 所示，"1"是一个目标，即以培养学生良好的职业素养及实施、设计机械加工工艺能力为主要培养目标；"3"是三个学习情境，以三种企业常见工艺文件的具体情况为切入点设计学习情境；"8"是八个任务，本课程以八个从简单到复杂、从单一到综合的实际工作任务为教学载体；"3"是三个方面的考核评价，通过融入企业管理元素，采用分层次、有重点地对学生的职业能力和素质进行考核，让学生感受企业的管理理念和方式，为学生更快地在职业道路上成长打下坚实的基础。

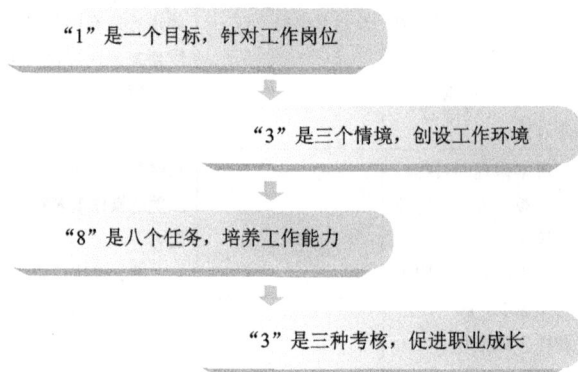

"1"是一个目标，针对工作岗位

"3"是三个情境，创设工作环境

"8"是八个任务，培养工作能力

"3"是三种考核，促进职业成长

图 15-7　"1-3-8-3"教学模式

（二）教学过程工作化

企业对现代员工的要求是能利用信息、采集信息，解决实际问题，并提出合理化建议的知识型员工。因此在教学过程中，我们根据企业对新型人力资源的要求，安排教学环节，具体内容如图 15-8 所示。

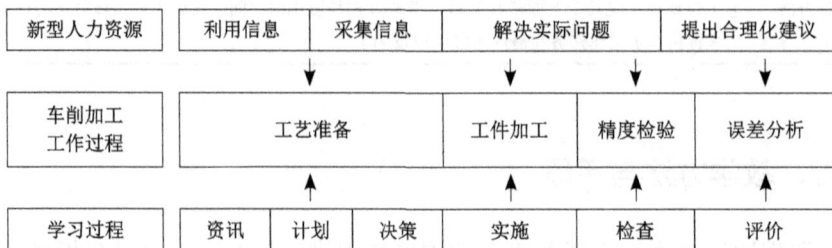

新型人力资源	利用信息	采集信息	解决实际问题	提出合理化建议
车削加工工作过程	工艺准备		工件加工	精度检验	误差分析
学习过程	资讯	计划	决策	实施	检查	评价

图 15-8　教学过程工作化

1. 利用信息——运用已有的知识和技能。

2. 采集信息——学习新的知识和技能。

3．解决实际问题——完成工作学习任务。

4．提出合理化建议——对以往过程的反思及对方案的完善。

具体教学步骤如图 15-9 所示。

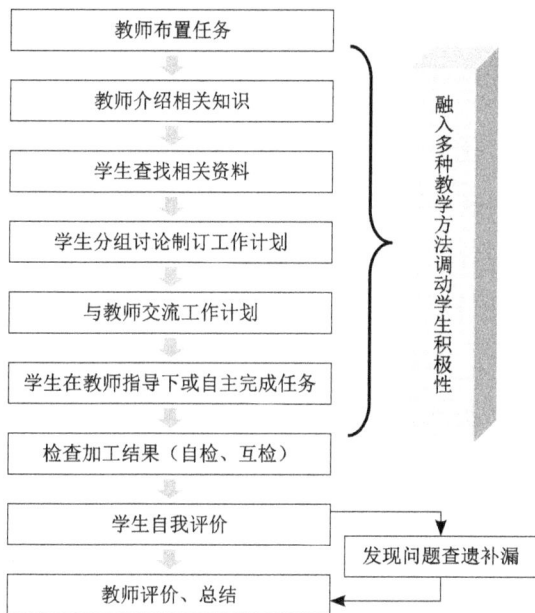

图 15-9　具体教学步骤

（三）"开放式一体化"教学模式，实现课证融合

本课程通过分析各类型企业零件加工过程的特点，以给定工艺文件的完备性为切入点，设置了三个学习情境，即具有完整工艺文件的零件加工、具有不完整工艺文件的零件加工和不具有工艺文件的零件加工。在学习情境的排序上体现了企业规模的由大到小；技术上的由易到难；工作任务上的由简到繁；学生职业能力由单一到综合的递进规律。学生在教师的引领下，以工作任务为导向，边学边做，在实训车间和校外实训基地完成理论与实践一体化的教学任务。在完成一个个学习情境的过程中，学习和掌握制定机械加工工艺规程的知识，积累和熟练车削加工的经验和技能，形成车削加工岗位职业规范和素养，实现实训车间与教室的一体化，理论与实践一体化，课内与课外一体化，工作任务与学习任务一体化。

本课程通过设置校外实习基地完成的工作任务和课外拓展项目及第二课程活动，丰富学生的学习生活，开设的拓展项目有来自企业真实的生产产品，有教师根据多年的教学经验精心设计的产品模型，还有同学们自己设计的小作品，通过这些训练，不仅培养了学生的创新思维和可持续发展的能力，也实现了教学模式的开放性。

本课程结束后学生还可以考取普通车工中级工国家职业资格证书，也为学生后续考取数控车国家职业资格证书奠定了良好的基础。

（四）专兼结合，优势互补

为充分发挥企业外聘兼职教师在实践方面的优势，并将其优势转化为教学资源，教学团队由校内专任教师和企业外聘兼职教师构成。由企业人员参与课程实施，将企业文化、企业技术、企业氛围带入教学，形成真实的工作环境。专任教师负责教学文件的执笔、教学过程的协调及主要的基础理论教学工作，外聘兼职教师负责关键性技能的示范、学生作品的点评、企业典型案例的介绍、加工技巧的传授等方面的内容。由于采用理实一体化的教学模式，外聘兼职教师授课课程比例超过 30%，使学生得到了"原汁原味"技艺和案例的传授，达到了专兼职教师扬长避短，优化组合的目的。

（五）多种教学方法的运用

课程组成员在教学过程中通过不断的探索、总结、改进，已形成适合高职教学且形式多样的教学方法。

1．示范教学法

通过教师操作，学生从教师的示范性操作中学习操作的步骤和方法。

本学习领域课程是学生第一次接触机械设备进行加工，机床各手柄的操纵、工件、刀具、夹具的正确安装涉及学生的人身安全，在这个过程中采用示范教学法。

2．任务分析教学法

通过教师与学生对所面临的工作任务，进行发散的、开放性的分析，从中找出完成任务的关键问题，教师就关键问题进行重点讲解或指导学生查找相关资料，得到解决问题的办法或措施。

3．讨论教学法

学生以小组为单位，根据教师提出的问题或提供的教学资料，在教师的组织和引导下，积极参与课堂讨论，从而实现教与学的互动。

本课程在每一个学习情境中均不同程度地采用了讨论教学法，如在加工方案的确定、工艺路线的制定、工夹量具的选择、切削用量的合理确定、零件的检测及评估等过程中，学生通过讨论，可以从多方面获取不同的知识，还可增强学生思维的灵活性，从而提高学生交流、沟通的能力。

4．案例教学法

通过分析和研究已有的案例组织教学。本课程在第一、二学习情境中，对零件加工方案的制定、刀夹、量具的选用等方面采用了案例教学法。通过案例教学法，同学们可以建立一种学习的模式，方便以后的学习和工作。

第 16 章　轻工自动机电气系统的调试与维护

一、课程设置

（一）课程性质

轻工自动机电气系统的调试与维护是电气自动化技术专业一门重要的培养职业特定能力的专业核心课程，主要为自动设备电气系统的装调与维护岗位培养高技能人才。

（二）专业人才培养目标满足岗位群的任职要求

1．学校办学定位

以服务为宗旨，以就业为导向，以学生为中心，以能力为本位，产学紧密结合，培养面向生产、建设、服务和管理第一线需要的高技能人才。学校坚持把服务意识贯穿于办学的始终，努力服务于每个学生个体发展、服务于和谐社会发展、服务于国家和地方经济建设。

2．专业人才培养目标

电气自动化技术专业面向制造业，培养具有良好的职业道德和创新精神，掌握本专业的技术知识，具备相应实践技能及较强的实际工作能力，熟练掌握典型自动设备和电气产品的操作安装、调试维护、技术管理、销售服务与技术改造等专业技能，并取得维修电工职业资格证书的面向生产第一线需要的高素质高技能人才。

3．职业岗位要求

通过市场调研及企业专家访谈，对本专业就业岗位（群）所需人才素质、知识与能力的分析得出，制造业有大批企业使用自动控制设备，急需从事自动设备和电气产品的操作安装、调试维护、技术管理、销售服务与技术改造等岗位（群）的应用性人才，完整的自动设备调试维护岗位由多项任务组成，需要多个岗位协同工作。

通过对近五年学生的就业分析，本专业学生主要在广州及周边地区就业，在轻工等行业从事电气设备装调维修工作。

（1）学生主要就业地区分布见表 16-1。

表 16-1　学生主要就业地区分布

地区	广州	佛山	东莞	惠州	其他
人数分布	26%	21%	15%	21%	17%

（2）学生主要就业行业分布见表 16-2。

表 16-2　学生主要就业行业分布

行业	轻工机械	成套电器	电子产品	化工设备	其他
人数分布	27%	18%	21%	16%	18%

（3）学生主要就业岗位分类见表 16-3。

表 16-3　学生主要就业岗位分类

序号	就业方向	就业岗位分类	社会职业	人数	比例
1	操作安装方向	自动设备的操作 电控柜的安装 电子产品的装配	生产操作工	76	23.5%
2	调试维护方向	自动设备的调试与维护 电气产品的调试与维修	维修电工 电气设备调试与维护员	85	26.2%
3	技术管理应用方向	自动设备应用与技术改造 电气资料的绘制与编档 企业供配电管理	电气工程师 电气技术文员	24	7.4%
4	质量检验方向	电气产品质检 电子产品质检	产品质检员	18	5.6%
5	销售服务方向	电气产品的营销 电气产品的售后服务	电气产品销售员 售后服务员	43	13.3%
6	生产管理方向	企业生产组织与调度	生产班（组）长	10	3.1%
7	其他			68	20.9%

（三）课程体系设计具有针对性

在国家职业标准中，维修电工涵盖了机械设备及电气系统等安装、调试、维护与修理等岗位要求，为了胜任这一岗位群的工作，要求高职教育所培养的高技能人才具备较强的综合职业能力，其中核心能力、行业通用能力和跨行职业能力充分体现高技能人才的综合职业素质，保证学生可持续发展，职业特定能力满足高技能人才培养的特色和职业资格的标准要求。

电气自动化技术专业课程设置打破传统的学科体系构建方式，以学生综合职业能力培养为目标，结合国家职业技能鉴定中心最新提出的分层化国家职业标准，确定建立以工作过程为导向、以国家职业标准为基础的工作过程系统化课程体系，具体的体系内容如图 16-1 所示。

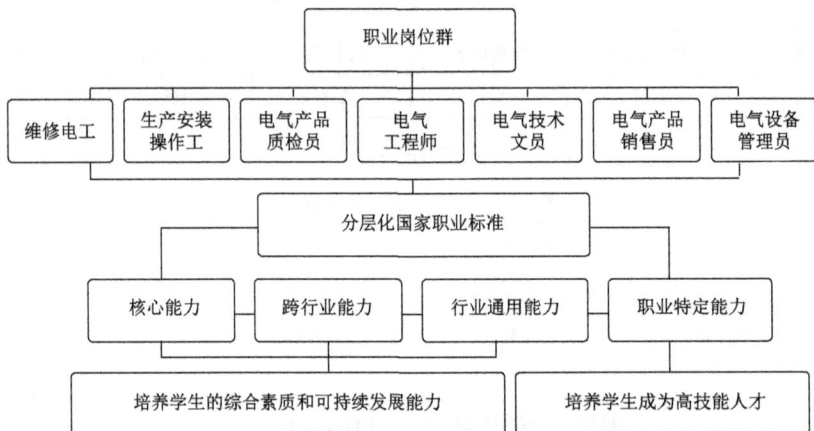

图 16-1　课程设计体系

二、课程设计的理念与思路

1. 依托行业，切合岗位需求，融入国家职业标准

在与行业和企业深度合作的基础上，积极联合轻工自动机生产及应用企业，强调专业教育与职业实践的紧密联系与结合，分析轻工自动机电气系统调试维护工作岗位的知识与技能要求，研究解读维修电工国家职业标准，全面把握电气自动化技术专业高素质高技能人才培养目标，形成本课程的教学目标与教学内容，具体的课程设计与实施模型图如图 16-2 所示。

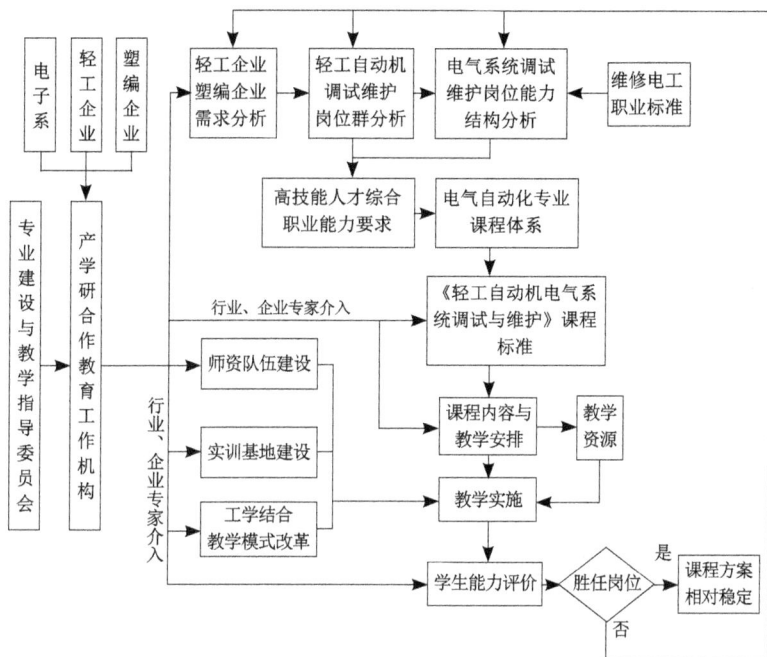

图 16-2 基于岗位需求与职业标准的课程设计与实施模型

2．以职业能力为目标，以工作过程为导向

本课程摒弃了知识本位的课程观，以培养电气设备装调维护职业能力为目标，综合应用 PLC、变频器、伺服控制器、触摸屏、张力控制器等先进控制技术，打破以往仅仅关注"知识点"的观念，以工作过程为导向，以电气设备装调维护人员的职业行动领域，引入完整的工作结构，按照岗位工作过程的知识结构组成与能力训练要求序化教学内容，组织教学与实践训练，从而有效地发展学生的职业能力。

三、教学内容

（一）教学内容的针对性与适用性

1．内容选取充分考虑本地区企业需求及行业分布

为更好地服务地方经济、区域经济，满足行业、企业对电气自动化技术专业人才的需求，在教学内容的选取上，课程组成员对我院电气自动化技术专业的毕业生就业分布、企业及岗位进行了充分的调研，调查范围主要集中在广州周边地区，在

调研的基础上与企业专家合作，针对企业需求选取教学内容，共同选取了打包机、切带机和分切线三个教学载体，使课程更好地为区域经济特别是轻工企业服务。

2．教学载体来源于行业、企业的实际设备，兼顾先进性要求

针对目前轻工企业常用设备，对教学内容进行了精心地挑选与组织，选择了打包机、切带机和分切线三个教学载体，由企业提供相关的设备资料，共同开发校企合作教材，提供场地应用现场教学。这些载体都是来自本区域企业、行业的典型设备，同时具备一定的先进性、前瞻性，其应用技术与其他行业的自动设备相类似，便于学生举一反三，使学生在有限的学习时间内，尽可能满足初始工作岗位及岗位升迁需要，为学生可持续发展奠定良好的基础，载体来源见表 16-4。

表 16-4　教学载体表

序号	教学载体		电气技术	合作内容	来源企业
1	自动打包机		PLC 常规电气控制 交流电动机 电磁阀 传感器	科研合作 现场教学 企业员工培训	常州伟宇精密机械有限公司
2	全自动切带机		PLC 触摸屏 伺服电动机 伺服控制器 电磁阀 光电编码器 传感器	科研合作 现场教学 企业员工培训	常州天马集团有限公司
3	分切线		PLC 变频器 交流电动机 直流电动机 纠偏控制 张力控制器 触摸屏	订单培养（百兴班） 顶岗实习 现场教学 企业员工培训	常州百兴集团有限公司

3．选取内容满足岗位能力要求

对照电气装调维护人员的岗位能力要求，在每个学习情境的教学中均选取了三类典型工作任务：电气系统安装任务主要解决电气图识读、电器选型、线路安装检查等能力；电气系统调试任务主要解决电气线路分析、线路调试、PLC 程序

分析、变频器、伺服控制器等参数设定、触摸屏组态设计等能力；电气系统维护任务主要解决线路的故障检修、电气设备整机保养及维护等能力，在逐个工作任务的学习过程中逐步形成系统集成、系统优化改造、生产管理等能力，职业岗位与工作任务分析见表 16-5。

表 16-5　岗位工作任务表

职业	岗位	工作任务
电气装调维护人员	操作安装工	1. 电气设备的规范安全操作 2. 电气图的识读 3. 常规电器的选型与检查 4. 电气线路的安装接线
	调试维护员	1. 电气图分析 2. 电气线路的调试 3. 电气线路的故障检修 4. 电气设备整机保养及维护 5. 电气设备的现场装调
	技术员	1. 电气系统的集成 2. PLC 程序分析 3. 变频器、伺服控制器等参数的设定 4. 触摸屏的组态设计 5. 电气系统的优化改造
	车间管理	1. 生产管理 2. 工艺管理 3. 设备管理 4. 质量管理

4. 选取内容与职业标准相衔接

在国家职业标准中，维修电工涵盖了机械设备及电气系统及器件等的安装、调试、维护与修理等岗位能力要求，本课程设计的学习情境以具体的工作任务为中心，整合理论与实践内容，为学生提供完整的工作过程学习机会，突出岗位能力训练，教学内容依次递进，反映逐步提高的岗位能力要求，反映与职业标准的衔接。

（二）教学内容的组织与安排

1. 学习情境设计由简单到复杂，螺旋上升

电气装调维护人员通常的工作过程依次为"安装、调试、维护"，本课程每一个学习情境均根据职业工作的要求与顺序安排上述三类任务，构成一个完整的工作过程，在内容上涵盖了维修电工的国家职业标准和企业典型自动设备装调维

修要求，工作难度由低到高，不断循环，符合学生的认知规律，以循环和螺旋上升的方式使学生职业岗位能力逐步提高，具体的工作难度分布及教学布置内容如图 16-3、图 16-4 所示。

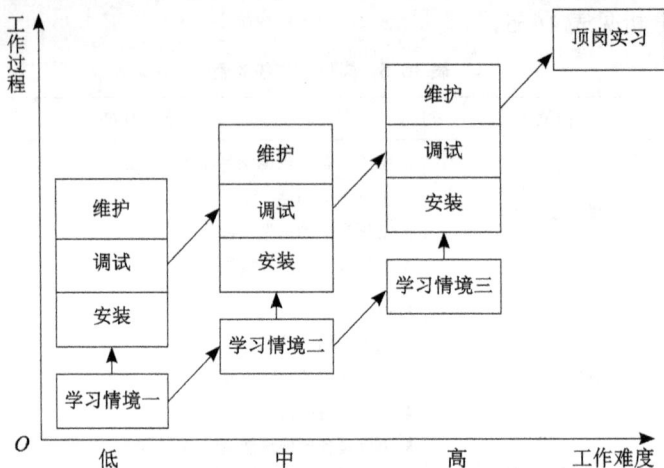

图 16-3　学习情境难度分布

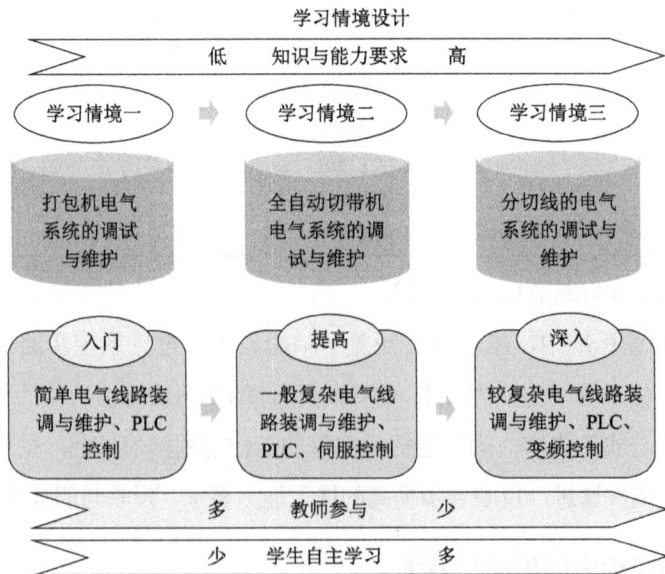

图 16-4　以学生为中心的教学布置

2. 工作任务实施以学生为主体

每个学习情境中的学习性工作任务都按照"布置任务、项目分析、项目实施、检查控制、项目评估"五个步骤执行，灵活运用六步法，以学生为主体，教师为引导，基本任务与创新提高性任务相结合，任务难度、综合度逐步增加，教师的工作量逐步减少，学生的独立程度逐步上升，学生通过若干个相互关联项目的学习，逐步形成必需的职业岗位能力，具体的学习性工作任务教学组织见表 16-6。

表 16-6　工作任务实施表

工作过程	工作任务	教师活动	学生活动	学习场所
布置任务	1. 成立项目小组 2. 接受基本工作任务	1. 布置任务 2. 发任务引导文 3. 任务提示、相关问题讲解	1. 成立项目小组 2. 接受任务 3. 调研、查阅相关资料	图书馆 周边企业 现代控制技术实训室
项目分析	1. 任务要求分析 2. 组织小组汇报初步方案、提出实施优化建议 3. 修改方案 4. 确定项目最终实施方案	1. 操作演示、讲解 2. 方案点评、提出建议 3. 组织讨论、指导分工	1. 任务要求分析 2. 小组汇报初步方案 3. 讨论、优化方案 4. 确定项目最终实施方案，项目实施分工，时间分配	
项目实施	1. 图纸、资料整理与补充 2. 器材工具检查准备、元器件检查、材料准备 3. 项目实施 4. 观察并记录项目实施情况	1. 示范 2. 巡查指导 3. 答疑	1. 图纸、资料整理与补充 2. 器材工具检查准备、元器件检查、材料准备 3. 项目实施 4. 记录项目实施情况	
检查控制	检查实施	1. 检查 2. 点评	1. 自评、小组互评 2. 操作演示、接受教师检查	
项目评估	1. 进行评估、归纳、总结 2. 项目整改、完成项目报告 3. 布置课后练习和下次工作任务	1. 评估、归纳、总结 2. 提出整改意见 3. 提出撰写项目报告要求 4. 布置下次工作任务	1. 接受评估 2. 接受整改意见，提出整改方案 3. 按照要求撰写项目报告 4. 接受下次工作任务	
备注：电气系统维护工作任务安排在企业现场教学				

3．合理设计实践教学环节

课程充分考虑实践环节的重要性，根据工作任务的不同，分别选择在现代控制技术实训室组织一体化教学和在相关企业（生产车间）组织现场教学，整门课程 112 学时，安排在 4 周集中授课，其中一体化教学 94 学时占 84%，企业现场教学 18 学时占 16%。学习性工作任务、课时安排与教学场地见表 16-7。

表 16-7　实践教学环节设计

学习情境	学习任务	教学地点	课时
学习情境一：自动打包机电气系统的调试与维护	任务1：打包机电气线路的安装	现代控制技术实训室	12
	任务2：打包机电气系统的控制与调试		10
	任务3：打包机电气系统的维护（现场教学）	伟宇精机	6
学习情境二：全自动切带机电气系统的调试与维护	任务1：切带机电气线路的安装	现代控制技术实训室	10
	任务2：进带切带的PLC控制与调试		6
	任务3：伺服与触摸屏的控制与调试		6
	任务4：全自动切带机的整机控制与调试		12
	任务5：切带机电气系统的维护（现场教学）	天马集团	6
学习情境三：分切线电气系统的调试与维护	任务1：分切线电气线路的安装	现代控制技术实训室	10
	任务2：纠偏电路及张力电路的控制与调试		12
	任务3：主牵引电路的控制调试		10
	任务4：分切线的整机控制调试		6
	任务5：分切线电气系统的维护（现场教学）	百兴集团	6
合计			112

为保证实践实习教学环节的顺利开展，可为学生提供多种引导文材料、设备操作规程、参考电气图、参考 PLC 程序等学习资料。

四、教学方法与手段

（一）教学模式的设计与创新

1. 情景化与项目式

本课程以设备为载体，注重工作过程的完整性，注重在模拟真实的环境中培养学生积极参加职业实践的行动能力，提升学生知识、技能的迁移能力。课程的每个学习情境源于电气装调维护人员的职业活动，使学生在校学习与实际工作相一致。

2. 任务驱动，行动导向

本课程的每个学习情境都由若干工作任务组成，教学中我们按照"资讯、决策、计划、实施、检查、评估"六步完整的行动导向教学模式引导学生围绕具体任务完成学习。

（二）多种教学方法的运用

为使课程教学能体现高职课程特征，我们以电气装调维护工作岗位能力要求为课程目标，坚持采用行动导向的教学策略，根据学习任务的不同阶段，综合运用引导文法、协作学习法、角色扮演法、四阶段技能训练法和分析工作法。对于安装、调试类工作任务组织理论与实践一体化教学，对于维护类学习任务直接到企业由专兼职教师共同组织现场教学，具体内容如图 16-5 所示。

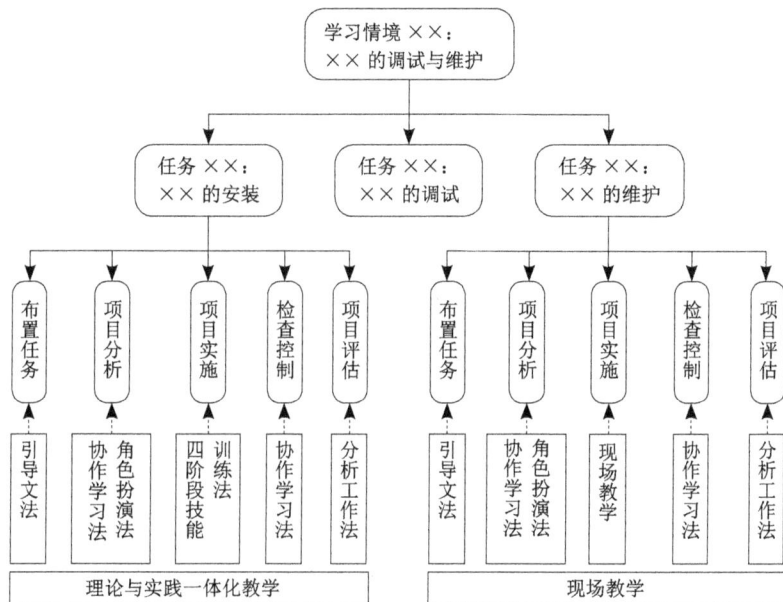

图 16-5 多种教学方法的运用

1. 引导文法

针对每个学习情境，从学生的角度构思学习过程，借助引导文资料，为学生提供学习工具和学习支持，引导学生积极思考，逐步实践。

2. 协作学习法

在教学过程中充分发挥学生学习的主动性，将学生分成若干学习小组，创造各种条件和形式，鼓励他们运用口头、书面、讨论、研讨等多种方式进行交流，鼓励学生合作完成工作任务，使每一个人都能参与小组工作，培养学生的协作精神。对于项目实施中获得的数据与发现的现象，让学生应用科学的思维和方法进行分析，通过分析和归纳，找出规律，得出结论。关注学生经历探究过程，积累操作技能、经验知识及科学知识，获得知识、能力、素质的全面提高。

3. 角色扮演法

根据项目工作任务需要和任务分工情况，让协作小组内不同学生扮演安装操作工、调试维修员、技术管理员、质量检验员和班组长等不同的角色，引导学生乐于实践，并执行相应规范，教师根据需要进行监督、检查。在不同的项目执行时，小组成员可互换角色，帮助学生个体进行多方面的经验积累，并将电气装调维护工作岗位的工作规范内化为相应的工作习惯，从而促进学生职业素养的养成。

4. 四阶段技能训练法

在项目实施阶段，我们主要采用此方法。第一步：项目资讯，教师现场讲解任务要求、操作要领及工作任务，示范操作过程，告诉学生怎么做，学生通过观察、提问等方式理解示范过程，学生模仿操作，课后完成项目初步方案。第二步：计划决策，学生通过收集资料与讨论，拟定项目实施计划与检查标准，教师提出必要的改进意见，帮助学生优化项目方案。第三步：项目实施检查，学生协作完成规定的训练任务，记录操作结果，对照检查标准检验项目实施结果，教师巡回指导。第四步：项目评估，教师组织学生汇报展示项目实施成果，学生完成项目报告，师生共同完成项目评估与总结。这样学生循序渐进地学习电气装调维护的相关知识与技能，从而提高从业能力。

5. 分析工作法

在项目评估阶段，教师听取学生关于完整工作过程的实施汇报，与学生进行专业交流，检查项目小组工作资料归档情况，全面点评学生工作过程各个环节。

第 17 章 热工控制系统组态与维护

一、课程设置

（一）专业背景

通过对广东省电厂热控人员的现状进行分析了解到，电厂较高层次的热控专业人员并不十分缺乏，但生产一线的热控专业技能型人才仍然偏少，而且大多从业人员是从热动专业或者电力类专业改行而来的，缺乏热控专业的系统训练。而现如今分散控制系统（DCS）现已完全取代了常规仪表，这就要求从业人员熟悉计算机接口技术和计算机控制技术并具有分散控制系统（DCS）的应用能力。

（二）专业培养目标

检测技术及应用专业人才培养目标是以热力发电生产过程及其控制为载体，以热工检测技术、热工控制装置的安装与检修、PLC 应用技术、热工控制系统组态与维护、DCS 系统应用等核心模块为教学内容，培养具有较强专业能力、方法能力、社会能力，在生产第一线从事热工仪表和控制装置、热工控制系统安装、检修、组态、调校、运行维护和管理等方面工作的高素质、高技能应用型人才。

（三）专业就业岗位及岗位能力分析（以电厂岗位规范为例）

表 17-1　专业就业岗位及岗位能力分析

序号	主要工作岗位	专业 / 知识要求	关键能力要求	技能要求
1	机控、炉控、辅控初级工	1. 了解热力发电生产流程； 2. 初步掌握热工自动化基本理论知识	解决仪器仪表、一次元件等就地设备一般故障的能力	1. 能处理一般的仪器、仪表故障 2. 能看懂简单的控制策略 3. 熟悉相关检修规程 4. 能操作简单的仪器和工具

续表

序号	主要工作岗位	专业 / 知识要求	关键能力要求	技能要求
2	机控、炉控、辅控中级工	1. 熟悉热力发电生产流程 2. 掌握热工自动化基本理论知识	解决热工控制系统及就地设备一般故障的能力	1. 能看懂并分析简单的控制策略，掌握班组所属设备的检修技能 2. 熟练掌握相关检修规程及安全生产的相关知识 3. 能熟练掌握相关仪器和工具及安全工器具的使用方法
3	机控、炉控、辅控高级工	1. 熟悉热力发电生产过程 2. 熟练掌握热工自动化基本理论知识	解决热工控制系统及就地设备比较复杂故障的能力	1. 能设计简单的控制策略，画出设计图并具体实施 2. 熟悉协调控制系统的组态和整定 3. 熟练掌握相关检修规程及安全生产的相关知识 4. 能熟练掌握相关仪器和工具及安全工器具的使用方法
4	机控、炉控、辅控班副班长、技术员	1. 熟悉热力系统和设备 2. 熟练掌握热工自动化基本理论 3. 熟悉安全生产基本知识	处理各种故障、组织协调能力	1. 具有动手检修操作技能 2. 具有一定的分析、解决技术问题的能力 3. 具有组织协调能力 4. 具有使用办公自动化软件的能力
5	机控、炉控、辅控班班长	1. 熟悉热力系统和设备 2. 熟练掌握热工自动化基本理论 3. 熟悉安全生产基本知识	处理各种故障、组织协调能力	1. 具有独立检修与调试技能 2. 具有较强的分析、解决技术问题的能力 3. 具有组织协调能力 4. 具有使用办公自动化软件的能力
6	热控专工	1. 熟悉热力系统和设备 2. 熟练掌握热工自动化基本理论 3. 熟悉安全生产基本知识	处理各种故障、组织协调能力	1. 具有熟练的操作发电设备工作经验，能正确判断和处理机组运行中出现的重大技术问题 2. 能对分管范围的生产技术正确决策，出现异常情况时，具备果断的应变能力 3. 具有较强的技术管理能力，协调各个班组工作关系，指导班组的技术管理工作 4. 能熟练使用办公自动化系统

备注：具体岗位职责要求可见课程网站岗位训练栏目下的热控岗位说明书

从表 17-1 的电厂热控岗位规范可以得出，企业实际需要的是熟悉热力生产过程，掌握自动控制基本原理和知识，能进行热控设备与系统安装、组态、调试整定，能分析和处理热控故障，能实施热控系统技术改造的高素质技能型人才。

二、专业课程体系

课程组与电力企业专家共同对热力发电建设和生产企业现有热控专业设置的岗位（热控初岗、中岗、高岗、副班长或技术员、班长、专工）及职业技能鉴定工种（热工仪表检修、热工自动装置检修、热工仪表及控制装置安装、热工仪表及控制装置试验、热工程控保护）进行职业能力分析后，明确了检测技术及应用专业的核心能力，进而确定了本专业的核心技能和核心模块，构建了基于热力发电生产过程及其控制的课程体系，具体的内容如图 17-1 所示。

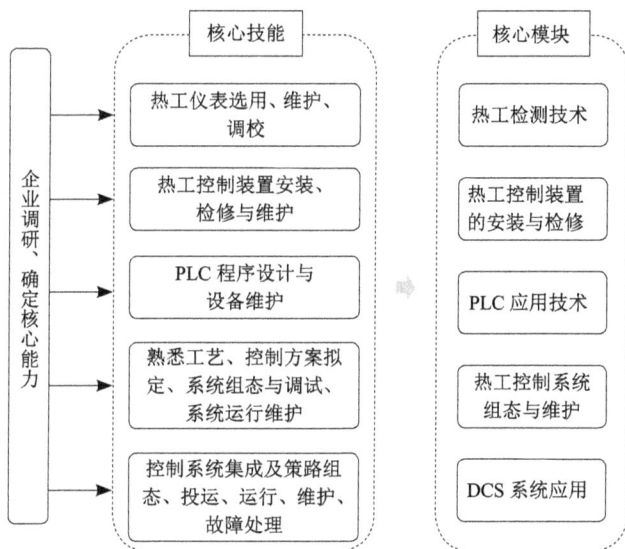

图 17-1 专业课程体系

三、课程性质与作用

（一）课程性质

热工控制系统组态与维护是检测技术及应用专业（火电厂方向）的核心课程，也是"双证融通"的专业技术课程，它依据热工控制技术的发展及岗位工作任务的需要，结合国家职业资格鉴定标准的要求，使学生在掌握自动控制基本知识、热工检测技术、热工控制装置的安装与检修、热力发电生产过程的基础上，理解并掌握热工控制系统工程项目实施过程中所要求的核心知识与技能（火电厂典型生产过程分析→控制方案拟定→系统组态→系统调校→系统投运→系统运行维护），并通过拓展性学习，掌握系统综合控制的基本知识与技能，为 DCS 系统应用、职业技能鉴定、顶岗实习等后续课程打下良好的基础。本课程具有很强的工程应用性与操作性，对培养和提高学生热工控制系统安装、组态、调试、检修和维护岗位职业能力和职业素养起关键性作用，是一门实现学生与电力企业热控技术岗位零距离接触的核心课程。

本课程前续与后续课程的关系如图 17-2 所示。

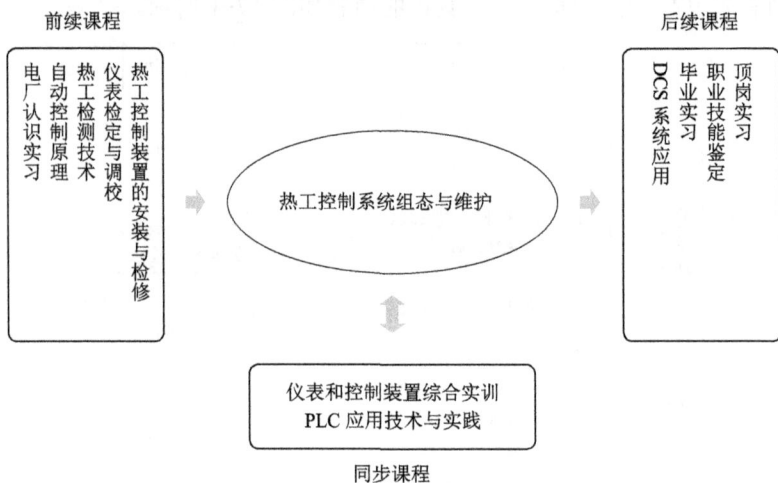

图 17-2　前后课程关系

（二）课程作用

通过对本课程的学习，使学生具备热工自动控制相关岗位所需系统的应用知识和技能，还要使学生获得一定的社会能力、方法能力和专业能力，同时获取相应职业资格证书。同时，在具体的教学实施过程中，还必须要运用恰当的教学方式和方法，把培养学生自我学习的能力放在突出位置，使学生具备走向工作岗位后的可持续发展能力，具体课程作用内容如图 17-3 所示。

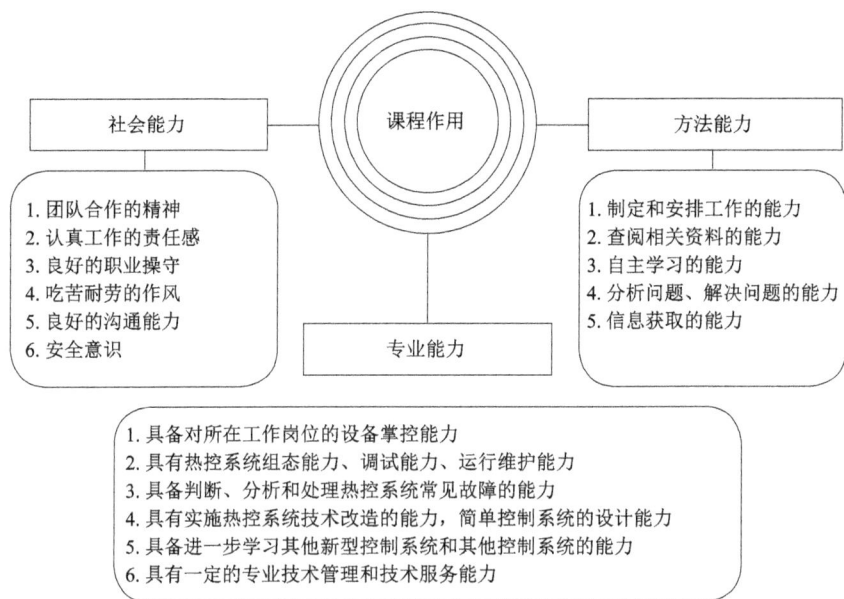

图 17-3　课程作用

四、课程设计的理念与思路

（一）课程设计理念

本课程是以"热工自动装置检修工""热工仪表及控制装置试验工""热工程控保护工"职业标准所要求的核心知识与技能，并融入热力发电生产企业热控岗位群的任职要求，对原有的知识体系从应用的角度进行新的、系统化改造，从而重构课程内容，主要体现为：

1．以岗位需求为依据，确定本课程的能力目标。

2．以职业能力培养为重点，建立工学结合的课程体系。

3．以电力企业热力发电的典型生产过程及其控制为依据，开发训练项目。

4．依据热控系统投运工作过程，序化教学内容（简单到复杂和单一到综合）。

5．根据训练项目教学环节的特点，设计教学方法和手段。注意各种实验、实训手段的相互补充与配合，开展启发式教学、互动教学和讨论式教学，突出自我学习能力培养。

本课程开发流程如图 17-4 所示。

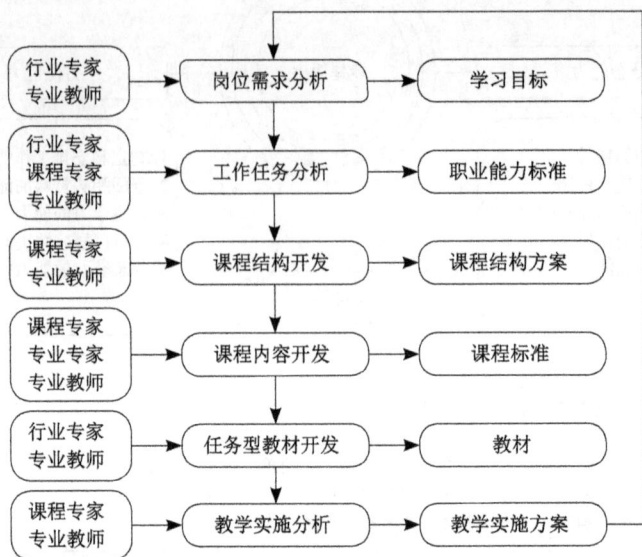

图 17-4　课程开发流程

（二）课程设计思路

1. 课程内容设计思路

通过对热力发电企业热工控制岗位的调查分析可知，热工控制系统工程项目的实施过程主要包括以下工作任务：（1）分析热电生产过程及其动态特性；（2）设计和选定控制方案；（3）控制系统组态；（4）控制系统调试；（5）系统运行维护等。因此作为一线的控制工程技术管理、运行、维护人员，必须要具备对所在工作岗位的设备掌控能力、系统组态能力、系统调试能力、系统运行维护能力、判断、分析及初步处理系统故障的能力、实施热控系统技术改造的能力、基本设计能力及与工程人员的合作能力。

本课程组教师在分析热力发电企业热控岗位（群）工作任务的基础上，按照工作任务的相关性，以热力发电过程控制系统工程实施为主线，以学生为主体、能力为目标、项目为载体，设计了七个工程项目，具体内容如图 17-5 所示。每个工程项目都以实际的工作过程来序化教学内容，工作过程包括生产过程的熟悉与动态特性分析，控制方案的确定，控制系统的组态，系统的调试及系统的运行维护等环节，然后通过理论与实践交替的教学、现场教学、仿真训练、岗位训练来完成教学内容。实现了应用知识与实践一体化，培养学生具有从事热工自动控制技术工作的系统应用知识与持续发展的能力。

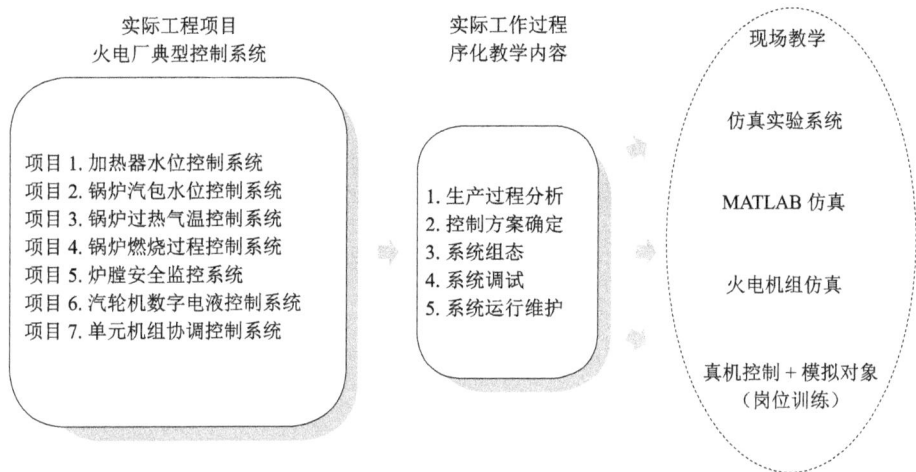

图 17-5　课程内容设计思路

2．课程内容开发思路

课程内容的开发按照控制系统的结构（从单一到综合）并结合人类的认知规律（从简单到复杂），采取递进式来设计学习项目与学习任务。学生在学习过程中将完成七个工程项目，即加热器水位控制系统（简单控制系统）、锅炉汽包水位控制系统（前馈—反馈控制系统）、锅炉过热气温控制系统（串级控制系统）、锅炉燃烧过程控制系统（多变量控制系统）、炉膛安全监控系统（FSSS，综合性控制系统）、汽轮机数字电液控制系统（DEH，综合性控制系统）、单元机组协调控制系统（CCS，综合性控制系统）。每个工程项目的学习都是以项目为导向，将工作过程划分为若干任务，具体的内容开发思路如图 17-6 所示。

通过教学过程与工作过程的结合，技能训练与技能测试相统一，融"教、学、做"为一体来完成学习任务。每一个学习任务的学习就是要让学生知道要做什么及为什么要做；知道怎么去做及为什么要这样做，要做到什么程度及如何评价这种程度。

3．学习情境设计思路

学习情境设计按照由简单到复杂，由单一到综合进行。教学过程分为基础性学习、应用性学习和拓展性学习三部分。其中加热器水位控制系统为基础性学习，锅炉汽包水位控制、锅炉过热蒸汽温度控制、锅炉燃烧过程控制等控制系统

为应用性学习，炉膛安全监控系统（FSSS）、汽轮机电液控制系统（DEH）和
单元机组协调控制系统（CCS）为拓展性学习，具体思路如图 17-7 所示。

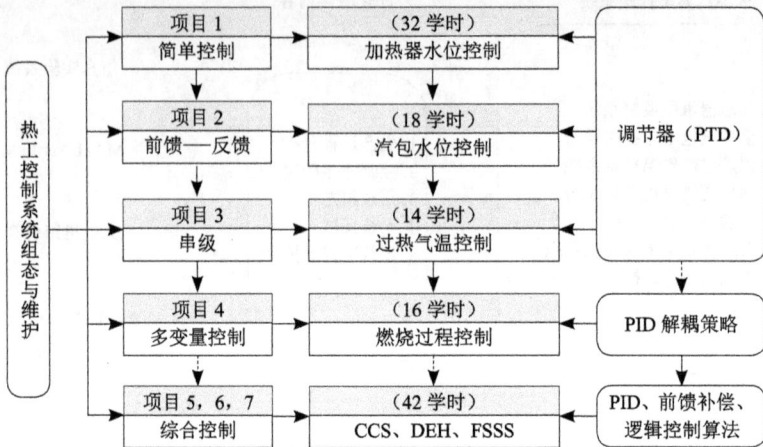

图 17-6　课程内容开发思路

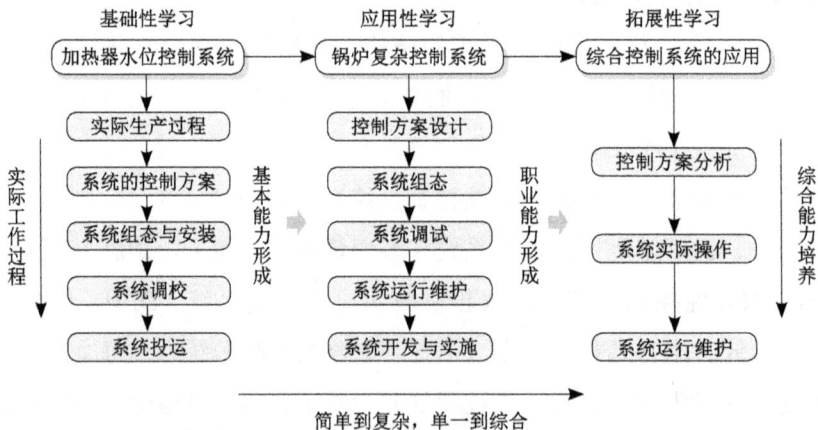

图 17-7　学习情境设计思路

（1）基础性学习：在分析生产过程的前提下，熟悉控制方案与系统组态；
识读并绘制工艺流程图、控制系统 SAMA 图；对象特性的测试训练；系统调试
和投运训练；加强和突出学生热工控制工程实施实践基本技能的培养。

（2）应用性学习：掌握热工控制系统工程项目的开发和实施过程，注重学
生综合能力的培养。其中包括典型控制方案设计、系统组态、系统调试、系统运
行维护、系统开发与实施等综合能力的培养，强化基本职业能力构建，以适应企
业热控工作岗位的要求。

（3）拓展性学习：了解电厂综合控制系统的分析、操作和运行维护。为后续课程和就业后的学习做好铺垫，满足学生的求知欲，激发探索精神。

4．课程标准建设

以能力为核心的教学目标是使学生掌握本职业领域的核心技术、主流技术，了解本职业领域内的先进技术。因此，必须以岗位所需的能力分析为基础来设计课程，以能力培养为中心来组织教学，以能力形成为目标来引导学生学习，以企业认可的能力指标体系来评价学习成果等。在本课程标准中给出该课程的具体教学目标，即学生知道要做什么及为什么要做；知道怎么去做及为什么要这样做，要做到什么程度及如何评价这种程度。课程标准的建设，突出了能力标准和职业技能鉴定岗位规范，强调课程标准与岗位规范的融合。强调教学过程的目的性，强调理论知识的应用及能力的培养，即学生运用知识做事的能力的培养，同时将职业道德与职业素质的培养纳入课程标准。

课程标准建设的制定过程如图 17-8 所示。

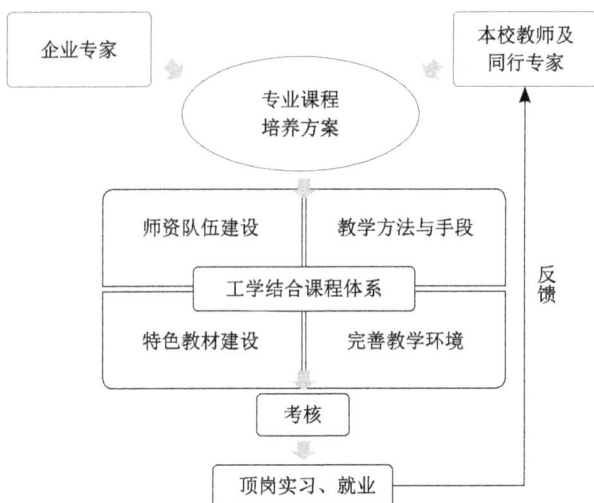

图 17-8　课程标准建设的过程

五、教学内容

本课程以火电厂热工控制系统组态实施为载体，组织教学内容，主要依据如下。

1．教学内容选取体现"针对性"

针对热力发电生产过程典型控制项目来选择教学内容，并以发电机组实际控制系统的工程项目的实施为载体，组织教学内容。整个教学内容中包括七个具体工程项目，围绕典型控制过程对象特性测试、控制方案的设计、选择与组态、系统调试与投运等环节，通过工学结合教学模式，培养学生能力，实现零距离就业。

2．教学内容选取注重"适用性"

尽管教学内容的选取主要以火电厂热工过程控制的工程实施为依据，但应用于火力发电机组的控制方案、控制策略与控制方式、系统调试方法等也同样适用于石化、煤炭、纺织等领域的热工过程控制。因此在课程内容设计上以简单控制系统为基础性学习，并以适用于热力发电生产过程，又同时适用于其他热工控制领域的水位，温度、压力控制为主线组织教学，使课程内容的选取充分体现了"适用性"。

3．教学内容的选取体现"职业性"

将教学内容与职业技能鉴定接轨，以"热工自动装置检修工"的职业技能鉴定标准为参照，强化技能训练，使学生在获得学历证书的同时，能顺利获得相应职业资格证书。实现学历教育与职业资格取证一体化。多年来本专业学生职业技能鉴定的取证率为100%。

4．应用知识的系统性与技能训练的完整性

七个具体工程项目，由简单到复杂，从基础到应用，再拓展。系统、全面地反映了当前热工自动控制技术的主要内容，使学生得到热控专业系统的训练。

六、教学内容的组织与安排

1．基于热力发电生产过程及其控制组织教学内容

本课程教学内容的组织是以热力发电热工控制系统工程实施为主线，以学生为主体、能力为目标、项目为载体，设计了七个工程项目。每个工程项目都以实际的工作过程来序化教学内容，然后通过认识与实践交替教学、虚拟教学、仿真训练、岗位训练来完成教学内容。实现了应用知识与实践一体化，培养学生具有从事热工自动控制技术工作的系统应用知识与持续发展的能力。

2. 基于学生职业能力培养的基本规律安排教学内容

教学内容的安排遵循学生职业能力培养的基本规律，以真实工作任务，即加热器水位控制系统、锅炉汽包水位控制系统、锅炉过热气温控制系统等工程实施的工作过程为依据，整合、序化教学内容，科学设计学习性工作任务，采用"教、学、做"一体化的教学方法，合理设置学习任务，学习任务的安排由简单到复杂，由单一到综合，符合高职学生的认知规律。学习任务的设计把重心放在学生通过该课程内容的学习，能解决什么问题，能做什么事上。

课程建议总课时为 122，教学内容的具体组织与安排见表 17-2。

表 17-2　教学内容的组织与安排

序号	项目	子项目	主要内容	课时
1	加热器水位控制系统组态	加热器水位控制方案设计	1. 加热器工艺流程及控制任务 2. 加热器水位控制手段 3. 加热器水位控制方案拟定 4. 加热器水位控制系统的表现形式分析 5. 加热器水位控制系统的评价 6. 过程控制装置的认识	10
		对象特性的测试	1. 单容对象特性的测试方法与模拟试验 2. 多容对象特性的测试与模拟试验 3. 控制对象特性特点及特性参数物理意义分析	8
		控制系统组态与调试	1. 控制器的动作规律的表现形式和特点分析 2. 控制器参数变化对控制过程的影响分析 3. 简单控制系统的参数整定方法与模拟试验	10
		控制系统的运行维护	1. 单回路自动控制系统的投运与手、自动切换试验 2. 自动控制系统的运行维护	4
2	锅炉汽包水位控制系统组态	汽包水位控制方案拟定	1. 给水热力系统与汽包水位对象流程图 2. 水位控制的任务 3. 给水控制对象的特性与模拟试验 4. 水位系统控制方案的确定	10
		汽包水位控制系统的组态与调试	1. 水位控制系统组态与安装接线 2. 水位控制系统的调试及仿真	4
		汽包水位控制系统的运行维护	1. 差压控制与水位控制的切换 2. 单冲量与三冲量系统的切换 3. 电泵运行与气泵运行的切换 4. 全程给水控制系统的运行维护	4

续表

序号	项目	子项目	主要内容	课时
3	锅炉过热气温控制系统组态	过热气温控制方案拟定	1. 过热气温热力系统流程图 2. 过热气温温度控制的任务 3. 过热气温控制对象的特性与模拟试验 4. 气温控制方案的确定	6
		过热气温控制系统的组态与调试	1. 气温控制控制系统的组态与安装接线 2. 气温控制系统的调试及仿真	4
		过热控制系统的运行维护	1. 具有导前微分信号过热蒸汽温度控制系统投运 2. 串级过热蒸汽温度控制系统的投运	4
4	锅炉燃烧过程控制系统组态	燃烧过程控制方案拟定	1. 燃烧过程热力系统控制流程图 2. 燃烧过程控制的任务 3. 燃烧过程控制对象的特性与模拟试验 4. 燃烧过程的控制方案的确定	8
		燃烧过程控制系统的组态与调试	1. 燃烧控制系统的组态与安装接线 2. 燃烧控制系统的调试及仿真	4
		燃烧过程控制系统的运行维护	1. 燃料控制系统的投运 2. 送风控制系统的投运 3. 炉膛压力控制系统的投运 4. 主汽压力控制系统的投运	4
5	炉膛安全监控系统分析（FSSS）	FSSS 的控制方案分析	1. FSSS 典型结构操作 2. 典型 FSSS 功能控制操作	6
		FSSS 的实际操作	1. FSSS 的作用及典型 FSSS 的结构 2. 典型 FSSS 的主要功能及其控制逻辑分析	4
		FSSS 的运行维护	300 MW 机组仿真实训，熟悉 FSSS 点火程控与灭火保护功能： 1. 炉膛吹扫操作 2. 锅炉点火操作 3. 投煤操作 4. 机组 MFT 试验	2
6	汽轮机数字电液控制系统分析（DEH）	DEH 控制方案分析	1. 汽轮机控制基础知识 2. DEH 组成、结构与基本功能 3. DEH 的转速控制系统分析 4. DEH 的负荷控制系统分析	10
		DEH 的实际操作	300 MW 机组仿真机实际操作，熟悉 DEH 的转速和负荷控制功能，掌握 DEH 的操作使用方法： 1. 汽轮机冲转升速操作 2. 机组升负荷操作	4
		DEH 的运行维护	DEH 的运行维护方法	2

续表

序号	项目	子项目	主要内容	课时
7	单元机组协调控制系统分析（CCS）	CCS 控制方案分析	1. 单元机组协调控制的任务 2. 单元机组协调控制方式及其特点 3. 机炉主控器的控制策略分析	8
		CCS 的实际操作	300MW 机组仿真实训，熟悉 CCS 投入条件、步骤与注意事项，认识机组动态特性对控制系统运行的影响，初步掌握大型控制系统的使用方法与特点： 1. 汽机跟随方式运行 2. 锅炉跟随方式运行 3. 协调控制方式运行 4. 控制系统运行方式切换	4
		CCS 的运行维护	CCS 的运行维护方法	2
总计				122

七、教学方法与手段

热工控制系统组态与维护课程的理论与实践一体化教学由课程设计与课堂实训、课外实践、企业实践三个环节构成，三个环节均以热力发电生产过程及其控制的实现为核心，按实际工作流程组织教学过程，由校企联合实施，形成了以下模式：

第一，"课程分解成项目，基础与应用融合，循序渐进中得到系统训练"的项目驱动教学模式。

第二，"项目分解成环节，认识与实践交替，逐层深入中实现能力递进"的"教、学、做"一体化教学模式。

第三，"环节中注入仿真，组态与使用融通，在角色交换中获得职业憧憬"的实时仿真模式。

多种模式与对应的教学环节交互应用，充分调动学生主动参与意识，激发其兴奋点和学习热情，提高学生发现问题、提出问题、分析问题、解决问题的能力，突出学生技术应用能力的提高，具体的交互设计内容如图 17-9 所示。

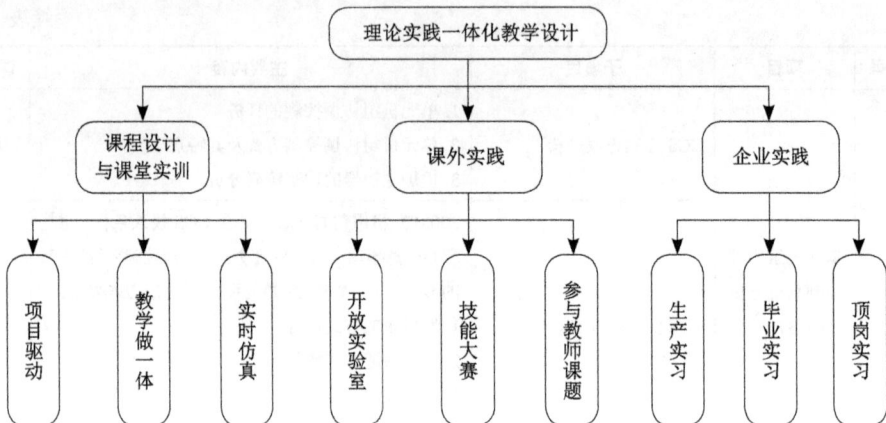

图 17-9 理论实践一体化教学设计

（一）课内教学环节设计

通过与部分企业共同开发的项目课程，将岗位所需理论、技能和岗位体验进行同步训练。采用以行动导向教学为主导的教学法，将知识与技能有机融入任务中，以应有技术解决工作中的问题为技能训练落脚点，通过现场设备、仿真实验系统、MATLAB 仿真、300 MW、600 MW 火电机组仿真、组态王＋物理模拟装置（含执行器）等教学载体，在火电厂典型生产过程分析→系统控制方案拟定→系统组态→系统调校→系统投运→系统运行维护的热工控制系统项目的实施过程中，通过现场设备的感知来认识设备及系统，通过仿真实验系统的学习来理解系统的组成原理，通过 MATLAB 仿真的探究来学会系统的设计和整定方法，通过 300 MW、600 MW 火电机组仿真机的训练来进一步认识系统的功能与不足，通过组态王＋物理模拟装置的实战来完成系统整体设计。在理论与实践结合、教、学、做一体化教学过程中，实现学生职业能力培养与能力递进。

（二）课外教学环节设计

课外实践教学与项目训练及课程设计相结合，成为学生深化知识、培养能力、提高素质、体验职业生涯的重要途径，也成为学习与工作深度融合的核心环节。主要包括以下几个方面。

1. 参与教师课题：吸收优秀学生加入教师的科研课题，在专业教师的指导下通过项目开发和调试，提前进入岗位角色，在工作中学习。

2. 开放实验室：结合典型工程案例，以学生自主学习、实践为主，教师辅导为辅，利用课余时间实施，学生根据自己的爱好与能力选择课题，通过学生自己动脑设计，动手安装、组态、调试，培养学生学习本课程及对专业的兴趣，培养他们综合组态能力、调试能力，加强了安装、接线、组态、调试、运行维护能力的培养。

（三）企业教学环节设计

1．生产实习与现场教学：本专业的生产实习于第三学期安排在校外实训基地，实习时间为两周。一般安排在运行车间跟现场师傅认识热力设备及系统等，并邀请企业工程师现场教学，加深对行业的了解，并掌握热力发电生产过程及热力设备的作用，认识热控对象的动态特性。

2．毕业实习：本专业的毕业实习于第五学期安排在校外实训基地进行，实习时间为三周。毕业实习一般安排在电厂的热控检修部门，要求学生根据岗位的专业知识、技能及关键能力要求，在已学综合理论知识和具备一定的实践能力的基础上，在车间、班组师傅的指导下熟悉所在厂的自动控制设备和系统的实际运行情况，进一步掌握热工仪表、自动控制设备和系统的安装、组态、调试、运行维护、常见故障分析及排除的能力，巩固和提高所学专业知识，熟悉现场生产、运行的组织管理和安全生产措施，通过实习使学生基本履行所在岗位的职责。为就业做好心理准备，为实现顶岗实习和就业的零距离过渡奠定基础。

3．顶岗实习：顶岗实习是学生提高动手能力、积累实践经验的一个重要方面；是学校与社会紧密接触、广开就业渠道的重要途径；是学生真正走向社会的预演，也是对教学质量的一次检验。本专业学生顶岗实习安排在第六学期进行，教师特别注意来自学生和企业的反馈，特别注意与学生的沟通。成功的顶岗实习实现了校内教学与企业培养一体化、系统化，在为企业服务的同时提高毕业生扎实的首岗胜任能力、突出的岗位适应能力、较强的可持续发展能力，提高就业质量，达到学校、学生、企业三赢的结果。

八、多种教学方法的运用

为了适应企业对应用性技能人才的需求，有效实施"项目驱动"和"教、学、做"一体化教学模式的实施，本课程建设小组突破了传统教学方法，探索采取了以下教学方法。

1. 任务驱动教学法

为了训练学生的职业能力和综合素质，本课程以电力企业真实项目为载体设计教学内容，将热工控制系统组态与维护的工作分解为典型工作过程的认识、工作对象动态特性分析、控制方案构建、系统组态、调试、运行维护过程，按照实际工作过程明确具体任务，通过任务驱动来进行教学过程的实施。

教师将企业真实项目划分为多个子项目，明确每个项目应掌握的知识和技能目标，学生 5 ～ 6 人一组，根据任务目标，进行讨论、查阅资料等方式确定工作方案，每组学生派一位代表陈述工作方案，教师审查工作方案并提出改进意见，学生根据工作方案进行分工实施（设计、安装、组态、调试等），然后对结果进行评价（自评、小组互评）并撰写报告，最后教师根据工作过程及其各阶段的考核成绩给出每个学生的课程成绩。这样可以让真实的项目力求引起学生兴趣，让学生产生学习动力，在教师引导下，主动完成学习任务。

在整个教学过程中，学生是学习活动的主体，也是项目的设计、实施、总结的直接参加者，学生以项目组的形式合作完成热力生产过程的分析，控制系统方案的拟订、系统组态、系统调试、系统的运行维护等工作，每一个教学模块都是一个完整的工作过程。强调学习中学生自主学习、自我提高。教师是教学过程的组织者、协调人，主要是进行教学设计与组织、学习指导与激励、进度把握及答疑、纠错和评估。教学过程中始终把培养学生自我学习的能力、持续发展能力放在突出位置。

任务驱动式教学培养了学生发现问题、分析问题、解决问题的能力及创新思维与技术综合应用能力。采用分组实施的方法，可以提高团队协作能力。

2. 仿真演示教学法

在进行单元机组协调控制系统（CCS）、汽轮机数字电液控制系统（DEH）、炉膛安全监控系统（FSSS）等项目内容学习时，采用在火电机组仿真机上教师边操作演示、边讲解、学生边实践、边学习的方法，让学生在火电机组仿真系统接近真实的环境中，感受到这些控制项目在工程中的实际应用，从而激发学生去积极主动思考、探索。

◆ 后 ◆ 记 ◆

在新时代的发展和变革中，智能制造已成为世界各国抢占发展机遇的制高点和主攻方向。而智能制造相关领域技术人才的紧缺也成了各国需要共同面对的问题。2020年2月25日，人力资源和社会保障部、国家市场监督管理总局、国家统计局三部门联合向社会发布了关于智能制造工程技术人员等的新职业，智能制造工程技术人员新职业的定义是从事智能制造相关技术的研究、开发，对智能制造装备、生产线进行设计、安装、调试、管控和应用的工程技术人员，涵盖了工程研发、工程应用、技术技能等岗位。其职业特征主要为智能性、融合性与数字软件化。

智能制造产业的迅猛发展带来了巨大的人才缺口。据相关数据分析，2025年智能制造领域预测人才需求900万人，预测人才缺口450万人。这也意味着智能制造技术技能人才的培养是我国新时代发展的一项重要课题。

2022年10月9日，教育部办公厅等五部门联合印发《关于实施职业教育现场工程师专项培养计划的通知》。旨在培养造就一批工程实践能力强、适应产业数字化转型升级的技术人才，即培养一大批具备工匠精神，精操作、懂工艺、会管理、善协作、能创新（简称"精懂会善能"）的现场工程师。

制造业的发展创新是驱动国家经济高质量发展的主要力量，振兴中国的制造行业与建设技能型中国的战略行动更要求大量的技术人才支撑。然而，宏观经济形势的转变和自动化技术的提升，正在重塑制造业发展的生态系统，并对企业班组长等中等技能岗位提出了新的派生需求。因此，对制造业"精懂会善能"五维一体职业能力的探究与分析是当前产业创新、职业院校人才培养改革及个体职业生涯发展等多方面需求互动整合的关键性议题，同时也是提升制造业产品附加值、健全多层次人才培养体系、探索工作场所变革情境中职业能力理论发展的重要构成部分。因此，项目旨在进行制造业"精懂会善能"五维一体职业能力构成与发展的理论与实践探索。高职学生"精懂会善能"五维一体培养符合社会转型、教育改革、个人发展的需求。基于此,《中华人民共和国国民经济和社会发展第十四个五年规划和 2035 年远景目标纲要》明确要求,要增强职业技术教育适应性。高职教育作为中国劳动力培养和职业教育的主体之一,要肩负起培养更多高素质技术人才、能工巧匠、大国工匠的使命。

宏观层面上,随着社会的转型,对人才需求的变化,在构建新时代职业教育体系、培养高素质的职业人才的进程中,劳动技能迭代朝向创新素质和高阶能力的提高,"精懂会善能"五维一体培养成为时代和实践的新使命。

微观层面上,"精懂会善能"五维一体的培养对高职毕业生来说,不仅局限于就业择业时有更好、更多的选择,还在此基础上,对其整个职业生涯的发展提供可持续的竞争力,包括在面对转变工作环境及工作内容和晋升管理层等过程中表现出的知识迁移、迅速适应的一种胜任力。

随着社会、市场、雇主对人才要求的不断提升,被雇用劳动力的素质和能力越来越被重视,这就要求培养技术型人才的高职院校必须愈发重视人才的"精懂会善能"五维一体培养,这意味着市场反推高职院校进行人才培养模式的改革和课程体系改革。

与此同时,作为高职院校最明显特征的校企合作,长久以来无法真正做到有效的、高效的校企深度融合,这已成为校企合作机制深化的瓶颈,亟待突破。

另外,学生个体也愈发重视其个人职业生涯的发展,随着社会竞争的日益激烈,个人职业生涯的发展也充满着不确定性和自主选择的各种可能性,作为高职院校,有责任也有义务加强学生"精懂会善能"五维一体的培养,以满足学生不同阶段职业发展的不同需求。

在职业教育领域,对高职学生"精懂会善能"五维一体培养的研究是符合现代职业教育发展需要的,但针对高职学生"精懂会善能"五维一体的研究则相对较晚、较少,目前国内对于高职学生"精懂会善能"五维一体及其培养途径的研究较不充分,以至于在具体的人才培养过程中对其"精懂会善能"五维一体的培养未达到良好效果,究其原因是多样的,但产教融合面临"学校教师'下不去'、学徒'教不好'、企业大师'出不来'等问题"绝对是重要原因。随着越来越多人认识到了"精懂会善能"五维一体培养的重要性,将其作为高职学生的人才培养目标基本上在学术界已形成共识。因此,对高职学生"精懂会善能"五维一体培养模式创新与变革问题的研究和工作任务逻辑观下，课程体系的变革顺应了新时代高职教育改革和高职人才培养的目标和要求，本书具有一定的理论研究和实践应用价值。

本书从产教融合的维度出发，探索了工作任务逻辑观下职业教育课程开发与实施路径。

一、工作过程系统化课程开发理论提升。课程开发离不开人的主观能动性。工作过程系统化理论要求在课程开发过程中，开发者与开发对象、开发工具等不断协商对话，并利用心理学和管理学工具，达到对事件真理性的认识，多维度设计典型工作任务，重构学习性任务，结合工程实际实施学习情境，不断丰富基于岗位职业能力提升的职业教育课程开发的理论水平。

二、开发主体的主动性、积极性、创造性的提升。在理论的基础上对课程开发的各要素（课程目标、课程内容、课程师资、课程场所、课程组织、课程评价等）进行可操作化处理、形成结构、良性互动，才能凸显课程功效。目前在课程开发过程中，企业工程技术人员及学校教师是课程开发的主体，特别是企业人员是不可或缺的要素。但是，两者的作用不能等量齐观，必须明确企业人员在课程开发前的基础性地位和作用及在课程开发中的参与和量度作用，以完善保障机制。要发挥学校专任教师在课程开发中的决定性地位及作用，增强课程实施过程中主人翁地位与优越感。无论是基础性作用还是决定性作用，都需要开发者对课程建设过程中所涉及的知识、技能、态度、情感等进行高端构建，要求开发者既是研究者又是实施者。研究者要求作为开发主体的企业工技人员及教师站在一定的研究高度上，对课程开发有宏观把握的能力，能够用科学分析手段，除去开发过程中的干扰因素，纠正开发过程中的偏差，明晰课程开发过程中的盲点，做到知己知彼；实施者要求开发者要深入工作现场，积累材料厚度，做到知人善用、取长补短。为深入获取课程开发信息，要构建和谐的人际关系，创设开放的情境氛围，拓展知无不言的交流渠道，引导工作任务的路径合理规划。这也是人文主义对课程开发人员的最基本要求。

课程开发工作要秉持做"常"与做"长"的工作原则，落小、落细、落实到日常的教学工作管理中。课程开发要与区域经济发展相适应。课程目标的适配性变革、课程内容的结构性调整、课程体系的认知性构建、课程文本的可读性修饰等巨量琐碎性工作，都需要开发者亲力亲为。职业院校要赋予课程开发人员与责任对等的义务，从人、财、物三方面保证调动教师课程开发的主动性、积极性、创造性，变"要我开发"到"我要开发"，组建课程开发团队，建立课程开发的长效机制，变管理为服务，变指派为协作，形成学校行政层、学校教学层、企业行政层、企业工技层良性互动的课程开发主体构成体系。

三、典型工作任务开发高度的提升。目前的实践专家研讨会是基于抽样选取的实践专家并获取代表性工作任务，其前提是从事同一行业或同一工种的工程技术人员的发展路径及工作任务是相对一致的，不同工种的工程技术人员所从事的工作任务不一致，从而呈现不同的发展结果。通过实践专家的"回忆"与"再现"，以协商一致的方式，把典型工作任务的话语权交给有限的几个专家，因此，获得的工作过程资料是实践专家二次加工的结果。囿于专家的水平，对工作任务的了解难免过于狭窄，表述过于碎片。时过境迁，过去的典型工作任务到今天是否典型，并不一定；即令典型，其工作过程、工作内容、工具、劳动组织等也会发生变化。再者，由专业领域向职业教育领域转换，涉及的语境不同，对同一语义的把握也存在差别。课程开发小组要回到工作现场，多听、多闻、多看、多动手，从多侧面思考和分析问题，如对典型工作任务二级分析框架的重要概念如何从纸面理解落实到操作层面，具体的操作如何分解为明晰的步骤等，让实践专家易于执行。针对工作过程、工作流程等过于宽泛的表述，课程主持人要以具体的工作任务为示例，让实践专家以客观题的形式来完成答卷，以便后续教学过程操作便利。归纳后的典型工任务须经过教学化的处理，实现两个转化，即一是从典型工作任务向学习领域转化；二是从学习领域向学习情境转化。两者转化的深入程度取决于教师教学理论水平的高低和实践工作经验的多寡。

四、课程实施过程中教师"话语权"的提升。课程高效实施包括实施课程的人和实施课程的环境，环境又涵盖人文环境与学习性工作环境。基于工程实境的学习场境布置，一直是职业院校实训场建设的软肋。如设备依类别摆放，不能按典型零件加工工艺，基于学习效率和生产效率的提高进行布置，过于强调规模效应，集体整齐划一地呈现。如忽视劳动组织方式和学生的学习特征，从产品成本考虑出发，多工序一次性装夹完成生产任务，缺少对工作内容应有的分解，学生只见工作结果不见工作过程，对工作过程的轻视导致人才培养效果大打折扣，这就要按人的认知规律与职业能力养成规律办事，如按简单到复杂、由具象到抽象、从单一到多元来分解学习任务。当然，所有外部环境的创设，只是为高效学习提供无限可能。至于学习的具体成效如何，还取决于学习主体的人，即教师和学生。

"以学生为主体、以教师为主导"是行动导向教学模式的简明概括。这种教学模式要求教师以工作岗位的工作过程为主线，以岗位的工作任务为载体，在完成具体工作任务的同时，引导学生自主学习与工作任务相关的知识并培养学生的职业能力，以此提高学生资讯的广泛性、决策的正确性、计划的前瞻性、实施的高效性、检查的全面性、评估的规范性等各个教学环节效率。要变革当前课程开发自上而下的行政主导式机制，激发教师在课程开发中的主体意识和主动参与能力，深入工作现场，深度分析工作任务，深化对典型工作任务的探索，深刻描绘工作过程的各要素，按一体化课程操作指南，结合具体的工作岗位，细分而不笼统、明晰而不模糊地表述工作岗位、工作过程、工作对象、工具和工作组织方法、对工作和技术的要求等。在课程实施中要强化强调教师的"话语权"，放弃各种事无巨细的形式检查与督促。要以典型工作任务的高效完成为抓手，以学习性工作任务为导向，教师自主选择课程场所与教学内容组织方式、自主配备教学小组、自主选择考试考核方式。学校行政部门树立良好的服务意识而不是粗放式的管理与考核，做到及时补位而不缺位。这既是对教师的尊重，又是一个学校必负的责任。

有效的课程实施最终体现为学生学习方式的转变，这种转变是自上而下的，是由教师发动并经实践检验得到学生认可而成型的，经历了自发、自觉、自在的过程。对传统课程实施方式的抛弃，源于学生学习动力的缺乏和教师课改意识的觉醒，进而引导学校有意识地跟进并完成典型工作任务所需要的制度化变革，如学分绩点制、学分互认制、开展企业职业资格认证等，完成对课程实施的全局性把握。其一，平行、递进、包容型的学习性工作任务能对学生职业能力的形成起到基础性的作用，并能迁移到典型工作任务的完成，支撑任务完成的校内外实训基地结构得当，布局合理；其二，线上线下学习资源有用管用、可学乐学，服务及时到位；其三，学生的工作知识技能态度情感的养成，源于真正的自我建构，而非教师或旁人操刀，要有制度化的约束和规范。

五、课程资源建设质量的提升。课程资源建设要解决"为谁用、由谁建"等两个根本性问题。基于利益的考量，社会上很多教学公司主持开发了数量不少的教学资源，但普遍存在不适用、不实用的问题。教学公司对典型工作任务理解比较狭隘，一味照搬某些企业的生产任务，导致各任务间的逻辑关联性不强，知识技能点离散分布。这样做是为了追求较高的生产效益，不能促进学生知识技能结构的养成。围绕典型工作任务构建课程资源，明晰《职业教育工学结合一体化课程开发指南》中二级分析框架的确切内涵，基于区域产业特点，提供面向学生规模性就业的企业、就业岗位、就业工种及其工作任务的全套资料。

课程资源建设要体现职业性、实践性和开放性。课程资源是建设资源存在的必要条件，它要适应技术变革和生产方式的转变，完成开放性的学习任务。在学习过程中提供全局而非碎片化的工作过程资料，是资源适用性评价的根本标准。课程资源建设与使用要双向多元，既要面向学校，更要面向企业，只有面向企业的资源才有活力和生命力，才能体现技术进步和生产方式的变革。基于网络同步传输的工作现场视频，基于先进技术的虚拟企业、基于综合职业能力提升的替代性虚拟仿真实训系统等资源内涵建设，对推广教学过程与生产过程实时互动的远程教学是大势所趋，应对此加大力度。

把知识技能内化为道德，是工匠精神的完美体现。提升学生岗位职业能力的课程开发一直是职业教育努力的方向。课程改革不能陷入企业日常工作的窠臼，要从企业走出来，关注学生的职业发展生涯，关注学生岗位综合职业能力的提升。

随着区域产业不断变更和升级，依托工作任务开发职业教育课程永无穷途，一直在路上。

本书承蒙东莞市诺丽科技股份有限公司和东莞市引进创新科研团队项目（基金项目：201536000600028）鼎力支持，一并感谢崔建英、董辉、朱晓东、徐昌源、吴耿才、范忠林、何万顺、黄永林、唐凤、何思为本书的辛苦付出。

此为记。

龚凌云　陈泽宇

2023 年 10 月于广州

参考文献

[1] 奥恩斯坦, 汉金斯. 课程：基础、原理和问题 [M]. 柯森, 译. 南京：江苏教育出版社, 2002.

[2] 黄尧. 职业教育学：原理与应用 [M]. 北京：高等教育出版社, 2009.

[3] 储克森. 职业、就业指导及创业教育 [M]. 北京：机械工业出版社, 2004.

[4] 布鲁纳. 教育过程 [M]. 邵瑞珍, 译. 北京：文化教育出版社, 1982.

[5] 姜大源. 当代德国职业教育主流教学思想研究：理论、实践与创新 [M]. 北京：清华大学出版社, 2007.

[6] 从立新. 课程论问题 [M]. 北京：教育科学出版社, 2000.

[7] 邓泽民. 职业学校学生职业能力形成与教学模式研究 [M]. 北京：高等教育出版社, 2002.

[8] 邓泽民, 陈庆合. 职业教育课程设计 [M]. 北京：中国铁道出版社, 2006.

[9] 黄艳芳. 职业教育课程与教学论 [M]. 北京：北京师范大学出版社, 2013.

[10] 黄克孝. 职业和技术教育课程概论 [M]. 上海：华东师范大学出版社, 2001.

[11] 姜大源. 职业教育学研究新论 [M]. 北京：教育科学出版社, 2007.

[12] 石伟平, 徐国庆. 职业教育课程开发技术 [M]. 上海：上海教育出版社, 2006.

[13] 劳耐尔, 赵志群, 吉利. 职业能力与职业能力测评 [M]. 北京：清华大学出版社, 2010.

[14] 辜东莲. 一体化课程教学改革学生职业能力测评实证研究 [M]. 北京：中国劳动社会保障出版社, 2013.

[15] 闫宁. 高等职业教育学生学业测评研究 [D]. 西安：陕西师范大学, 2012.

[16] 姜大源. 世界职业教育课程改革的基本走势及其启示：职业教育课程开发漫谈 [J]. 职业技术教育, 2009（2）.

[17] 吕玲, 李永萍, 董自红. 解析高职专业课程开发与实施中几个关键问题 [J]. 宁波职业技术学院学报, 2008（12）：4.

[18] 张宏亮. 论专业技术人员培训课程体系开发与构建 [J]. 河北大学成人教育学院学报, 2009（11）：2.

[19] 姜大源, 吴全全. 德国职业教育学习领域的课程方案研究 [J]. 中国职业技术教育, 2008（12）：3.

[20] 宋春燕. 论当代高职学生软技能的培养 [J]. 职业教育研究, 2009（5）.

[21] 王小明. 布卢姆认知目标分类学（修订版）的教学观 [J]. 全球教育展望, 2016（6）：29-38.

[22] 高永强. 胡适哲学之路：一种新视域解读 [J]. 宿州教育学院学报, 2007（8）：34-36.

[23] 赵志群, 庄榕霞. 职业院校学生职业能力测评研究 [J]. 职教论坛, 2013（3）：4-7.

[24] 李佳, 吴维宁. SOLO 分类理论及其教学评价观 [J]. 教育评价与测量, 2009（2）：16-19.

[25] 徐国庆. 职业能力的本质及其学习模式 [J]. 职教通信, 2007（1）：25-28.

[26] 龚凌云, 陈泽宇. 基于职业能力提升的课程开发面临的问题与对策 [J]. 教育与职业, 2017（8）.

[27] 杜世纯. MOOC 背景下混合式学习的实现路径与效果评价研究 [D]. 北京：中国农业大学, 2017.